Spegelns monolog

En liten bok om en lång resa

Matheo Yamalakis

*Jag flyger över din gård
när du vattnar dina blommor*

1

Illustrationer: Matheo Yamalakis

Översättare och redaktör: Ove Wahlqvist

Korrekturläsare och goda råd-givare: Karin Svanebro

Copyright 2015 Matheo Yamalakis
www.matheo.se / matheo@spray.se
Förlag och tryck: BoD
ISBN 978-91-7463-846-2

Innehåll

TVÅ VÄNLIGA ERBJUDANDEN

Två vänliga erbjudanden gjorde det möjligt för mig att publicera denna lilla bok på svenska.

För tre år sedan, 2012, chattade jag varje vecka med min vän "Anna" i London.
"Hur kan du komma ihåg allt det som har hänt i ditt liv, och som du nu vill skriva om?" frågade hon en dag.
Jag svarade: "Allt finns redan nedtecknat inne i min hjärna. Jag behöver bara fylla i detaljer som jag hämtar från anteckningsblock, dagböcker och tidningsurklipp. En film har både bild och ljud, men när jag skriver är jag hänvisad till bara ord. Jag är väl medveten om att jag endast på grekiska kan beskriva det förflutna på ett bra och riktigt sätt."
"Men i så fall", avbröt hon mig, "i så fall är ditt problem som författare själva översättningen. Skriv ned allt du vill berätta om ditt långa liv på grekiska, så ska jag översätta det till engelska!"
Det var ett oväntat men välkommet erbjudande från en god och varmhjärtad vän som jag visste hade studerat litteratur, var allmänbildad, hade levt ett innehållsrikt liv, och som alltid var generös mot sina vänner. Så jag inledde min långa resa in i det förflutna, och "Anna" började översätta mina skriverier till engelska.

Några månader efter detta erbjudande kom nästa.
Jag hade just gjort färdigt illustrationerna till min vän, poeten Oves andra diktsamling "Det sinnliga blåstället". Ove var den som först fick läsa de engelska översättningarna. En kväll frågade jag med viss tvekan, och mellan två glas ouzo, vad han tyckte om de texter han dittills hade läst. Då sa Ove, som är en inkännande man med fallenhet för konst, vänskap och samarbete, med ett leende:
"Okej, jag hjälper gärna till! Bara du inte har alltför bråttom med att få det färdigt, så..." Han menade med översättningarna till svenska.
Hur skulle jag kunna tacka nej till detta nya erbjudande om själsligt stöd och

5

praktisk hjälp?!

Nu, hösten 2015, när jag trodde att jag hade avslutat skrivandet om mitt liv upptäcker jag att det inte har något slut. De papper jag hittar väcker nya minnen, en hågkomst manar mig framåt mot nästa, och nästa... Men jag måste sätta punkt någonstans, dock förhoppningsvis bara för tillfället.

Med kärlek, i kreativitetens ljus, värme och medvetenhet.

Välkomna, mina läsare...

ATT ÖVERSÄTTA MATHEO

Att översätta är svårt, och det blir inte lättare när man inte talar det språk som författaren skriver på.

Översättningen av Matheo Yamalakis' bok "Spegelns monolog" har gått till på följande sätt: Matheo har skrivit sina texter på grekiska, därefter skickat dem till en kvinna i London, som översatt dem till engelska och skickat tillbaka dem. Därefter har jag, Ove Wahlqvist, översatt dem från engelska till svenska.

Hur skriver då Matheo på grekiska? Enligt honom själv ganska enkelt, och de engelska översättningarna lär ska ligga nära hans ursprungstexter. Men även att skriva enkelt är svårt, och Matheos texter är långt ifrån banala eller tråkiga, vilket måste komma fram även i översättningarna.

En utmaning med att översätta Matheo är att han "från första parkett" bevittnat många omvälvande och smärtsamma politiska skeenden, både i Grekland och i övriga länder. Dessa skeenden beskriver han konkret, ofta detaljerat, och alltid personligt. För mig som översättare har det varit viktigt att de namn på historiska gestalter som hans texter innehåller blir korrekt återgivna, och att jag själv förstår de händelser han relaterar så att jag kan låta honom beskriva dem på ett bra sätt på svenska. Att översätta honom har därför för mig varit som en snabbkurs i grekisk 1900-talshistoria, en djupdykning i det västtyska studentupproret på 1960-talet m m.

Matheo har även en grundlig kännedom om grekisk mytologi och filosofi, och strör gärna in klassiska citat och anspelningar i texterna – något som kan vara lätt att missa.

Arbetet har för min del bestått av två ganska skilda moment:

1) Att översätta de engelska orden.
2) Att göra bra svenska av dem.

Att översätta de engelska orden har inte ställt till med några större problem, men att göra bra svenska av dem har varit värre. Det är en svår balansgång; ändrar jag för lite kan språket bli otympligt och svårt att ta till sig, och ändrar jag för mycket kan det bli "mer Ove än Matheo". Det gäller att hålla ursprungstankarna bakom orden levande, och försöka uttrycka dessa tankar på en tydlig och otvungen svenska som varken känns gammalmodig eller alltför modern.

Jag har gjort mitt bästa. Nu är det bara att hoppas på att läsaren "glömmer" oss översättare, och känner sig möta Matheo Yamalakis öga mot öga – för det är ett spännande möte!

(Ove Wahlqvist 3 april 2015)

VARJE MORGON

Varje morgon ser jag honom i spegeln. Han gläds, lider, åldras och blir ung igen.

Inom mig själv finner jag krafter för att skriva, ironisera, skratta och sedan gråta igen.

Låt oss resa tillsammans genom denna boks sidor!

För varje sida ska jag komma dig allt närmare – jag en luffare, en filmskapare, en målare, en alltid förälskad anarkist som lider djupt av de besvikelser jag upplevt, en konstnär som börjar bli gammal, men som ändå alltid drömmer om en ljusare morgondag.

Dagens kaos på vår planet får inte släcka skapandets låga inom oss.

Tanken måste alltid vara fri att nå ljuset.

Våren är på väg, låt blicken vandra i det blå!

Grip våren inom dig och flyg in i skapandets värld!

Ge äventyret tillträde till ditt liv, skänk resan mening!

Påbörja långsamt, tålmodigt din egen odyssé, bygg Ithaka inom dig själv!

En bländande tid fylld med kärlek, hälsa och skapande!

PROLOG

Jag gjorde uppror mot de lagar som under århundraden skapats av gudar och människor. Jag lyssnade till Apollos lyra och delfinernas sång. Jag vägrade ta emot samhällets förrädiska eftergifter och gåvor, väl medveten om att jag därmed öppnade ensamhetens stora portar.

Den officiella historien, som nedtecknats av inskränkta män och inte av fria själar, är fylld med stenfigurer, mosaiker och döda förgyllda ansikten. I min ungdom fick jag lära mig att buga och bocka inför dessa, men när jag blev vuxen vägrade jag att göra det.

Spegeln: "Vad är det med dig?"

Jag: "Jag mindes…"

Spegeln: "Ja, som du håller på så kommer du att vara lika färdig som boken när den blir klar."

Jag: "Ja, kanske det… Jag vill slippa minnas…"

"Men det var ju den där gången…"

Och så är det dags igen…

"Här i mitt strikta, rena duktiga Sverige är du en osannolik figur, Matheo! Din kropp är utan tyngd när du flyger din drake – de kretensiska stövlarna förlorar all kontakt med Gärdets kullar. Dina ögon är fulla av allvar och glädje.

Eller du dansar, ensam i ditt rum, barfota, en vintermorgon. Du dansar, gråter kanske. Eller skrattar, varm trots den jädrans snön utanför. Vad ska grannarna i det stora, röda huset tro? Är han tokig, greken? Varför dansar han? Ensam! Är han full klockan åtta på morron!

Osannolik. Olik. Du ser på oss. Vet du inte att det är farligt att verkligen se på en annan människa? Lär du dig aldrig att låta blicken glida, som utefter en blank yta? Se inte på oss, Matheo. Din öppna blick förvirrar oss."

11

"Vem sa så, och när?"

"Har du nu glömt igen..? Det stod så i den svenska TV-tidningen när din film 'Resan' skulle visas. Gittan Mannberg skrev artikeln, och hon illustrerade den med det där fotot som Ulf Stråhle tog, du vet det där, när man ser dig flyga en drake. Det var så de såg på dig…"

"Det var så jag var…"

"Det är så du fortfarande är, flyger med drakar och drömmer…"

"Som den där gången med Sophie…"

"Jaa du, vilket minne ska du välja den här gången?"

"Jag vill minnas allt….och inget… hur många sanningar om sig själv måste man konfronteras med innan man lär känna sitt inre jag? Vissa sanningar vill man minnas, vissa vill man glömma. Det var därför jag började skriva. Mina läsare kommer nog att undra vem jag pratar med nu. Med mig själv, förstås, med min inre spegel! Det är enda möjligheten att få höra sanningen."

"Kom hit så ska jag berätta din historia", sa spegeln.

"Den dag du föddes pyrde en eld. Senare skulle den flamma upp, och komma att kallas andra världskriget. Om du hade känt till denna eld som skulle bränna dig hade du nog vägrat att lämna din mor Marias trygga sköte. Och när du senare tänkte 'Mor, varför födde du mig till den här världen?' var det försent att återvända.

Man väljer sina vänner, men inte sina släktingar. Den familj som du fick dig tilldelad var en fullständig katastrof. Din mor var övertygad socialist, och din far liberal, en anhängare till Eleutherios Venizelos, det grekiska liberala partiets grundare.

Hur skulle ett stabilt familjeliv kunna byggas på sådana grunder?!

Medan du ännu ammades av din mor var du lyckligt omedveten om allt detta, förutom kanske under de dagar då hon hölls fänglsad för sina 'asociala kommunistiska aktiviteter'."

Men låt oss börja från början. För att kunna skriva ned min berättelse måste jag minnas mitt liv ända från barndomen. Det var en vildsint tid. Världskrig, ockupation, inbördeskrig. År fyllda med rädsla, hunger, oro och ett stort behov av kärlek och sympati.

Redan när jag först bestämde mig för att skriva om min ännu ej avslutade resa kände jag att det inte skulle bli lätt, för med den känsla av trygghet som avståndet skapat här i detta avlägsna land, där jag nu har bott och arbetat i många år, hade jag redan börjat glömma "den där tiden".

Nu öppnas vägen dit igen, som in i en saga.

En vintermorgon stirrade en åldrad yngling med trött blick och hängande mage tillbaka mot mig i spegeln. Han hälsade på mig med ett ironiskt leende.

"Jag vill skriva", hörde jag mig själv säga. Men så hittade jag på en massa ursäkter för att skjuta upp denna resa längs minnenas aveny, trots att jag ju vet så väl att sanningen kommer att ta mig ut ur mörkret, och in i ljuset. Så denna vintermorgon sitter jag nu här igen med mina minnen, med min tunga ryggsäck av håkomster. Jag beger mig tillbaka till den plats jag lämnade en höstdag för femtiofem år sedan.

och när du kommer till ön
och innan det salta havsvattnet hinner torka på din hud
söker du reflexen av dina ögon i deras
och du frågar dig om deras blick
finner ditt hjärtas puls

Människan strävar efter fulländning, och om jag inte inledde berättelsen med min mor Maria, min älskade Marikaki, skulle det vara som att börja recitera alfabetet från mitten. För, när allt kommer omkring, vad är livet annat än vårt eget personliga alfabet?

LUFFAREN

Den här eftermiddagen tog hon på honom hans finaste söndagskläder. De skulle besöka järnvägsbolaget SPAP:s huvudkontor. Där ville hon presentera sin lille pojke, sin ögonsten, för sina nya kollegor. Det var en viktig händelse för en nyanställd, som dessutom var ung mamma.

Försiktigt lade hon på en skiva på den gamla grammofonen, och så strömmade Strauss' ljuva musik ut i den lilla lägenheten. Hon lutade sig mot väggen och stängde ögonen en kort stund innan hennes vackra händer satte på honom strumporna. "Idag tar vi dina nya skor Manthouli, skorna som morfar köpte åt dig".

Hon tog honom i handen, ledde honom fram till den långa garderobsspegeln, och viskade i hans öra: "Titta så vacker du är min son". Hon böjde sig över hans axel och iakttog noggrant sin fyraårige son i spegeln. För ett ögonblick stod tiden stilla och musiken fyllde rummet.

"Mina kollegor kommer att bli fullständigt galna i dig ... och jag undrar vilken lycklig flicka som kommer att ta dig ifrån mig en dag", sa hon till honom, och gav honom en blöt puss på kinden. Sedan lyfte hon upp honom i sina armar och började dansa till musiken. Den första danslektion jag fick av min älskade mamma var vals.

Snart var vi på väg till järnvägsbolagets kontor. Det låg inte så långt ifrån min morfars hus, där vi tillfälligt hade bott för ett tag sedan, efter att vi blivit vräkta från vår egen bostad då vi inte kunde betala hyran.

Snart kom vi till en imponerande entré. Vi hälsade på några kontorister och gick uppför marmortrapporna. Överallt möttes vi av leenden och välkomstord. Slutligen gick vi in på kontoret där vi hittade en cigarettrökande man i mörk kostym och tre damer. Jag höll min mors hand hårt medan hon presenterade mig för sina kollegor.

"Jag tog med mig Manthouli, min vackra pojke".

Efter många fraser som "god morgon", "så söt han är", "vad tycker du om att leka" och så vidare, ställde slutligen den cigarettrökande mannen den i sådana här sammanhang inte helt oväntade frågan:

"Och vad vill han bli när han blir stor? Vad sa du att han heter? Manthouli?"

En fråga i tredje person singularis till en liten pojke som ännu inte visste så mycket om världen. Alla såg på mig med förväntansfulla leenden, väl medvetna om hur svårt det kunde vara att svara på en sådan fråga.

"Tja... lokförare, kanske", hörde jag mamma säga när hon försökte hjälpa mig ur situationen.

"Kanske hellre inspektör", sa en av damerna. "De har bättre lön".

"Jag tror den här pojken kommer att bli advokat som sin morfar, och tjäna en massa pengar ", hörde jag en annan röst säga. Förslagen om mitt framtida yrkesval fullkomligt regnade över mig.

Och sedan hördes plötsligt en barnröst, det måste ha varit min egen, säga med viss tvekan:

"Luffare".

Det blev alldeles tyst i rummet. Jag kände min mamma Maria trycka hårt min hand, och såg henne le lite generat. Sedan kom kollegornas överraskande reaktion. De började klappa händerna och skrika "bravo". De verkade verkligen gilla den lille pojkens val. Klappar, pussar, uppmuntrande ord, och även ett erbjudande om en dubbel portion vaniljgodis försäkrade mig om att jag hade svarat helt rätt. Svaret hade öppnat en dörr ut till något annat, bort från det konventionella och vardagliga.

Och en drömmens luffare, formad av både slumpen och mina egna medvetna val, har jag alltid varit, och är än idag.

SKOLKAREN

Han gav sig iväg till skolan. Och precis som varje annan morgon hade han i skolväskan med sig en ostsmörgås, ett paraply, skolböcker som han skulle ha läst till igår men som han ännu inte öppnat, sin nyfikenhet på världen och vaga planer för sitt framtida liv.

"Än en gång kommer du hit utan att ha förberett dig, det var samma visa igår... nej, jag vill inte höra... inga ursäkter!"

Läraren var rasande. Pojken försökte säga någonting, förklara varför han ännu en gång hade missat att göra sin läxa. Men han pratade osammanhängande, och läraren avbröt honom hela tiden.

"Kom hit... jag vill inte höra dina ursäkter. Vad har du för föräldrar egentligen som inte bryr sig om om du gör dina läxor... och under första skolåret också..? Gå dit... ställ dig i hörnet, vänd ansiktet mot väggen och rör dig inte."

Sjuåringen med skrapmärkena på knäna gick lydigt, med tårarna rinnande nedför kinderna, in i hörnet och ställde sig med näsan mot väggen.

På eftermiddagen återvände han till sitt hem som låg i slutet av Psarron-gatan, uppför trapporna mot Strefi-kullen, i Aten. Det var ingen hemma när han kom dit. Han lyfte upp blomkrukan, tog nyckeln och öppnade dörren. I flera dygn hade hans mor nu suttit i säkerhetspolisens celler, där hon uppmanades att underteckna dokument för att visa att hon ångrade sina vänsterpolitiska åsikter. Detta hände under Ioannis Metaxas' militär-regim, och dessa "ånger-dokument" var ett av de sätt som diktaturen använde för att knäcka varje försök till fritt tänkande.

Till slut kom hans far George hem, då satt han och ritade en röd mås på den vita köksdörren. De senaste två dagarna hade Matheo inte gjort sina läxor. Varje eftermiddag gick hans far och besökte sin hustru hos säkerhetspolisen efter jobbet. Sedan lagade han mat, och i det kaos som rådde i familjen efter att hustrun arresterats glömde George ofta att se till Matheo. Sjuåringen hade inget emot detta. Han ritade sina teckningar, och slapp gärna att göra sina läxor.

Nästa dag gick han nedför Strefi-kullen, och stannade vid slutet av trapporna. På andra sidan gatan, bakom en hög mur, låg skolgården. Därifrån kunde han höra barnens röster, skratt och rop. Han tyckte sig höra att de ropade hans namn. Dagens lektioner hade ännu inte börjat. En inre röst sa åt honom att han borde gå dit. Om hans lärare än en gång frågade honom om läxorna så skulle han berätta sanningen. Men en annan röst sa åt honom att det var bäst att låta bli. Han hade tvekat på samma sätt de senaste två dagarna. Och vad skulle han egentligen svara på lärarens frågor? Så den här onsdagen bestämde han sig slutligen. Nej, han skulle inte gå dit. Han satte sig på en marmorbänk utanför skolgården. Sedan skolkade han från skolan resten av veckan, utan att hans far hade en aning om detta.

På söndagen var han ledig, så då kunde han sova länge.

På måndagen gick han nerför trapporna, korsade gatan och satte sig än en gång på marmorbänken. Han hörde hur barnen lekte på skolgården. När ljuden tystnade förstod han att dagens lektioner hade börjat. Då tog han fram sin bok ur skolväskan, och låtsades fördjupa sig i den.

I flera dagar hade man arbetat med att asfaltera gatan vid skolan, och nu återvände ångvälten på nytt. Föraren och hans manskap tittade nyfiket på den lille pojken som de senaste fyra dagarna hade suttit och pluggat utanför skolan. När klockan ringde för lunchrast tog han fram sin smörgås och slukade den glupskt – arbetarna ropade ironiskt "Hoppas det smakar!", och han nickade till svar. Efter rasten fortsatte han läsa. När det regnade slog han upp sitt paraply och njöt av stillheten och tystnaden. Inga barn som lekte på gården, inget oväsen, inga ångvälts-ljud. Han lärde känna många hundar i kvarteret, de kom dit varje dag, och han klappade dem på huvudet.

Nu var det lördag igen. Klockorna ringde vid tolv, när lektionerna var slut. Han tog sin skolväska och sitt paraply, och lämnade hundarna bakom sig. Strax innan skolgrindarna skulle öppnas och barnen komma ut på gården begav han sig iväg hemåt. Hans far skar lök för att laga sin favoriträtt stifado. Han såg på pojken och sa: "Det är tur att vi har din morfar, den gamle advokaten Caesar. Han har en massa bra kontakter, och vet hur man ska utnyttja dem... Han har ju hjälpt din mor tidigare när hon fått problem. Imorgon ska du, jag och han gå till säkerhetspolisen och se till att få ut henne ur fängelset."

Och sedan, som om han plötsligt kom att tänka på någonting, slutade han att skära löken, och tittade på sin son. Och innan sonen ens hann säga "Jag följer med", så frågade han smått ironiskt:

"Och hur gick det i skolan idag? Vilken sida i boken läste du?" Hur kunde det komma sig att han nu plötsligt mindes skolboken? Försiktigt öppnade pojken boken och pekade på en sida, men tyvärr var det samma sida som de hade läst tillsammans för fem dagar sedan. Först kände han örfilen, och sedan hörde han ropet... "Slyngel! Den där sidan läste vi för en vecka sedan..!".

Sedan släpades han ända till skolan av George. Där väntade rektorn på dem. Rektorn kom från Kreta, precis som fadern. Han såg på pojken med viss sympati, och argumenterade med fadern på kretensisk dialekt. "Det är inte hans fel, George, du har inte tagit hand om honom de senaste dagarna." Och sedan gav han pojken en målarbok med bilder som han kunde färglägga som tröstpresent.

Senare skulle han få reda på att hans far, liksom de flesta andra föräldrar, på lördagarna brukade fråga hur hans barn hade skött sig i skolan den senaste veckan. Och den här lördagen hade läraren berättat att hans son varit sjuk.

Ja, så var det. Upplevde jag verkligen detta? Jag kan inte påstå att jag minns allt, men rent känslomässigt upplevde jag det såhär.

SLAGET (SFALIARA)

Första gången min far slog till mig på riktigt var en lördag… Det var samma dag som vi träffade Mina för första gången.

Han stod vid spisen och stekte, som så ofta, lök och potatis. Han var både kock och filosof, samt expert på allt möjligt, som uppfinningar och filosofi. Det var svårt att diskutera med honom, för när han kom igång blev dialogen lätt en monolog. Denna egenhet hade kostat honom en hel del – han hade till exempel flera gånger blivit tvungen att avbryta sina universitetsstudier på grund av att han varit "oförskämd mot sina professorer".

Nu stod han där vid spisen och stekte, och pratade samtidigt med sig själv. Ibland ropade han till, saker som: "Det där fascistmonstret!…vem valde honom?…folket? Naturligtvis inte…Det var de vidriga politikerna och den där kungen som de engelska svinen prackat på oss… det var de som valde honom…."

Min mor såg på honom med sympati i blicken, för en gångs skull var de helt överens. De hade gift sig av kärlek nio år tidigare. Det var fjorton års åldersskillnad mellan dem, men intellektuellt gick de bra ihop. Problemet var bara det att Maria ända från barndomen tillhört den politiska vänstern, och min far var en hängiven anhängare till Aristoteles och liberalismen. Han var väldigt misstänksam mot alla socialistiska idéer. Det var bland annat detta som senare orsakade deras skilsmässa.

Och vad tyckte då jag? Jag var åtta år gammal, gick i andra klass i grundskolan, och var medlem i den fascistiska ungdomsorganisationen EON, ett medlemskap som var obligatoriskt för alla skolbarn. Nu tyckte jag att jag hade fått ett utmärkt tillfälle att göra min patriotiska plikt.

"Snälla pappa, tala inte illa om vår store ledare", sa jag med allvarlig röst.

Han slutade steka, och vände sig mot mig med rasande ögon.

"Var har du lärt dig sånt skitsnack?!" frågade han och stirrade stint på mig.

Den här gången är det min tur att få sista ordet, tänkte jag, och fortsatte härma den ledare som brukade hålla i EON:s möten.

"Det är min plikt att anmäla dig till Organisationen", poängterade jag med uppriktig röst... "du skymfar vår ledare Ioannis Metaxas."

Min far fullkomligt exploderade, träsleven i hans hand fick vingar, den passerade strax framför min näsa, och stänkte olja och tomater över mitt ansikte. Och efter skeden kom kocken själv farande, skrikandes:

"Försvinn... Ut ur mitt hus, jävla skitunge... du är bara barnet, men redan har du blivit angivare..." och så daskade han till mig ganska hårt med öppen handflata, grabbade tag i min krage, och släpade mig mot dörren.

"Försvinn härifrån, jag vill aldrig se dig igen... du är inte min son... de har gjort en liten fascist av dig... ge dig iväg..."

Då sa min mor Maria med mjuk, lugnande röst:

"Slå honom inte, han vet inte vad han säger, han är bara ett litet barn..."

Jag fick en knuff och så stängdes dörren bakom mig. Jag satte mig på det nedersta trappsteget i trappan vid vårt hus.

"Jaha, vad händer nu då..?" tänkte jag. "Men jag är ju ändå deras barn... Det är nog bara att vänta...".

Jag såg mig omkring i vårt nya bostadsområde. Som tur var var det ganska folktomt ute på gatorna. Vi hade flyttat till det här huset när vi blev vräkta från vårt förra hus. Det var andra gången vi blivit vräkta, och anledningen var förstås vår oförmåga att betala hyran. Min far hade gedigna kunskaper i kemi och teknik, men på grund av sitt arroganta sätt var han nästan alltid arbetslös.

På min högra sida låg Aharnon-gatan och på vänstra sidan Alkiviadon-gatan. De bands samman av Attic-passagen. På ena sidan av passagen låg flera hus, och i mitten av dem Attic-teatern, som gränsade till vårt hus. Denna kväll skulle det vara premiär för en föreställning där, och nu pågick repetitionerna för fullt. Röster, skratt och musik trängde ut från lokalerna.

Jag visste inte riktigt vad jag skulle göra. Jag väntade på att få höra vår dörr öppnas, och min mor ropa "Kom in Manthouli, vi ska snart äta!" men inget hände. Mina föräldrar grälade nog därinne, de skulle säkert glömma bort mig... så skulle de börja äta... och jag skulle få fortsätta vara hungrig...

"Hallå där! Vad gör du här? Vad heter du?" hörde jag då plötsligt en kvinna som just kommit ut genom teaterns scendörr fråga. Hon såg nyfiket på mig, och log.

Jag hade aldrig sett henne förut, men jag antog att hon var skådespelerska.

21

"Vad heter du?" upprepade hon.

"Matheo", mumlade jag, och undrade i mitt stilla sinne vad hon kunde vilja.

"Bor du här, Matheo?"

Jag nickade. "Ja."

"Är din mamma hemma? Jag skulle vilja fråga henne en sak."

Aha, det här kan vara lösningen på mina problem!, sa jag till mig själv.

"Vad då?"

Hon såg på mig, och tänkte säkert:. "Det var då en nyfiken liten unge".

"Om hon skulle kunna låna mig ett bälte…"

"Ett bälte?…" ett bälte skulle kunna bli min räddning! Jag reste mig genast upp och ringde på dörrklockan.

Maria kom ut, och klappade mig på huvudet. "Kom in, vi ska snart äta…", sa hon, och sedan såg hon på kvinnan som stod bredvid mig.

"Den här damen är skådespelerska, och hon behöver låna nånting", sa jag med låg röst.

De två kvinnorna skakade hand, och sedan föll det sig naturligtvis så att den vackra damen, vars namn var Mina Simirioti, åt lunch med oss den dagen. Och på kvällen satt vår lilla familj på teatern och njöt av Minas skådespeleri och den fantastiska föreställningen.

Under många år skulle sedan Mina, som blev min "extramoster", generöst skänka oss sin vänskap och kärlek. Ingen var bättre än hon på att läsa i kort, och hon listade alltid ut vad jag önskade mig på mina födelsedagar. Hon var en utmärkt skådespelerska och journalist, pratade flytande franska och italienska, och var passionerad socialist, precis som min mor. De två engagerade sig gemensamt i kampen mot Metaxas' diktatur, mot Italiens och Tysklands ockupation 1941-44, och även i kampen mot ockupationsmakternas kollaboratörer. De brukade gå i demonstrationståg tillsammans, trycka och dela ut flygblad, sprida meddelanden till motståndsrörelsen. Under inbördeskriget slogs de för socialisterna, och till slut fick de tillsammans även uppleva den fruktansvärda desillusionering som drabbade vänsterrörelsen när kännedomen om att dåvarande Sovjetunionen var en diktatur under Stalins styre spreds ute i världen. Marias och Minas vänskap bestod ända fram tills min mor gav sig iväg på sin sista resa i mars 1966.

I oktober 1974 publicerades en artikel i tidskriften "TA NEA" om mitt arbete utomlands. Några dagar senare fick jag ett brev från Mina:

"Manthouli! Om du är Matheo, George's och Maria's son… Om du är den där lille pojken som jag alltid bär med mig i mitt hjärta och vars namn alltid dyker upp på mina läppar när jag tänker tillbaka i tiden… men det måste ju vara du. Du med dina medfödda konstnärliga anlag och dina progressiva idéer. Den lille pojken som jag nästan uppfostrade under ockupationens mörka år. Minns du Mina? Och kommer du ihåg hur arg du blev när jag var tvungen att bestraffa dig för någonting du hade gjort? 'Hur kan du bestraffa mig, vem är du', sa du då rasande, 'min nanny?!' Ja, på sätt och vis tror jag att jag var, och är, det. Du väckte upp så många känslor inom mig, och gav mig så mycket glädje. Jag kysser dig, min pojke, med kärlek."

Sedan 1951 hade hon då arbetat huvudsakligen som journalist, och var nu chefredaktör för tidskriften "Domino". En av anledningarna till att hon kontaktade mig var att hon ville göra en intervju med mig.

Oktober 1974 var en hektisk månad för mig, en månad fylld med förberedelser. I slutet av året skulle jag åka till Mexiko för att spela in min första dokumentärfilm i Latinamerika, "It is nice to be privileged!". Jag behövde skaffa mig en gedigen kunskap om språket, inhämta den historiska bakgrunden, sätta mig in i alla praktiska detaljer osv. Minas brev kom mitt i allt detta och jag läste säkert igenom det som allra hastigast, svarade snabbt, och sedan hamnade det under ett berg av papper, brev, böcker, texter, idéer och utkast till olika filmmanus.

Jag hittade brevet för några dagar sedan när jag sökte efter material till den här boken, och jag la det åt sidan tillsammans med annat intressant material. Igår kväll sjönk jag in i minnenas rika värld, jag kände det förflutna bli levande, jag skrattade, andades djupt, kände en enorm kärlek, grät och mindes återigen Minas och Matheos första möte den där dagen då min far slog mig för första gången.

Det hände i en mörk och hård tid, men en tid som ändå var fylld med kärlek, och då vi trodde på våra drömmar om ett bättre liv.

Livet har lärt mig att ett enda ögonblick av självkännedom räcker för att döva smärtan från tusen bittra timmar.

TVÅ TAPPRA YNGLINGAR

"Vi kör igång om en liten stund, rör på benen, och inta era platser, Vassilakis och Manthouli! Jag måste börja med maten snart…"

Fru Voula kommenderade flera familjer på samma gång med sin militäriska stämma. De två hus som vi bodde i på Psarron-gatan bestod av tre lägenheter och en butik i gatuplanet. Vassilakis bodde på nedre våningen på andra sidan den lilla mörka, ganska smutsiga gården.

"Så, sitter ni bra?"

"Jadå!", ropade jag, som hade en stark stämma, trots att jag egentligen var ganska skygg.

"Vilken sång ska vi sjunga idag då?"

"De fyrtio tappra!"

Detta var ett år efter att vi hade flyttat ifrån området vid Attic-teatern, där jag mötte min "låtsas-moster" Mina. Nu bodde vi på första våningen på Psarron-gatan, bakom Sankt Pauls-kyrkan. Vi hade som grannar fru Sophia, hennes make George och deras son, min nye kompis Vassilakis, som var ett år yngre än jag. Jag var nio, och han åtta. Vår andra granne, fru Voula, var änka och mor till en 25-årig dotter som hette Mimis.

En gång när vi just hade flyttat till Psarron-gatan, och innan jag hade lärt känna Vassilakis, fick jag en gång när jag satt på toaletten höra en barnröst från nedervåningen sjunga "De fyrtio tappra". Intressant, tänkte jag, och kanske även ett tillfälle för mig att visa min överdådiga talang. Så när min då ännu okände granne hade avslutat sin sång klämde jag i för att visa hur duktig jag var. Efter avslutat värv hördes applåder, och sedan ropade fru Voula, som på väg upp till sin lägenhet hade stannat till för att lyssna på toalett-sopranerna:

"Bravo, bravo, bra gjort bägge två!".

Sedan dess hade jag och Vassilakis flera gånger tävlat mot varandra på toaletterna. Först hade vi då uträttat våra behov, och sedan hade vi väntat på att vår domare fru Voula skulle starta tävlingen.

"Nå, vem ska börja?" brukade hon då fråga.

"Jag", svarade oftast Vassilakis.

"Okej. Ett... två... tre... kör!" ropade hon sedan med sin militäriska stämma.

Då rensade Vassilakis strupen och stämde upp med "De fyrtio tappra från Livadia", och oftast brukade han vinna tävlingen eftersom han sjöng bäst och renast.

När vi i skolan läste om hur greker gjorde uppror mot det Osmanska riket på 1800-talet fick vi aldrig veta vad de där fyrtio tappra från Livadia gjorde i Tripoli efter att staden fallit; allt det slaktande och plundrande som följde... men det är ju en helt annan historia.

Vassilakis och jag gick i samma skola på Liosion-gatan, han gick i tredje klass, och jag i fjärde tills jag ett år senare missade ett helt år på grund av en allvarlig sjukdom. Vi strålade senare samman igen på en privatskola.

I slutet av 1939 bröt kriget ut i Europa, och Italien förklarade Grekland krig i oktober 1940. Till en början var nyheterna från fronten lovande för grekisk del, men sedan, i april 1941, fick Italiens Mussolini stöd från de tyska nazisterna.

Vid slutet av kriget bodde vi kvar i samma hus, och där bodde vi även efter den påföljande ockupationen och det tragiska inbördeskriget.

EN DAG FYLLD MED SOLSKEN

"Jag tar med mig dig, dig och dig; och du där bär fotogentanken."

"Dig, dig och dig" var soldater i den antifascistiska motståndsrörelsen ELAS, alltför unga för att få skägg, och "du där" var jag, klädd i kortbyxor, relativt lång för min ålder, bredaxlad och nyss fyllda tretton. Den som gav orderna var kaptenen i ELAS´reservtrupps fjärde kompani, som för tillfället var inhyst i vår gamla skola.

I normala fall skulle jag ha begivit mig hemåt för länge sedan, min mor skulle säkert snart börja leta oroligt efter mig, och jag tyckte mig höra henne ropa mitt namn med melodisk röst. Men ändå stod jag nu framför en spruttank fylld med fotogen, och alla "örnungar", det vill säga vi barn under 15 år som var med i någon av socialistpartiets ungdomsgrupper, tittade på den som skulle sätta eld på det ökända Special Security-huset, som vi alla hade hört våra föräldrar tala om, men som vi inte visste exakt var det låg.

Det verkar ligga i min natur att dra till mig faror. Många gånger hade jag räckt upp handen i skolsalen trots att jag var ganska oförberedd, särskilt i historia och grekisk litteratur. Jag tycker om att improvisera och att visa mina skolkamrater, som alltid försökte gömma sig längst bak, att om man använder sin fantasi och improvisationsförmåga så spelar det inte så stor roll om man bara har en diffus uppfattning om detaljerna om slaget vid Salamis. Det var min egenuppfunna logik – ren och skär galenskap med andra ord. Lärarna kände till denna svaghet, och försökte undvika att ge mig ordet, eftersom det oftast visade sig vara ganska självdestruktivt. Jag pratade och pratade utan att säga något som hade med saken att göra, och mina betyg visade också detta.

Men den här gången fanns det ingen lärare i närheten som kunde förhindra mig från att stiga fram. Så när vår ledare frågade vilken modig man som skulle bära fotogentanken och sätta eld på Special Security Unit såg jag förvånat allas ögon vändas mot min hand som åkte upp i luften över mitt huvud, nästan av sig själv. Kaptenen var ingen lärare och det fanns ingen möjlighet för mig att ändra mig nu, eftersom Christina var där. För hennes skull var jag beredd att gå in i eld. Jag var galen i henne, men såg henne inte igen förrän många alltför långa plågsamma år senare.

Tystnaden som följde på min modiga gest förstärkte ytterligare ljuden av rasande murbruk maskingevärens rytmiska tac-tac-tac. Enligt de vuxna utkämpade Aten sin sista strid. Jag hade knappt hämtat mig från min egen överraskning över vad jag hade gjort när jag kände en hand skaka min axel, och min jämnårige granne Tassos viskade:

"Är du fullständigt galen? Det här kommer att ta död på din mor."

Men nu var det försent. Med sträng min hade vår ledare givit mig en hjälm att bära. Som tur var var den hel, och saknade hål. Men den var för stor för mig, och hängde ned över mina ögon. Ihopknycklat tidningspapper stoppades in mellan mitt huvud och hjälmen, och så kunde jag se igen. En uppmuntrande blick från Christina, som såg sin beundrare förvandlas till en krigare, övertygade mig om att jag gjorde det rätta, och att det nu inte fanns någon återvändo.

Långt senare läste jag någonstans att stark skräck eller djup besvikelse kan utlösa hjältedåd. Och när jag gick i högskolan insåg jag hur bortkastat det hela hade varit – att bränna Security för att skapa ett rättvist samhälle. Tassos lyssnade inte på mina stora fina idéer, och blev en utpräglad kapitalist istället för socialist. Tillsammans med sin första miljon erövrade han även Christinas hjärta, som vid den tiden hade blivit en vandringstrofé för de nyrika i området.

Vi gick i formation. En framför mig, en bakom, och en vid varje sida. Totalskyddad med andra ord. Hjälmen dansade upp och ned, och svängde till vänster eller höger. Tanken var svår att bära och det stank av bara sjutton. Eftersom vägkorsningen kontrollerades av krypskyttar bröt vi upp leden, och naturligtvis hamnade jag längst bak. Vi försökte ta skydd under balkonger eller bakom hus, eftersom de engelska planen inte stötte på något motstånd dök de och sköt på allt som rörde sig. Security-huset låg fyra gator längre ned. Vi började småspringa, jag som vanligt på efterkälken, min tank kändes lättare eftersom halva dess innehåll hade spillts ut över mig. Till slut såg jag byggnaden, ett två våningar högt hörnhus som låg bakom en liten park.

"Här är Hoppets gata", skrek vår ledare.

"Vilket namn! Den som gick in i detta hus lämnade hoppet utanför", sa en yngling som vi kallade för Djävulen.

Jag frågade honom aldrig varför han fått detta namn, men det var ett ord som kryddade vårt språk dagligen.

Det fanns inte en levande själ på gatan. Vi närmade oss byggnaden nedhukade, den såg övergiven ut. Först gick vår ledare in, täckt av Djävulen. Jag hade gömt mig under ett bord vid tavernan mitt emot i väntan på min tur. Jag darrade av rädsla och tänkte på min mor som måste vara halvt utom sig av oro nu.

Någon skrek: "Fotogentanken, fort!"

Till slut var det alltså min tur. Jag reste mig försiktigt upp, tittade till höger och vänster och sprang sedan över till Security-byggnaden. Så snabbt jag kunde gick jag uppför marmortrappan.

Inuti huset var det totalt kaos, papper överallt, några andra måste ha varit där före oss och sökt igenom stället, kanske de hade tagit med sig de beryktade dokument som jag hade hört vuxna prata om.

"Tänd eld på det!", hörde jag vår ledare ropa.

"Tänd eld på vad, var?"

"Allting, allting i det här djävla helveteshålet!"

Jag började med viss möda spruta fotogen, pumphandtaget hade vridit sig och jag mådde illa av ångorna.

Djävulen kom in genom en dörr med ett paket cigaretter i händerna.

"De svinen rökte bara engelska cigaretter. De pissade i byxorna när de hörde oss komma, och lämnade kvar tre paket."

"Håll truten, Djävulen, och hjälp till med att spruta, snart blir det mörkt!"

"Jag kommer… Men först skulle jag vilja ta en snabb titt i källaren", sa Djävulen.

Vi såg oss tysta omkring i det grå rummet, och glömde bort både tiden och vårt uppdrag. Ett bord, en bänk för falanga (fot)-tortyr, och därunder en svart fläck, en flaska, en tratt. Jag mindes ricinoljan som Maria hade behandlats med hos Special Security. De uniformerade skurkarna tvingade in tratten mellan offrens tänder och hällde ricinolja in i deras munnar. Fastnitade i väggarna satt kedjorna i vilka man brukade hänga fångarna i deras armar. Medan det var kaos i resten av byggnaden härskade här fullständig ordning med alla verktyg på sina rätta platser.

Vi gick tysta uppför trapporna, djupt försjunkna i våra egna privata mardrömmar. Jag tänkte på allt det som Maria måste ha gått igenom i denna källare. Jag hade hört så många hemska berättelser om det gudsförgätna stället. De närmaste minuterna sprejade vi hallen med den fotogen som fanns kvar i tanken. När vi var klara gav vår ledare mig en vänskaplig knuff:

"Bra gjort, min pojke, ett utomordentligt arbete, du kommer alltid att minnas den här dagen... spring iväg nu, för du är indränkt i fotogen och skulle brinna som en fackla tillsammans med Security-byggnaden." Och först nu berättade han att han hade satt eld på papperet medan vi gick nedför trapporna.

Sedan anslöt han sig till oss och tog skydd under borden mitt emot och väntade på att få se flammorna stiga mot Atens himmel för att visa alla att vi brände upp det hatade Security.

"Jag skriver historia nu", tänkte jag, och glömde för en stund min mor, mina problem, Christina – allt.

Sedan hördes återigen bombplanens muller, och vi tog skydd på nytt.

"Fan i helvete, den här djävla fotogenen verkar inte brinna", hörde jag Djävulen mumla, och sedan reste hans sig, tände eld på något som såg ut som en dynamitpinne och kastade in den genom dörren.

Jag sökte vettskrämd skydd, men explosionen uteblev.

"Din dumma idiot, vad gör du, gaserna från explosionen kommer att släcka elden", skrek vår ledare.

"Stick nu", sa han sedan, "annars kommer vi att bli kvar här."

Jag såg lättad på honom, men just som jag tänkte att den värsta faran var över vände han sig om, sprang uppför trapporna till byggnaden, och skrek:

"Jag ska bränna ner dig, du din stinkande bordell, jag ska förvandla dig till aska..."

Innan han hunnit avsluta meningen avbröts han av en försenad explosion, och kastade sig åt sidan. Svart rök vällde ut från fönstren. Äntligen!

Vi började gå tillbaka, och det kändes som om bombplanen lekte kurragömma med oss. Jag försökte göra mig av med fotogentanken, men en arg svordom från ledaren stoppade mig. Han hade visst lovat att ta med den förbaskade saken tillbaka. Innan vi gick över en farligt bred gata hörde jag en röst som jag alltid skulle känna igen bland tusen andra ropa mitt namn. Jag stannade som förlamad. "Hur sjutton kunde Maria hitta mig?", tänkte jag och föll sedan in i min mors famn.

"Du stinker fotogen, mitt barn", var det första hon sa. Jag slår vad om att ledaren för vår grupp skulle föredra att konfrontera planet med sitt maskingevär framför Maria. Han fick sig verkligen en utskällning.

"Nu går vi hem", sa hon högt. Men vi gick inte hem, det skulle dröja ett helt år innan jag såg mina hemkvarter igen. För vi hade en väldigt lång vandring framför oss. När vi var ensamma sa hon till mig:

"Vi måste ge oss iväg, min pojke, vi måste gömma oss, för annars kommer de att döda oss. Kollaboratörerna har redan börjat flytta in i vårt område. Vi måste lämna Aten nu, imorgon kommer det att vara försent."

"Och vart ska vi ge oss iväg, mamma?"

"Upp i bergen, min pojke, tills det värsta är över."

"Och hur ska vi ta oss dit?"

"Till fots, mitt barn."

Jag såg på hennes fötter. Hon bar de högklackade skor som hon hade fått från hjälporganisationen UNRAA. Jag hade i alla fall ordentliga skor, som var lämpade för en lång vandring. Så, hand i hand, klädda i de kläder vi hade på kroppen, gav vi oss iväg mot de norra förorterna.

Efter en månad skulle vi nå Platanaki, en liten by utanför Thebes.

DEN LÅNGA VANDRINGEN

Vi hade vandrat i timmar, hand i hand, klädda i de kläder vi råkat ha på oss, med en filt var, osäkra på vår destination och på hur lång tid vandringen skulle ta. Vi hade passerat Kifissia och gick nu mitt i vägen. På vår högra sida passerade en grupp romer på sina åsnor draperade i färgglada mattor, med gitarrer och fioler hängande från skuldrorna. De såg nyfiket på oss, och undrade nog vad vi gjorde där. Det var nog förvirrande att se en respektabel dam i grön kappa, med handväska och en filt under armen, och med en pojke vid sin sida, så här långt ifrån bebodda trakter på denna soliga dag. De såg på min mors begagnade högklackade skor. Det skulle dröja flera dagar innan hon tog av sig de en gång så vackra skorna, la dem i handväskan, och lindade in sina fötter i getskinn på det sätt som bönderna gjorde, och så fortsatte gå i regnet…

Plötsligt stelnade vi till och stannade; det välkända och skrämmande ljudet kom från bakom en skogsdunge på vår vänstra sida. Snart såg vi Spitfire-planet, det flög lågt över träden och när det dök med nosen var det så nära att vi kunde se pilotens ansikte när han iakttog denna färggranna skara människor som nu stod blickstilla, som frusna till is inför denna dödsmaskin. Innan han hunnit räta upp planet för att göra en sväng och därefter åter flyga in mot oss med osäkrade vapen grep Maria tag i mig och skrek:

"Spring däråt, min pojke, åt vänster! Vi måste nå fram till träden… Spring..!"

Paniken hade nu spridit sig i folkskaran. Människor svor, de färggrannt draperade åsnorna sprang för att gömma sig bland buskarna, träden och klipporna, medan ljudet från det återvändande planet växte sig allt starkare. Vi rusade andfådda mot träden på vänster sida av vägen Nu kommer maskingeväret snart att börja skjuta…

"Ner, ner!" hörde jag min mor flämta, men innan jag hann lyda henne hade hon knuffat till mig så att jag föll ner i en grop. Själv slängde hon sig över mig, och hennes gröna jacka gjorde att vi blev ett med gräset. Jag kunde höra hennes hjärta slå medan hon kysste mitt ansikte. Så viskade hon med den sista gnutta luft hon hade kvar i sina lungor:

"Var inte rädd, min son, han kan inte se oss."

31

För ett ögonblick stannade tiden, vi väntade på maskingevärets tac-tac-tac, men när piloten inte såg några rebellsoldater brydde han sig inte om att slösa en enda kula på denna mångfärgade skara.

Så slutade den första dagen. Vi tillbringade natten i en skola tillsammans med en grupp reservister från den grekiska befrielsearmén ELAS. Och där fick vi höra vad som hade hänt: ELAS hade förlorat kontrollen över Aten. Britterna under general Ronald Scobie hade, tillsammans med korrumperade grekiska politiker, Metaxas-trogna soldater och kollaboratörer vunnit slaget om den plågade staden.

Den natten sov vi på golvet tillsammans med partisanerna från ELAS, insvepta i våra filtar. På morgonen drack jag lite mjölk och min mor kaffe, och så var vi redo att ge oss iväg igen... men vart?

"Vart ska vi gå nu, mamma?" frågade jag.

"Till Platanaki, min pojke... det är nära Thebes", svarade hon, och försökte ta på sig sina slitna högklackade skor.

"Och hur långt är det dit?" frågade jag vidare, men fick inget mer svar.

Alltså gav vi oss iväg mot Platanaki. Snart kände vi i hårbottnen och i kläderna lössen, dessa partisanarméns oönskade gäster. Vi vandrade i tjugo dagar över kullar, genom byar och skogar, i regn och solsken. När vi blev hungriga gick vi in i kyrkor och åt den mat som traditionsenligt offrats efter minnesgudstjänster. Och på kvällarna innan vi gick och la oss för att sova i stall eller skolor, så avlusade modern Matheo och Matheo modern. I skenet från levande ljus knep min mor hårt tag om sina byten och släppte dem på elden. Och så – tsak! - exploderade den ena lusen efter den andra; "Det där var den åttonde, min son", hörde jag henne viska. Många fler skulle möta sitt öde i eldslågorna innan vår vandring var över... Vandringen som vi började på eftermiddagen den där vackra dagen fylld med solsken.

Den långa vandringen

Till slut nådde vi fram till Platanaki. Där mötte vi en grupp politiska ledare från den nationella befrielsefronten EAM. Från byn kunde vi se vårt slutmål – Thebes. Men nu fick vi höra dåliga nyheter; engelska trupper hade redan kommit fram dit.

Skulle vår vandring sluta här, och vart skulle vi nu ta vägen?

Några dagar senare fortsatte vi till en närbelägen by som kontrollerades av nationalistmilisen. Vi gav våra filtar till en lastbilschaufför som betalning för att han skulle skjutsa oss tillbaka till Aten, och så gick Maria till den skola som var milisens bas för en obligatorisk identitetskontroll. Jag satt i lastbilen och väntade på henne, och tänkte att de nog skulle fråga ut henne om hur det kom sig att hon, en Aten-dam i höga klackar, befann sig här i deras lilla by under denna farliga tid, med en liten pojke som hela tiden kliade sig i huvudet som enda sällskap. Jag darrade när jag tänkte på de misstankar som de kanske skulle fatta mot henne. Kanske slog de henne redan nu för att tvinga fram sanningen.

Jag gick ur lastbilen, fram till vakten, och tilltalade honom försynt på det sätt jag var van vid:

"Kamrat, min mor är därinne, kan jag få komma in?"

Innan jag ens hade hunnit avsluta meningen slog hans tunga hand till mig över ansiktet med avsevärd kraft.

"Stick iväg, din horunge, din smutsiga luffare!" skrek han.

Jag sprang tillbaka till lastbilen och fortsatte vänta, darrande som ett asplöv. Efter ett tag kom min mor ut. Hon var väldigt upprörd, och bad chauffören att genast starta motorn. Tydligen var hon rädd för att de skulle kalla henne tillbaka.

Jag vaknade upp i hennes armar när vi körde in i Aten. Eftersom vi var rädda för att den grupp kollaboratörer som höll koll på vårt kvarter skulle döda henne så gav vi oss iväg till morfar Caesars hus. Min far George väntade på oss där. Efter många kramar och pussar fick vi höra att vårt hus på Psarron-gatan hade träffats av en granat som via trätaket och min säng slutligen hade landat på marken i en passage vid det hus där min vän Vassilakis och hans föräldrar bodde. Som tur var exploderade den inte, för då skulle vi inte ha haft något hus att återvända till, och inte några grannar heller för den delen.

Det dröjde sex månader innan vi såg vårt hus och resten av kvarteret igen. Min mor sov hos vår vän Mina, och jag bodde hos morfar Caesar och mormor Giovanna.

Så slutade en lång vandring som börjat en dag fylld med solsken.

MINA FÖRSTA LÅNGBYXOR

Det var vid den här tiden som allt började gå på tok. Grekland slets sönder av inbördeskriget, och min skolgång, som jag hade börjat missköta å det allvarligaste, hotades även av det faktum att min skola saknade undervisningslokaler. Alla skolor hade använts som kaserner av de tyska och italienska trupperna under ockupationen, och nu liknade de mer stall än skolor. Kyrkor blev en tillfällig lösning. Den Helige Ande fick finna sig i att returneras till avsändaren, och istället fylldes nu dessa lokaler av hungriga och frusna barn.

Uppe i bergen utkämpades strider mellan den demokratiska armén, formerad av människor som deltagit i motståndsrörelsen, och nationalisterna, som stöddes av monarkisterna, kollaboratörerna, engelsmännen och amerikanarna. Dessa försökte övertyga folket om att det bästa för landet vore om kungen kom tillbaka.

I länder som befriats från diktaturer brukar kollaboratörer straffas, men i Grekland sattes inga kollaboratörer i fängelse. De användes istället för att motverka de socialistiska och anti-monarkistiska strömningarna i landet. Bomber mot rebellarmén och befolkningen på landsbygden, hjärntvätt, misshandel och koncentrationsläger för stadsborna – dessa var regeringens effektivaste sätt för att få en återinförd monarki att framstå som landets enda räddning.

Min mor återhämtade sig efter en tid i polisens förvar. Hon kom hem från säkerhetspolisens fängelse eskorterad av sin far Caesar, på hennes hjässa syntes några kala fläckar där hår slitits av, och hon hade ett stort blåmärke över ett av sina ögon. Det första hon gjorde var att fråga efter sina solglasögon, och de bar hon sedan både dag och natt, av ren fåfänga. Detta var första gången som min morfar räddade min mor ur säkerhetspolisens klor, och från att tvingas gå i exil. Han var en framgångsrik advokat och hade, trots sitt förflutna i anti-monarkistiska kretsar, vissa viktiga kontakter på nationalistsidan. Flera av hans gamla vänner hade övergett sina drömmar om att omvandla landet till en republik innan kriget ens hade tagit slut. Detta är ett typiskt grekiskt beteende; dessa människor försäkrade sig bara om en stabil och säker position under Metaxas' fascistregim.

En dag hände något betydelsefullt. Jag stötte ihop med Vassilicoula, som var dotter till en caféägare i grannskapet, och frågade blygt om hon ville ta en promenad med mig bort till tågstationen. Hon tackade nej till detta, och sa att hon inte umgicks med småglin, samtidigt som hon stirrade på mina kortbyxor. Detta sårade mig djupt.

Vassilicoula är faktiskt den första kvinna som renderat mig en örfil. Denna örfil delades ut av mormor Giovanna som såg när jag grabbade tag i Vassilicoulas trosor, när jag var fem år gammal och hon sex. Men det är en annan historia, som inträffade elva år innan det som jag nu berättar.

Med sårad röst talade jag om för min familj vad Vassilicoula hade sagt, och broderade ut hennes ord ganska ordentligt för att förstärka effekten. Detta fick alla att le. Jag sa åt dem att de måste förstå att jag höll på att bli vuxen. Detta var min stora chans att plädera för min sak. Om jag lyckades övertyga bara en enda person så skulle de andra följa efter, som Platon skriver i sin text "Republiken". Jag hade redan fått över Mina på min sida, och till slut kom vi alla överens – det vill säga jag själv, Mina och min mor. Min far, som vid den här tiden studerade Platons skrifter, bryddе sig inte ett dugg om mina byxor.

Jag var sexton år fyllda, hade passerat målbrottet, men mina ben var smala, med hår som växte huller om buller åt alla håll. Jag kände att jag behövde ett par långbyxor för att bli riktigt vuxen.

De billigaste långbyxorna fanns på Monastiraki, Atens loppmarknad. Som vanligt var där fullt med folk. Svartabörshajarna höll till på sina vanliga platser. De sålde överblivet armématerial som de allierade trupperna lämnat efter sig.

Klädhandlaren som vi hamnade hos hade dubbelhaka och var tjock som en tunna. När han hörde att vi var på jakt efter ett par billiga långbyxor till mig tittade han likgiltigt på mina slitna kläder och mina smala ben – själva motsatsen till hans egen enorma mage. Så skakade han på huvudet, plockade upp ett par byxor från den närmaste klädeshögen, och fullkomligt slängde dem i mitt ansikte. Irriterat drog jag

långbyxor

Mina första

38

på dem över mina kortbyxor. De var för stora för mig. Jag drog ihop dem runt min midja och tittade ner på mina ben – byxorna var dessutom minst tjugo centimeter för långa. Men det viktigaste var att detta var ett par långbyxor. Min far satt djupt försjunken i en gammal tidskrift som han hade hittat i ett annat stånd. Detta var en vana han hade – han fullkomligt absorberades av saker som intresserade honom, och när detta hände försvann resten av världen för honom.

När vi sedan gick hemåt, och jag bar långbyxorna i handen, kände jag mig redan äldre, mera vuxen. Jag köpte en sesamkaka från en gatuförsäljare, men just när jag skulle sätta tänderna i den slets den ur min mun av ett hungrigt barn, som sedan slukade den medan han sprang iväg på sina bara fötter. Ockupationen var över, men hungern fanns kvar, och fattigdomen skulle plåga vårt otursförföljda folk länge än.

Min mor brydde sig inte så mycket om den förlorade kakan, utan tänkte mer på vad som behövde göras med mina nya byxor. Ingen i vår tokiga lilla familj gillade byxornas färg. Mina beslutade att vi skulle färga byxorna bruna innan vi sydde in dem. Men antingen hade hon problem med sitt färgseende, eller så ljög färgförpackningens bilder, för när vi tog upp byxorna från tvättkaret var de ilsket röda. Så vi gjorde ett försök till, och väntade oroligt på resultatet – nu blev det åtminstone lite bättre.

De kommande dagarna höll jag hårt i mina byxor. Min mor hade ingen symaskin, utan gjorde alla ändringar för hand. Hon la in fyllningar, och mitt självförtroende växte när byxorna dolde mina smala ben. När jag tittade på mig själv i spegeln såg jag en ung, blek och smal man, som ännu inte behövde raka sig, och som kritiskt iakttog sina egna byxor. Min mor gjorde vad varje grekisk mor värd namnet skulle ha gjort – hon glömde alla sina genomtänkta feministiska idéer och tackade högljutt Gud för att han gett henne en sådan stor och vacker son. Då förstod jag att kärleken var blind, för riktigt så stilig som min mor tyckte att jag var var jag ju inte – spegeln ljög inte lika bra som hon.

Jag kammade håret, höll in midjan, och försökte bortse från byxornas svårdefinierbara färg. Det grova byxtyget skavde lite mot min hud, men vad gjorde väl det?!

Vassilicoula, här kommer jag!

VÅR FROSO

"Skynda dig, försök hitta en taxi, hon ska snart få..!!"
  "Få? Få vadå?"
  "Vad tror du? En hund? Hon ska få barn, förstås!"
  "Är hon gravid?"
  "Ja, din lille tokstolle, hon ska få barn! Fråga inte så mycket nu, gå och haffa en taxi vid caféet, vi måste få henne till sjukhus, det är ett nödläge... skynda dig!"

Jag skyndade mig så gott jag kunde. Och nu, Marikaki, nu skyndar jag mig även att försöka öppna dessa minnen inom mig; minnen från mötet med en person som gjorde ett djupt intryck på alla i vår lilla tokiga familj, och minnen från de hårda år vi delade med henne.

Jag kommer alltid att minnas dagen vi fann henne sittande i källartrappan på vårt hus. Hon såg ut som ett övergivet barn som inte hade någonstans att ta vägen, och stirrade rakt fram med tom blick. Fast vi passerade alldeles framför henne tog hon ingen notis om oss. Innan vi gick in i huset vände vi oss om och betraktade henne. Hon hade hårda, nästan maskulina, ansiktsdrag, och krökt rygg. Då mötte hon våra blickar med ett bittert halvleende, som om hon ville säga: "Kör inte iväg mig, jag har ingenstans att ta vägen..."
  "Känner du henne?", frågade min mor.
  "Jag har aldrig sett henne förut..."
  Just när vi skulle stänga dörren stannade Marikaki till, och riktade än en gång sina varma ögon mot denna spillra av mänskligt liv. Och så viskade hon till mig, med den där rösten som var så full av ömhet: "Gå upp du, jag ska fråga henne om hon behöver någonting... om hon behöver hjälp."

Det var inte första gången som jag fick en förstahandslektion i vikten av att sträcka ut en hjälpande hand till en medmänniska. Några minuter senare hörde jag steg i trappan, och då förstod jag vad som skulle hända. Froso kom in med nedslagen blick, bärandes på en halvfull säck med alla sina tillhörigheter. Bakom hennes rygg gjorde Marikaki ett tecken åt mig: "Le!"

"Hon heter Froso, och hon ska bo här hos oss ett tag", sa min mor till sin nu 15-årige son. "Hon får sova i köket."

Nu tittade jag på henne ordentligt. Hon hade kort, svart, mittenbenat hår, krökta skuldror, och oroliga ögon. Hon skulle alltså bo hos oss – detta visade sig vara som en gudasänd gåva för vår familj senare när Marikaki och Mina måste gömma sig för att undvika att bli arresterade av ex-kollaboratörerna, som nu stöddes av britterna och det grekiska parlamentet. Dessa grupper jagade hänsynslöst medlemmar av motståndsrörelsen.

Vår lägenhet bestod av tre rum och ett litet kök. I det större rummet, vårt vardagsrum, sov jag. I rummet intill sov min mor, och i det minsta rummet hennes högröstade och ständigt nyförälskade ex-make, min far George, som hon nyligen hade skilt sig från. Han skulle snart flytta någon annanstans.

Och från och med nu sov alltså nykomlingen Froso i köket.

Till slut kom dagen när min far skulle flytta, hem till en kusin. Då hade mina föräldrars kärleksaffär redan varit över i flera år...

Stockholm, december 2013. Idag, på årets sista dag, är huset tyst, om några få timmar ska ett nytt år börja, och tystnaden kommer att brytas av fyrverkerier...

I flera dagar nu har jag låtit mina minnen följa vår lilla familjs historia, en historia som jag förut ville glömma, och som fortfarande svider i mitt inre. Jag gråter när jag läser mina föräldrars brev från den tid då deras kärlek just hade börjat blomma.

När de gifte sig hade min mor, som då var 18 år, just gått ut högskolan. Hon gifte sig, alltför tidigt, med min då 32-årige far. Efter bröllopet flyttade hon till Kreta för att bo hos sin mans familj medan han studerade medicin i Aten. Två gånger i veckan skrev Marikaki brev till honom. Hennes ord var så fulla av kärlek, omtanke och poesi, fraserna började med "Min älskade man, mina tankar är hos dig..." och slutade "George, försumma inte dina studier om du verkligen älskar mig... Din för evigt, Maria."

Min far bodde hos min mors familj i Aten, i morfar Caesars hus. Pappa var en stilig, tokig kretensare som hade som hobby att samla på mekaniska leksaker och klockor. Redan som ung ansåg han sig vara bättre än andra. Denna känsla av överlägsenhet var orsaken till att han ständigt råkade i gräl med allt och alla, inklusive sina lärare. Detta fick honom till slut att avsluta sina studier i förtid. Inte ens senare i livet kunde han skaffa sin lilla familj någon stabilitet eller ekonomisk trygghet. Hans avsaknad av utbildning och hans uppförande på arbetsplatser ledde till arbetslöshet, oro över framtiden och flera flyttar på grund av hot om vräkning efter utebliven hyra.

Som om inte detta vore nog så drabbades vårt olyckliga land snart även av politisk oro. Metaxas hade tagit makten vid en militärkupp den 4 augusti 1936. Han omformade Grekland till en totalitär, odemokratisk och synnerligen antikommunistisk stat. Koncentrationsläger upprättades för politiska oppositionella, grundläggande mänskliga rättigheter avskaffades, fackföreningar förbjöds. Säkerhetstjänsten samarbetade öppet med Gestapo, och dess agenter specialtränades i Tyskland. Landets utrikespolitik låg i kungens och diktatorns händer. Kungen, Storbritanniens marionettdocka, kontrollerade armén, och diktatorn, Goebbels marionettdocka, tog emot stora lån från Tyskland. Min mor, som ju var feminist och socialist, rörde sig mot de antifascistiska grupperingarna på vänsterkanten, och hölls därför under uppsikt av säkerhetstjänsten.

Vår familjs levnadsförhållanden var urusla, och några dagar innan hennes femårige son tillkännagav att han ville bli en luffare bestämde sig Marikaki slutligen för att överta rollen som familjeförsörjare. Med hjälp av sin far Caesar skaffade hon sig ett sekreterarjobb vid det nationella järnvägsföretaget.

Alla känslor av kärlek och tillit mellan mina föräldrar hade gått förlorade, men tiderna var hårda, så de fortsatte att leva ihop. Andra världskriget bröt ut, och i oktober 1940 anföll Italiens Mussolini Grekland. Den grekiska armén slog tillbaka, och vi flyttade till en ny adress, där vi skulle komma att bo i flera år. Efter sex månader kom nazisterna till Italiens undsättning. Dessa två arméer ockuperade sedan landet i fyra år, men vårt folk gjorde tappert motstånd. Efter befrielsen kom sedan inbördeskriget, och även mina föräldrars skilsmässa, och därmed kommer vi nu fram till den dag då min far skulle flytta ut.

Den här kvällen i Sverige, där jag nu bott i många år, läste jag de få, för mig så värdefulla, skrivna sidor som mina föräldrar lämnade efter sig, och återupplevde därmed deras kärlek, deras oro, och deras besvikelse. Nu, när jag skriver dessa sidor, får jag en fördjupad insikt, jag förstår dem på ett helt annat sätt.

Så, min far flyttade alltså ut. Och sedan kom han en gång i veckan för att träffa sin son. Uppe i bergen rasade inbördeskriget, och i städerna pågick en oupphörlig jakt på vänsteranhängare. Froso hjälpte till med allt möjligt i hushållet; hon städade, lagade mat, och såg efter mig. Många gånger kunde jag höra Marikaki och Mina spekulera i Froso's bakgrund, var hon kunde ha arbetat förr och så vidare, men vår nya familjemedlem berättade ingenting.

Och så plötsligt en höstkväll fick hon värkar.

"Skynda dig, skynda dig… hämta en taxi!"

Utanför caféet höll hr Yiannis på och putsade sin nyligen införskaffade 8-cylinders Chevrolet – ett fordon som verkligen manifesterade USA:s närvaro i vårt land. Blotta tanken på att en födande kvinna skulle åka i hans lyxiga bil gjorde honom galen.

"Är du tokig, pojke?!" skrek han. "Skulle jag släppa in en smutsig luffare i detta palats? Och vad skulle hända om hon avfyrar sin oäkting medan vi åker? Ge dig iväg, din slyngel!"

Tillbaka till Froso igen, som nu satt på trottoaren med ryggen mot väggen. Min mor torkade av hennes ansikte med en handduk. Mina, som på avstånd hade bevittnat Hr Yiannis utbrott, hade hämtat vår grönsakshandlares vagn, som var stor nog att rymma en havande kvinna. Försiktigt hjälpte vi henne att ta plats i vår egen "Limousin". Jag och Mina sköt på vagnen, och Maria höll utkik på trafiken och såg till att Froso hade det bra. Vi gav oss iväg mot Vathi-torget, och Röda Korsets sjukhus på 3:e september-gatan.

I entréhallen, som även tjänstgjorde som väntrum, stod en polisman på vakt, han fixerade Froso med blicken. Vid det här laget kunde den arma kvinnan knappt stå på benen. Efter att Maria snabbt hade förklarat situationen kom två sjuksköterskor och hämtade Froso. Innan hon gick in genom dörren till förlossningsavdelningen vände hon sig om och iakttog oss alla, som om hon undrade "Kommer jag någonsin att få träffa er igen?"

Vi satt i väntrummet, askfaten var fulla av fimpar, fönstren var öppna, populärmusik strömmade ut från en radio i fjärran. På väggen hängde ett porträtt av kungen – diktatorkungen , en bild som föreställde Lazarus' uppståndelse, och en antikommunistisk affisch.

Min mor och Mina satt tätt tillsammans och viskade till varann, och jag somnade snart i min stol.

Radiomusiken tystnade, den ersattes av en militärmarsch, och sedan följde nyheterna: USA kommer att skicka ännu mer militärt bistånd. Ännu en strid som vunnits av nationalisttrupperna…

Stönanden, skrik och sedan en nyfödds gråt. Äntligen hade bäbisen kommit! Maria och Mina skrattade. De reste sig upp, angelägna om att gå in på förlossningsavdelningen. Efter ett tag kom en barnmorska ut, hon nagelfor oss med en skarp blick.

"Är ni släktingar till modern?" frågade hon.

"Nej, hon har inga släktingar, hon bor hos oss", sa min mor, efter ett ögonblicks tvekan.

"Från vad jag har förstått så är hon utfattig", fortsatte barnmorskan, "och vi har en ansökan om adoption". Hon tittade i en anteckningsbok.

"Men man kan väl inte adoptera bort ett barn utan att modern ens får se honom… kan ni inte prata med er överordnade…", utbrast min mor.

Utan att ta någon notis om utbrottet fortsatte barnmorskan:

"Jag är chef på den här avdelningen. Det här är ett akut-sjukhus, och inte någon plats för spädbarn. Hursomhelst, jag frågade henne… hon har ingen inkomst, ingen bostad, inga släktingar… hur ska hon kunna ta hand om ett barn?"

Tystnad. Och så fortsatten hon:

"Vi får in ett flertal sådana här fall varje vecka… många kvinnor som våldtagits, och som inte har någon familj som stöttar dem, inget jobb, inga pengar för att ta hand om ett barn, de flesta av dem är utfattiga…"

Logiken i hennes argument och tidens hårda livsvillkor gjorde oss stumma.

"Får vi träffa henne?", frågade min mor.

"Ni och er väninna kan komma in", sa barnmorskan, "bara ni två, den unge pojken får vänta här."

Så gick det till när Froso försvann ur våra liv för alltid. Senare berättade min mor vad hon viskade till dem den kvällen. Innan hon satte sig i vår källartrappa hade hon arbetat som städerska på en bordell. Hennes barn, som hon aldrig skulle lära känna, var resultatet av att hon en morgon när hon ensam städade bordellens rum blev våldtagen av två berusade brittiska soldater.

"Behandla lokalbefolkningen som ett ockuperat folk – så löd Churchill's instruktion till general Skoby innan inbördeskriget bröt ut..."

Våra liv gick vidare under dessa skoningslösa år. Vi såg aldrig Froso igen.

NIKOLOPOULOS-SKOLAN

Den här morgonen såg Mina, som hade sovit hemma hos oss, på min, sextonåringens, bild i den gamla garderobens spegel. Mina byxor var välstrukna, jag kammade mitt hår noga, tog min skolväska och var redo att ge mig iväg. Hon log, och sa med ett ömsint tonfall:

"Du ser snygg ut, din lille rackare…"

Jag gick nedför trätrapporna, och tog som vanligt två trappsteg i taget. Vassilakis väntade på mig vid porten mitt emot. Efter flera år på skilda håll skulle vi nu gå i samma skola igen, den här gången i en privatskola.

Privatskolor var vid den här tiden nödvändiga. Under den tyska ockupation som rådde användes de statliga skolorna för att husera ockupationsmaktens arméer. Lektioner hölls mest i kyrkor, där temperaturen nu under vintern låg under nollstrecket, och kvaliteten på undervisningen var på ungefär samma låga nivå. Det var inbördeskrig i landet. För två år sedan hade mina föräldrar skilt sig. Ja, det var verkligen en soppa - jag var i tonåren, min mor var kommunist och min far en liberal filosof som aldrig hade några pengar.

Jag bodde med min mor, som arbetade för den statliga järnvägen Hon hade blivit tvungen att dra ned ordentligt på sina utgifter för att kunna låta sin älskade son gå i en privatskola. För ett år sedan hade jag börjat bära långbyxor, och nu hoppades min mor att jag skulle passa in i skolmiljön, där de flesta andra elever hade en gediget borgerlig bakgrund.

Under en halvtimme gick jag omkring i min nya skola. Jag studerade de nya skolkamraterna, och särskilt då flickorna. Senare skulle jag bli fullkomligt besatt av flickor. Vid en samling läste så skolans ägare och rektor med skarp och hög röst upp institutionens regler. Jag stod bredvid Vassilakis, han var den ende jag kände i min nya klass.

Plötsligt hörde vi ett rop, några fnissningar, och tiden liksom stannade till. Rektorn slutade prata, och skärskådade oss elever. Till slut stannade hans blick på mig och Vassilakis.

"Kom hit", sa han argt, och pekade på min vän.

Men det var ju inte Vassilakis som ropade, tänkte jag, dags att skipa lite rättvisa här! Och så reste jag mig, och sa artigt, med ett mod som medvetandet om att jag hade rätt gav mig:

"Det var inte Vassilakis, sir…" Men jag pekade naturligtvis inte ut den skyldige.

"Du där, kom hit!" skrek rektorn då. Han var nu väldigt arg, och pekade på mig.

Innan jag hann röra mig rusade han fram och gav mig två örfilar.

"Vem frågade dig?!" skrek han. "I den här skolan pratar man bara när man uppmanas att göra det. Förstår du?"

Så skolåret började med två örfilar. Jag fick känna på hur barn från socialt missgynnade familjer kunde räkna med att behandlas. Och detta "Vem frågade dig?!" skulle jag få höra gång på gång under min långa resa genom livet, ända fram till den dag som idag är. Vem bär egentligen skulden till att jag så ofta fått denna fråga? Naturligtvis jag själv. Jag väljer alltid sida och säger ifrån när jag ser en orättvisa begås.

Tiden gick, och Matheo växte upp. Snart blev det på något sätt rutin att jag fick stryk av rektorn. När en elev av någon anledning visades ut ur klassrummet var han tvungen att vänta utanför dörren tills det blev rast. Eftersom rektorn, denna disciplinfixerade man med fascistoida tendenser, ofta patrullerade i korridorerna var det nästan oundvikligt att han dök upp. Han tittade då strängt på eleven som visats ut, och sa med barsk röst:

"Jaha, utvisad igen, alltså?"

Eleven visste då att han skulle lyfta sina händer. Rektorn började slå med trälinjalen mot elevens vänstra hand, och fortsatte sedan bara slå. Tårar och skrik trängde in i lektionernas smått högtidliga tystnad och koncentration. Bara Gud vet hur många händer som fått sår av den där linjalen. Att slå är gudomligt, agan har instiftats i Paradiset. Detta var vad vi fick höra i privatskolan, och även i söndagsskolan. Även idag tror många människor på dessa ord, i denna sedan århundraden mansdominerade värld.

Jag hade mediokra betyg i de flesta ämnen, men i språk och litteratur var jag bäst i klassen. Det var nog mina föräldrars tro på litteraturens kraft och rikedom som gav

47

utdelning. Två gånger i månaden valde min mor nya böcker till våra bokhyllor. Hon köpte dem på avbetalning från en gammal man som gick från dörr till dörr och sålde. Han kom med sin portfölj proppfylld med böcker, hon valde ut några stycken, betalade honom, och så kunde jag fördjupa mig i Jules Verne, Gorkij, Hemingway... författare som alla levde i sina egna världar, drömde sina egna drömmar.

Senare blev jag pojkscout, och tog del i fritidsaktiviteterna på skolan – detta var för mig ett sätt att få billiga lovdagar. På kvällarna när pojkarna samlades vid lägerelden spelade jag upp någon sorts teaterpjäser för dem. Jag hade inget manus, utan använde bara min fantasi, utnyttjade snabba infall och reaktioner, och improviserade fram monologer. Den här talangen skulle jag få användning för senare när jag filmade mina dokumentärer. Men detta låg ännu långt fram i tiden. I dåtidens nutid befann sig tråkigt nog den disciplinfixerade mannen i lägret.

Tjugo pojkar sov i ett stort tält. Där var det en kakafoni av snarkande och fjärtande, vilket gjorde att jag inte kunde sova. Så nästa dag beslöt jag och min vän Thanassi oss för att vi i hemlighet skulle flytta till ett litet tält. Morgonen därpå vaknade vi under bar himmel, eftersom Den Store Inkvisitorn hade tagit bort tältet. Vid morgonsamlingen ropade rektorn upp våra namn med sin skällande röst, men det var bara jag som fick den väntade örfilen, min vän klarade sig undan.

När jag var arton år gammal hade jag bestämt mig för att sluta på privatskolan, men jag skulle behålla kontakten med skolkamraterna. Anledningen till att jag skulle sluta var att jag ville undvika de statligt övervakade examensproverna - vid den här tiden måste alla privatskole-elever genomgå dessa prov. Istället skrev jag in mig vid högskolan på Pireus-gatan, något som jag senare ångrade eftersom det kostade mig ett extra skolår.

En dag berättade Vassilakis att Giorgos skulle ha examensfest. Vi hade varit på många sådana fester i hans hus som låg mitt emot Nikolopoulos-skolan, men den här gången var det annorlunda eftersom jag hade lämnat denna hemska skola – vilket fick mig att känna lättnad.

Jag drog på mig mina långbyxor, hämtade min vän Plato, och så gick vi tillsammans till Giorgos. På vägen dit såg jag för mitt inre hur flickorna där säkert redan hade börjat dansa boogie woogie, rumba och rock 'n roll. Det var ganska länge sedan jag hade träffat dessa flickor, jag blev nästan nostalgisk – nu var vi ju alla vuxna.

Från den breda marmortrappan utanför Giorgos' imponerande hus kunde vi höra Bill Haley's adrenalinstinna röst, om ett ögonblick skulle vi få ta del av allt det roliga som pågick därinne. Vi ringde på dörrklockan, dörren öppnades på glänt och bakom hembiträdet skymtade vi Giorgos' ansikte. Han såg ganska dyster ut. Han tittade på oss, och sa till Plato:

"Välkommen, kom in."

Plato gick in utan ett ord, och utan att ge någon av oss en blick. Giorgos vände sig sedan mot mig, och sa med sorgset tonfall:

"Hr Nikolopoulos har i ett brev till mina föräldrar förbjudit oss att ta emot kommunistbarn i vårt hus."

Mina förväntningar om en trevlig kväll i goda vänners lag tycktes plötsligt försvinna upp i tomma intet, och jag visste inte vad jag skulle säga. Men då såg jag Giorgos' mor skynda nedför trappan. Hon gick fram till sin son med ett både ångerfullt och skamset ansiktsuttryck, och så viskade hon: "Låt Matheo komma in!"

Jag gick in, och tackade henne, men vill inte minnas någonting annat från den kvällen.

Detta var inbördeskrigets sista år.

DET FÖRSTA HUSET

"Hur gammal är du?"

"Lika gammal som du."

"Jag är arton år och fyra månader, och du?"

"Jag är sjutton år och... hm, en månad... Nästan lika gammal som du, i alla fall..."

"Hoppas de inte hoppar på dig och frågar..."

"Vem skulle fråga?"

"Hallicken..."

"Och vad är han? Polis?"

Artonåringen var lång och ljus och pojken som var sjutton plus var en typisk medelhavsyngling som alltid försökte spänna sitt bälte och hålla sina byxor uppe.

De släntrade sakta ned mot Atens centrum, bilarna körde långsamt förbi. Huset de var på väg till låg på en gata i stadsdelen Themistocleous. De svängde höger in på gatan, och ställde sig i hörnet och låtsades titta i skyltfönster, medan de egentligen iakttog en halvstängd dörr genom vilken folk hela tiden passerade.

"Vi går in lugnt och tyst, och så stannar vi innanför dörren", sa den blonde ynglingen. "Du väljer ut nån, ger mig ett tecken och så ordnar jag resten. Se bara upp för en särskild man, han som bär hatt..."

"Nu går vi, det är nu eller aldrig!", sa den mörke pojken.

Med stadiga steg gick de fram till dörren. Men där blev det svårare. När den mörke långsamt och tveksamt började gå uppför trappan anade den blonde oråd.

"Vill du fortfarande gå in?" frågade han. "Om du inte är säker kan vi komma tillbaka en annan gång."

Men den mörke pojken hade redan gått uppför ytterligare fyra trappsteg.

Därinne var det fullt med folk. Det luktade cigarettrök, svett och billig parfym. Längs ena sidan satt kunderna och rökte häftigt på sina cigaretter. Det var mest medelålders män, arbetare, affärsinnehavare, några dagdrivare, och så mannen med hatten. På andra sidan gick fem eller sex flickor omkring, lätt klädda i spetsunderkläder eller

Det första huset

glittriga morgonrockar. I hörnet satt Madam, en kvinna med trött ansikte och mörka ringar under ögonen, och drack kaffe.

När de kom in vände sig mannen med hatten om och tittade på dem.

"Stirra inte på honom", viskade den blonde.

… Ja, det finns dagar, timmar och stunder i mitt liv som jag helst vill glömma, men hur jag än försöker kommer de aldrig att lämna mig ifred. Nu när jag skriver de här raderna återupplever jag dessa händelser, för jag var ju en av de bägge ynglingarna den där eftermiddagen. Den mer erfarne, den blonde, var min skolkamrat Dionysis. Den andre, som ljög om sin ålder och ville uppleva sin första sexuella kontakt med en kvinna, var jag. Jag hade ju ännu inte fyllt arton då, så min blotta närvaro i "huset" var ett brott.

Vi satt på soffan och såg på kvinnorna. En del var unga och en del medelålders, cigaretter hängde från deras röda läppar. De såg på oss pojkar med trötta, men ändå småleende ögon. Tillfredsställda kunder lämnade stället, och nya kunder tog genast deras platser. De väntande männens antal ökade till sju, åtta… och ibland knackade Madam på dörren och skrek:

"Skynda på med Mary, folk väntar härute..!"

Jag valde snabbt ut en flicka. Hon hade ett ungt, sött ansikte, och blont hår som säkert var färgat. Just när jag hade fångat hennes blick grep Dionysis tag om min arm och viskade:

"Hallicken har rest sig, titta inte åt hans håll…"

Först kände jag en unken cigarettlukt från mannen med hatten, ordningens väktare på detta ställe, och sedan hörde jag hans barska röst säga:

"Du där, hur gammal är du? Har du ett legitimationskort?"

Där tog drömmen slut.

"Vi sticker", väste Dionysis, "vi tar ett annat ställe…"

De andra kundernas ögonkast och hånfulla kommentarer följde oss till dörren.

"De små slynglarna… inte ens torra bakom öronen… och så vill de ha sex…"

Vi gick kvickt nedför trapporna och fortsatte mot Omonia-torget. Skulle jag någonsin få se den där flickan igen? Jag tänkte på hennes ögon, hur de hade fått ett sorgset uttryck när hallicken körde ut oss. Vem skulle nu betala för att få omfamna henne ikväll, imorgon, i övermorgon? Vad skulle hennes öde bli?

"Vi går till 'huset' på Vathi-torget i stället... där kollar de inte... det ordnar sig...", sa min blonde vän.

"Vi väntar tills imorgon...", sa jag.

"Imorgon är Giorgos' fest, vi går till 'huset' först så är vi på bra humör när vi kommer hem till honom."

Jag tillbringar kvällen med att försöka förstå vad jag skrivit. Visst har jag läst mina tidigare texter, men allt har blandats och rörts ihop i mitt huvud. Vad vill jag egentligen veta? Vad var det hon försökte säga med sina ögon, Homeros, med sina små bröst, Platon, med sitt sorgsna leende? Eller som Cicero sa: "Dum spiro spero" - så länge jag andas hoppas jag!

Imorgon... å, alla dessa morgondagar, som binder oss fast vid våra drömmar... imorgon ska vi gå till "huset" vid Vathi-torget.

DET ANDRA HUSET (SOPHIE)

Om bara morgondagen kunde komma snart!

För nu närmade sig en upphetsande dag sitt slut och erektionen blev ett uppenbart faktum. Det fanns bara en lösning... ni gissade rätt... en lösning som upprepades ofta. Jag fantiserade om det jag sett denna morgon, och väntade otåligt på morgondagen. Men nu var jag tvungen att fördjupa mig i det peloponnesiska kriget, dessa väpnade konflikter i det antika Grekland på 400-talet f kr.

Jag hörde min mors steg närma sig, och gömde omedelbart de halvpornografiska tidskrifter jag hittat bland min fars samlingar under soffan, tog upp historieboken och dök rakt in i den persiska flottans undergång.

Min mor såg ömt på sin flitige son.

"Hur går det?" frågade hon.

"Ganska bra...", mumlade jag.

"Imorgon är det första dagen i månaden", sa hon och la tjugo drachmer på bordet - min månadspeng.

"Hon sändes nog hit av en ängel", tänkte jag.

Jag visste att jag måste plugga hårt för att komplettera mina prov – och det var inte första gången. Men imorgon skulle vi gå till Giorgos' fest, efter att ha besökt "huset" på Vathi-torget. Hur skulle jag hinna med allt? Som många gånger tidigare kände jag att tiden bara flög förbi, och att jag inte hann med...

Även nu när jag skriver dessa rader upplever jag samma upphetsning, det är bråttom... Gårdagen är idag, och den ljushårige Dionysis väntar på mig i hörnet där Mezonos-gatan mynnar ut i Vahti-torget, nära den bensinmack som tillhör våra kära grannar och vänner, Vassilakis' familj...

"Plato kommer att vänta utanför, och när du är färdig går vi till festen..."

"Varför ska han komma dit?"

"Han ville gärna höra dig själv berätta om detta... kom nu så går vi, här har de ingen utkastare."

Vi gick nedför de tre trappstegen till en liten dörr som ledde in till ett rum där besökare blandades med ställets flickor. Jag såg mig snabbt omkring för att se om den tuffe killen var där, men så fastnade min blick på en flicka med söt näsa, stora skrattande ögon och ljusbrunt hår. Hon var smal som en månskensstråle, och klädd i genomskinliga underkläder, BH och trosor. Jag bestämde mig på en gång, och kunde bara inte vänta. Jag nickade åt Dionysis: "Hon där."

Dionysis reste sig, log, och nickade åt flickan att hon skulle ta hand om denne pojke. Flickan i sin tur svängde på höfterna och hälsade glatt på gröngölingen med orden:

"Välkommen, vad heter du? Jag heter Sophie."

När jag hörde hennes röst blev jag säker på att alla mina fantasier skulle uppfyllas. Hon tog min arm. "Äntligen!" tror jag Dionysis tänkte.

Vi vandrade som ett nyförälskat par, och följdes nog av nyfikna och avundsjuka blickar som sa "Vem är han, varför får han denna speciella välkomsthälsning?"

Jag kände närheten till hennes kropp och hennes leende, detta var ett ögonblick av välbefinnande och värme. Det var inte en prostituerad som omfamnade mig, det var Sophie, min nya kärlek. De bilder och berättelser som jag hela tiden såg och hörde om köpta kvinnors sexliv försvann.

När vi gick in i hennes rum såg hon mig rakt i ögonen och sa:

"Vänta på mig, jag kommer snart…"

Jag stod i mitten av rummet, och visste inte längre vad jag ville, erektionen var försvunnen, mitt hjärta öppnade sig mot Sophie. Där vid sängen började jag blygt knäppa upp mina första par långbyxor.

"Men du kom väl inte hit för att kissa?" hörde jag hennes mjukt ironiska röst fråga bakom mig. Hon satte ned brickan med hushållspapper, kondomer och tillbringaren med vatten, och omfamnade mig sedan. Nu fanns det ingen återvändo. Dagen slutade i en ström av kaotiska känslor, tankar, reflektioner och drömmar…

ANGELIKAS KOD

"…tjata inte, jag sa ju nej, kan du inte lyssna då?!"

"Lär mig det där du pratade om… det där du beskrev… koden…"

"Det är inte så enkelt… man kan prata om den… försöka förklara den för gröngölingar… men man ger den bara till dem man älskar, och man måste kyssas…" svarade Angela, denna avlägsna kusin till hans mor, med en sträng, mästrande ton i rösten, och ett smått ironiskt leende.

Utan ett ord reste han sig.

"…sluta, du tokige pojke från Kreta… sluta… glöm inte vem jag är…"

"Visst, min moster, men en avlägsen sån", viskade ynglingen.

"Din mor kommer snart hem…", sa hon med nu lite varmare röst. Och sedan tillade hon: "Hur kan du bara vilja förstöra familjeharmonin, unge man?"

"Vilken familjeharmoni?" tänkte han. "Det har väl aldrig funnits någon harmoni i den här familjen." Men hur som helst, allt han var intresserad av nu var kärlekskoden, den kod som Angela nämnt några minuter tidigare.

"…att kyssas och låta sin tunga svepa runt inne i sin älskades mun…"

"Lär mig, moster, lär mig…" grymtade han.

Om det nu berodde på hans ihärdighet, eller på att morskusinen och kusinsonen delade samma önskan - men snart så gick hans dröm i uppfyllelse, och han mötte knappt något motstånd. Han kände hennes tunga komma in i sin mun som en slingrande orm. Hennes kod hade en kraft som skulle ha kunnat demolera slott! Han skakade, adrenalinet forsade genom hans kropp, som nu plötsligt var i högsta beredskapsläge. Denna känsla skulle han uppleva gång på gång genom hela sitt liv. Hans morskusins slingrande kyss blev ett band som knöt dem hårt tillsammans, och de skulle leva som älskare i ett helt år.

Varje onsdag tog han på sig sin blåa kostym (en tågföraruniform som hans mor hade ändrat lite), och en färgglad slips, och så gick de ut och dansade till rock 'n roll och långsam blues på arbetarnas lokala krog. Efter detta älskade de i den närbelägna parken eller på familjens gamla soffa.

Marikaki, hans älskade mor, kände till deras kärleksaffär, men hon var en fritänkande feminist som tyckte att kvinnor skulle få leva sina liv som de ville, utan att tyngas ned av familjevärderingar, religion eller andra regler, och hon visste nog att ingenting kan stoppa begäret när det anfaller med full styrka.

Historien varade som sagt i ett år, och sedan begav sig Angelika iväg till USA med en amerikansk soldat, och han såg henne aldrig mer.

Det sägs ju att historien skrivs av segrarna, men i det här fallet var han varken segrare eller förlorare… och han skulle fortsätta att studera kärleken i hela sitt liv.

FARVÄL CHRISTINA!

För en tid sedan hade jag bytt skola. Nu var jag tvungen att skaffa ett betyg. Vid den här tiden måste, som jag har skrivit tidigare, privatskole-elever genomgå statligt övervakade examensprover. De statligt anställda, lågavlönade lärarna fick alltså

sista ordet, och detta sista ord kunde ibland visa sig bli väldigt kostsamt för
föräldrarna.

Så jag bestämde mig, före examen, för att flytta från Nikolopoulos-skolan till fjärde
ring vid Atens Högskola. Det var sorgligt att säga farväl till mina goda vänner
Vassilakis, Thanassis och Plato, och också till Nitza's plommonformade lår och
Christinas röda läppar, som alltid gav mig en sådan adrenalinkick. Men å andra
sidan skulle jag slippa Nikolopoulos, skolans rektor och ägare - denne barbar som
örfilade upp elever från enkla förhållanden, eller slog dem med en linjal.

Jag tog med mig minnet av Christinas läppar och min kam.

"Vi vill höra jazz, vi vill dansa!" ropade alla när jag kom in i klassrummet en lördag.
Då hade jag redan flera gånger livat upp mina nya klasskamrater genom att spela
på min kam. Jag hade tagit upp denna primitiva konstform genast när jag började
på den nya skolan – dels för att jag inte kunde spela något annat instrument, och
dels för att imponera på de andra tonåringarna. Genom kamspelandet fick jag även
utlopp för mina känslor, och det kanske till och med skulle kunna få mig att sluta
tänka på Christinas mjuka läppar.

"Ta fram din kam och spela! Nu genast, innan Vitsas kommer..."

Jag kände mig som en riktig jazzmusiker. Jag slängde ned min skolväska på
bänken... log mot församlingen... de nynnade redan på en melodi som var populär
vid den här tiden, jag tog upp kammen från min ficka, satte fast ett cigarrettpapper
på den, såg på min publik... la kammen i min handflata, satte den mot mina
läppar... tog ett djupt andetag... och så kom de första tonerna av den eggande
låten... Melodin fyllde klassrummet, pojkarna blev som galna och började dansa.
Men det roliga var snart över... "Han kommer, han kommer..!" ropade Andrikos,
som stod på vakt. Alla skyndade till sina platser... och så sänkte sig tystnaden
snabbt i rummet.

Klassrummet var litet, vi pojkar satt tre vid varje bänk. Hr Vitsas var, som vanligt,
lite försenad. Han hade ett litet leende på läpparna och hans ögon var trötta, han
visste precis vilken festStämning hans ankomst hade avbrutit. Hans blick gick från
bänk till bänk, en ögats promenad över tonåringarnas huvuden, och så stannade
blicken på "jazzmusikern" som fortfarande höll kammen i sin hand.

"Kan du inte säga något om dagens ämne innan du kammar dig?", sa han.

"Nu blir det knepigt", tänkte jag. Hr Vitsas undervisade oss i antik och modern grekiska, och i historia. Han brukade lovorda mina uppsatser, men inte min hemska stavning, och idag visste jag inte ens vad lektionen skulle handla om. Men jag var på ett väldigt bra humör – förmodligen beroende på den varma och helt improviserade mottagning som mina klasskamrater hade givit mig, på applåderna, hurraropen – och jag kände mig upplagd för lite absurd humor. Jag hade inte gjort min historieläxa, eftersom jag tillbringade gårdagskvällen i Sophie's armar, där jag lärde mig en helt annan läxa; där studerade jag vad hon sa med sina ögon, sitt leende, sina bröst – och jag hade inte haft någon tid alls att läsa i mina skolböcker.

"Dum spiro spero" – så länge jag andas kommer jag att minnas henne... och hoppas! Men vem vet vad morgondagen bär i sitt sköte? Ack, denna drömfyllda morgondag som nu hade blivit idag... vad skulle jag säga?

Jag tänkte på något jag hade läst i en bok, och bestämde mig för att prata om myter och symboler, hjältar, gudar, forna tider och legender. Försynt närmade jag mig katedern, följd av sextiotre ögonpar. Så stod jag bredvid läraren, och påbörjade min egen version av historien.

"För några dagar sedan läste jag några sidor om symbolismen i vår mytologi..." sa jag med låg och darrande röst.

"Högre!" ropade någon. Så blev det tyst, och mina klasskamrater såg på varandra. De väntade sig nog att läraren skulle få ett utbrott... men han såg riktigt intresserad ut... eller... "väntar han bara på det rätta ögonblicket för att kasta ut mig?" tänkte jag. Hr Vitsas gav mig ett tecken att fortsätta. Så jag tog ett djupt andetag och började om.

"Perseus var enligt vår mytologi son till Zeus och Danaë."

"Och Medusa?" ropade någon.

"Medusa var..." jag sökte efter rätt ord, och tillade snabbt "Medusa var... sinnebilden för hans egen skuldkänsla och arrogans, så han dödade henne och tog med sig hennes huvud som en trofé."

"Det menar du inte?!" skrattade klassen. Och så ropade samma person igen:

"Dödade han sig själv? Och tog med sig sitt eget huvud?"

"Låt honom slutföra resonemanget!" sa hr Vitsas, och upprepade min sista fras:

"... han tog med sig hennes huvud... fortsätt!"

"Ur blodet som forsade ut ur Medusas sår föddes först hjälten Chrysaor..."

"Och sen Bing Crosby", tillade min häcklare, och skrattet bröt ut igen.

"Nej, Chrysaor, det gyllene svärdet, en symbol för andlighet."

"Och sedan?"

"Sedan föddes Pegasus, den bevingade enhörningen, en symbol för idealet…"

"Och sedan steg Zeus ned från sin tron, han skrattade nog gott vid det här laget..!"
Återigen skratt i klassen.

"Tystnad!" ropade hr Vitsas med sträng röst. "Nu faller nog yxan", tänkte jag.

Läraren reste sig och vände sig mot klassen med allvarligt ansikte. Så sa han lugnt:

"Nu har vi fått höra något väldigt intressant om vår mytologi, ursprunget till frasen 'känn dig själv' som stod skrivet på Athenas gyllene sköld. Ja, nuet är viktigt… och om Zeus skulle komma ned hit nu… ja, Zeus… och han skulle fråga mig 'Om du inte vore Vitsas, vem skulle du då vilja vara?'"

Tystnad… undrande blickar… vart var nu detta på väg?

"Då skulle jag svara honom 'Om jag inte vore Vitsas i det här ögonblicket skulle jag vilja vara Yamalakis.'"

Klassen fullkomligt exploderade i upphetsade rop och applåder. Det var tur att de inte bad mig fortsätta min berättelse, för jag hade totalt glömt fortsättningen.

Så slutade den där dagen – en oförglömlig stund.

Grusvägen vid skolan

Handlingen flyttas nu till en närliggande grusväg som fick ett annat användningsområde när det blev dags för gymnastik. Skolan var inhyst i en gammal neoklassisk byggnad, och eftersom den inte hade någon gymnastiksal fick eleverna utföra sina gymnastiska övningar på grusvägen utanför. Bland stenar, smuts, cigarrettfimpar och allehanda skräp.

Lisping, gymnastikläraren i detta gymnasium endast för pojkar, var smal och nästan två meter lång. Med en cigarett hängande i mungipan iakttog han gruppen av tonåringar som kämpade på och ansträngde sig, och så pekade han mot andra sidan vägen.

"Titta på henne där! Hur hon vaggar på arslet… det är ju uppenbart vad hon behöver… de är alla likadana… men hon överdriver…"

Så kommenterade han hela tiden kvinnorna som passerade.

Jag hade redan missat ett helt år av min skolgång på grund av en utdragen sjukdom – skulle jag nu missa ännu ett år eftersom jag vägrade att gymnastisera på den där grusvägen? Redan efter en månad hade jag sagt nej. Jag hade bara ett par långbyxor, och genom att skolka på fredagens gymnastiklektioner undvek jag både att smutsa ned dem och gymnastiklärarens nedsättande kommentarer om kvinnor.

Jag hade pratat om detta med mina klasskamrater, omedveten om att gymnastik rankades som ett av de viktigaste ämnena, och även omedveten om att många av dem uppskattade gymnastiklärarens kvinnokommentarer.

Jag fick underkänt i ett annat ämne, och jag var den förste och ende eleven på skolan som även fick underkänt i gymnastik. Jag bad läraren om ursäkt för mitt skolk, men med sin eviga cigarett mellan läpparna svarade han bara med ett nöjt tonfall:

"Nej, en ursäkt räcker inte, och du vet ju att vi inte har några prov i gymnastik, så det finns inget jag kan göra."

Och så förlorade jag ännu ett skolår.

Det förekom ingen aga på gymnasiet, men en septemberdag fick jag en redig örfil som fick mig att "se stjärnor" hemma i mina egna kvarter.

Efter mitt sista år på gymnasiet, som även detta var ett problematiskt år, behövde jag göra kompletterande prov i två ämnen. Mina föräldrar var skilda, inbördeskriget var över, jag var dödstrött på mina studier, på att kämpa för att få ett slutbetyg som inte garanterade varken jobb eller lysande framtidsutsikter, ja inte ens chansen att få studera vidare vid universitetet. Även om vi i familjen hade de ekonomiska förutsättningarna räckte inte mina betyg till. Detta år, det år då hr Vitsas sa sig inte ha något emot att bli kallad Yamalakis, hade jag redan fyllt tjugo, och jag bodde fortfarande med min mor. Hon jobbade, som under hela sitt liv, vid järnvägen, och hennes kontor låg en tiominuterspromenad bort från vårt hem, på Psarron-gatan.

Jag skulle göra mina kompletterande prov i slutet av september. Den här aktuella dagen – dagen då jag fick se stjärnor – studerade jag flitigt under många timmar, och jag saknade pingpong-matcherna med mina vänner och att lyssna på musik med dem. Några av mina fd klasskamrater studerade på universitetet, några jobbade, men majoriteten av dem var arbetslösa.

Än en gång tänkte jag på Kazantzakis' fras "Lyckligtvis finns det galenskap som hindrar logiken från att ruttna". Snabbt tog jag på mig mina sommarbyxor – nu hade jag två par, ett för sommaren och ett för vintern – och en skjorta, jag spände mitt bälte och skyndade ut i solskenet.

I caféet där man kunde spela biljard och pingpong träffade jag några vänner. Jag utmanade Thanassis på en match, och vi började spela. Först vann jag och sedan förlorade jag, och sedan såg jag plötsligt min mor Marikaki stå vid dörren. Hon tittade in i lokalen för att försöka se vilka som spelade vid de olika borden. Vid den här tiden var caféer som herrklubbar, och kvinnor undvek dem. Hon sa något till Vangelis, min motspelares bror, som sedan kom fram till mig och viskade:

"Din mor vill prata med dig…"

"Men håller hon på och kollar mig nu igen…", tänkte jag. Jag lämnade bollen och racketen på bordet, och förlorade därmed matchen.

Nästa scen utspelade sig i gatukorsningen, tre meter bort från mina vänner som nu hade blivit åskådare. De hade anat vad som skulle hända, och följt efter mig för att bevittna denna gatans teaterföreställning.

I min mors ögon såg jag smärta och besvikelse.

"Jag ger dig, och har alltid gett dig, allt jag kan", viskade hon med svag röst, "kärlek, uppmärksamhet, pengar, så att du ska finna din egen väg här i livet… studera, bli en anständig människa… och du gör mig bittert besviken gång på gång, precis som din far."

Och så gav hon mig den rediga örfilen, inför allas blickar.

Först reagerade jag med manlig stolthet, jag skämdes för att jag, en vuxen man, skulle få ta emot en örfil… men så böjde jag mitt huvud, och vi började gå hemåt. Där omfamnade hon mig och såg mig rakt in i ögonen.

Nej, våld ska inte ingå i barnuppfostran, men kärleken är många gånger smärtsam, och den där örfilen var för mig en kärleksfull kyss. Från den stunden och ändå tills jag tog min examen studerade jag hela dagarna, och när jag skulle gå och handla valde jag bakgatorna till livsmedelsbutiken och grönsakshandeln för att undvika alla frestelser. Denna offentliga örfil räddade mig – den öppnade en dörr så att jag kunde fly och flyga.

När jag nu skriver dessa rader kan jag ännu se hennes varma, kärleksfulla ögon framför mig, och känna hennes händer smeka mig. Dessa ögon och dessa händer uppfostrade mig, de gav mig styrka och stakade ut en väg in i framtiden. Det är de som är orsaken till att jag nu skriver om denna sedan länge svunna tid.

"... du går upp till tredje våningen, där kommer du att hitta andra som också väntar på honom... du ställer dig i kön, och när det blir din tur går du in. Han kommer tillbaka från Riksdagen runt klockan två eller tre på eftermiddagen... Han har ju nu anslutit sig till högerpartiet... Han vet att du kommer. Du säger vad du heter, vem som skickade dig... uppge då mitt namn som ogift, vi gick i samma klass i skolan..."

Hon såg honom rakt in i ögonen. "Lycka till, min pojke!". Och så kysste hon honom.

TREDJE VÅNINGEN

Aten 1950.

Det var första gången som jag var jag på väg till riksdagsledamoten på Panepistimion-gatan. Gatan var bred, många människor kom och gick. Byggnaden låg mitt emot Rex-biografen. Jag gick uppför trapporna och räknade trappstegen – en barndomsvana som jag fortfarande höll på med. Om det blev ett jämnt nummer skulle jag få ett jobb... eller snarare, då skulle han skaffa mig ett. Detta var första försöket. Tre besök skulle sedan följa till högerpartiets riksdagsledamot, min mors gamle skolkamrat.

Antalet trappsteg var jämnt, och antalet arbetslösa som väntade på sin Frälsare var stort. Jag stod vid väntrummets dörr och såg på den brokiga skaran av folk genom ett tjockt moln av cigarettrök. Tyst och stoiskt såg de tillbaka på mig. Ett tjugotal människor väntade i rummet. Tjugo människor som var beredda att bli förödmjukade, offra sin rösträtt och sin självbestämmanderätt för ett jobb, ett levebröd. Min mor hade berättat att detta korrumperade system funnits i mitt land redan långt före jag föddes. Många gånger den dagen funderade jag på hur det kom sig att min mor med sina vänstersympatier accepterade detta system, och sände mig till sin gamle skolkamrat. Men vad hade hon för val? Hennes käre lille pojke hade nu vuxit upp, och han hade gått ut högskolan för ett halvår sedan. Min dröm var att bli arkitekt eller målare, men vi hade inga pengar som kunde bekosta mina studier. Jag bodde med min mor som hade skiljt sig från sin första kärlek, min far, och som nu kämpade för att få ihop tillräckligt med pengar för att överleva, betala hyran, och för att uppfostra mig.

Det var hårda tider. Inbördeskriget hade just tagit slut. Aten var fyllt med unga män som kommit tillbaka från fronten, och som nu sökte jobb. När det gällde mina kvalifikationer så visade mitt högskolebetyg hur uselt jag skött mina studier. Jag hade lyckats att bli nätt och jämnt godkänd i alla ämnen, men i språk och litteratur hade jag bättre betyg, och detta gjorde mig väldigt stolt...

Andfådd, och med en portfölj i näven, kom riksdagsledamoten in i rummet. De som väntade på honom reste sig unisont upp när han ropade, rakt ut i luften: "Fixa hit en kaffe!", och sedan gick till sitt rum. Blixtsnabbt rusade någon nedför trapporna, och hoppade över flera trappsteg i sin brådska att nå bottenvåningen, för att beställa riksdagsledamotens kaffe från caféet.

Så här var det varje gång jag besökte stället. Riksdagsledamoten var avvaktande men artig. Jodå, han mindes nog sin gamla skolkamrat... hon var bäst i klassen i litteratur och historia. Och sedan ställde han de viktiga frågorna, om min ålder, mina tidigare erfarenheter, kvalifikationer, förväntningar. Och så avslutade han med några ord om hur svårt det var att få en anställning. Han kollade på en lista, skrev ned några telefonnummer.

"Adjö... hälsa så gott... jag ska se vad jag kan göra..."

Vi hade ingen telefon hemma, så jag fick sedan flera gånger gå till huset på Panepistimion-gatan. Den fjärde gången stannade jag utanför entrén med en känsla av djup skam innan jag skulle gå uppför trapporna, vars antal jag visst hade räknat fel. Jag skämdes för att jag sålde ut min mänskliga värdighet, och för att jag uppförde mig som en tiggare. Så jag vände om och gick tillbaka hem. Den kvällen fick jag se min älskade mors ögon fyllas med tårar...

Jag bär alltid med mig dessa minnen från en tid fylld med drömmar, men också besvikelser. Strax efter mina möten med parlamentsledamoten började jag ta lektioner i engelska. Men jag tvingades sluta efter fyra gånger eftersom vi inte hade råd med avgiften.

Mina, vår goda vän som alltid kom med goda råd, skaffade mig ett jobb på morgontidningen Eleftheria, deras kontor låg ovanför Eleftheroudakis bokhandel vid Syntagma-torget. Mitt första år skulle vara en oavlönad lärlingstid, och senare skulle jag få gå en kurs i journalistik som organiserades av den amerikanska ambassaden. Kursen sköttes av det amerikanska universitetet med det grekiska journalistförbundet. Efter avslutad kursgång skulle jag få ett diplom som visade att jag lärt mig grunderna i modern journalistik. Jag började arbeta, och lärdes upp av min mentor Spyros Yannatos, som även var chefredaktör för Eleftheria.

Vi började tidigt på morgonen med att sätta sista sidan, sedan arbetade vi till två eller tre på morgonen. Därefter gick jag hem till fots, från Syntagma-torget till Psarron-gatan via Vathi-torget. Efter ett år bad jag om en symbolisk lön, för att åtminstone täcka busskostnaderna.

"Tyvärr är vår ekonomiska situation dålig…" sa tidningens ägare, Panos Kokkas. Men då spelade det inte längre så stor roll, eftersom jag då ändå snart måste inställa mig för att göra min värnpliktstjänstgöring.

Men det är en liten värld vi lever i…

Paris, december 1967.

Sedan nio månader var Grekland en diktatur. Kungen, ett flertal politiker och konstnärer hade lämnat landet för att gå i frivillig exil i Italien, Frankrike och England. Jag var i Paris för att filma min första långfilmsdokumentär för Sveriges Television, den handlade om grekiska politiker som levde i exil i Paris. Som i de flesta av mina filmer var jag själv reporter, kameraman och ljudtekniker.

Jag fick höra att Panos Kokkas var en av dem som levde i frivillig exil där, och ringde upp honom för att be om en intervju. Naturligtvis mindes han inte mitt namn. Det hade gått fjorton år sedan jag lämnade Eleftheria, och även mitt yttre var förändrat – nu bar jag skägg och mustach, och hade en ring i ena örat.

Men trots detta så sa han, just före jag skulle börja filma: "Men… har inte vi träffats tidigare nån gång..?"

"Jovisst", sa jag. "En gång i tiden arbetade jag för dig, men du ville inte ens betala mina bussbiljetter!"

Efter det blev vi goda vänner. Varje gång jag kom till Paris besökte jag honom, ända tills han lämnade oss för evigt.

Min mentor – tidningen Eleftherias utgivare och chefredaktör Spyros Yannatos – återsåg jag året därpå, 1968, i London. Jag var där för att göra en film om den grekiska militärjuntan. Senare fick jag höra att han begått självmord för att avsluta den självvalda exilens ensamhet...

Idag, 31 december 2012.

Jag inväntar det nya året, klockan är 23.40, om tjugo minuter ska det gamla ringas ut, och det nya ringas in, jag dricker vin och målar med vattenfärger, äter oliver, lyssnar till mexikansk musik, och läser Erich Fromm:

"Vägen framåt byggs på glädje, på att öppet acceptera livet, se livet som mestadels gott, och på att ta avstånd från kätteriet puritanism – som är ett förnekande av livets fullkomlighet.

Ju längre vi färdas desto mindre vet vi. Resan tillbaka till kärnan startar och fullbordar integrationsprocessen."

RINGEN

Försök vara sann mot din läsare och mot dig själv!

Jag plockar fram dammiga papper som innehåller mitt liv, och försöker med halvslutna ögon "se" detaljerna. Jag genomsöker breven och manuskripten både efter det jag vill och det jag inte vill minnas. Nej, det är inte lätt, men det har blivit absolut nödvändigt för mig. Jag vill återuppleva det jag skriver om innan jag fäster det på papper. Dagens händelser skymmer ofta min blick, och ibland försöker jag undgå den smärta som en bitter sanning från det förflutna kan orsaka. Hur länge kan minnen kämpa mot själens svaghet och avsiktliga försök att glömma?

November 2014. En grå dag. Jag tände alla lampor, och utan att jag reflekterade över det började mina fingrar treva efter det tunna läderbandet för att finna ringen. Det var en påtaglig påminnelse om en händelse som jag under många år burit i mitt sinne och i mitt hjärta.

"Försiktigt nu!" sa spegeln. "Du söker efter den varje morgon, och rör vid den i dina tankar. Vänd på den och studera den noggrant."

"Vad ser du?"

"Samma som du!"

"Ser du den tydligt nu?"

"Ja, flytta inte på den, jag ser den, vi har sett den tusentals gånger..."

Jag tittade än en gång på ringen som hängde runt min hals. Den är präglad med ett släktemblem som tillhör familjen Martzokis, min mors släkt, och jag bär den alltid på mig. Det är samma ring som Marikaki gav mig före min resa till Västtyskland. Den har fyra stjärnor, tre svärd, ett lejon och ett ansikte. Ringen följde mig på en resa som ännu inte har avslutats.

"Fortsätt nu, berätta om din resa med Penelope."

"Låt mig bara avsluta..."

"Nej, du kommer bara att prata om familjen Martzokis om jag låter dig bestämma, vänta med det till en annan gång. Berätta istället om de där svåra åren med arbetslöshet och försakelser, men också med drömmar och ambitioner om ett kreativt liv. När du såg framför dig hur du i framtiden skulle bli en konstnär eller en arkitekt.

Många år före den resan, när jag var en liten pojke, reste jag med hjälp av min fantasi och mina pennor. Som så många barn tyckte jag om att rita, att på pappret skapa min egen fantasivärld. Sedan blev jag sjuk, och blev tvungen att stanna hemma från skolan under nästan ett helt år. Under den tiden ritade jag mycket. Min mor köpte en låda vattenfärger åt mig, och jag började måla i färg. Sedan, när jag blev äldre, började jag måla i olja, mestadels landskap.

För tio år sedan, 1945, hade nazisternas fyra år långa ockupation upphört. Den hade kostat tusentals liv, och dess hungersnöd, förföljelser och avrättningar hade tagit död på drömmarna om ett rättvist samhälle.

Efter ockupationen följde inbördeskriget, med alla sina tragiska konsekvenser. Fängelserna var fulla, i öarnas koncentrationsläger satt vänsteraktivister, och i Aten fanns horder av krigsveteraner som sökte arbete.

Jag har just fullgjort tjugosju månaders militärtjänstgöring, och hade noll chanser att få en fast anställning. Samma vinter skulle vi förlora min far George. Efter skilsmässan från min mor hade han flyttat ut från vårt hus. Han hade fått ett jobb på polisens tekniska laboratorium, men han brydde sig inte om att skaffa en plats att bo på. Han sov här och där, hemma hos släktingar, och ibland även hemma hos oss.

Mina föräldrars passionerade kärlek hade tagit slut för många år sedan, något jag inte förstod förrän långt senare. George's far var domare i en militärdomstol på Kreta, min mor Maria var dotter till Caesar Martzokis, en advokat från Zante, och dotterdotter till poeten Stefanos Martzokis. Deras kärlek ledde till ett hastigt bröllop, och senare hindrade den min mor från att skaffa sig en högre utbildning, eftersom hon blev gravid. Hennes make var fjorton år äldre än hon, han var en självutnämnd filosof som alltid visste bäst, en poet, leksakstillverkare, kock och kvinnojägare. Han beundrade kvinnlig skönhet, och hans macho-attityd skulle komma att försvåra hans liv.

Den nygifta nittonåriga Maria bodde under deras äktenskaps första år hos sina svärföräldrar på Kreta, medan min far studerade medicin vid universitetet i Aten.

Först många år senare läste jag de brev som Maria skrev till sin älskade man George, och förstod den nygifta kvinnans djupa oro. Hon hade tydligen redan då börjat komma underfund med sin makes svåra och självcentrerade kataktär – han som hade börjat studera vid samma tidpunkt som han gifte sig, men som aldrig skulle komma att avsluta sina studier.

"Chania 4 september 1928

Min älskade make
Mina tankar flyger till dig, och jag tänker ständigt på dig. Jag kan föreställa mig den smärta du känner över att vi lever på skilda ställen. Jag hoppas att Gud ska föra oss samman igen, och då… George, om du älskar mig så studera flitigt och oroa dig inte för mig. Jag har det bra hos våra kära släktingar. Om du älskar mig så bevisa det, och hänge dig inte åt de utsvävningar som Aten kan erbjuda…"

"Chania 8 september 1928

Min George, jag älskar dig. Jag förstår nu att du är den ende person som jag någonsin har älskat, och jag kommer att fortsätta älska dig för all framtid. Om du älskar mig så bevisa det genom att ta din examen, så att vi kan leva lyckligt tillsammans, och få ett barn – bara det barnet inte ärver din näsa! Var inte otrogen, George, tänk på konsekvenserna… Jag kysser dig många, många gånger, jag kysser dina fina ögon…"

Deras kärlek började avta efter att George misslyckats med att slutföra sina studier, vilket berodde på hans ständiga konflikter med lärarna. Snart skulle han bli tvingad att ta illa betalda arbeten för att kunna försörja sin familj, och långa perioder av arbetslöshet följdes av vräkningar och andra svårigheter.

Av dessa orsaker flyttade vår bostadslösa familj tillfälligt in hos Marias far – och min morfar – Caesar i hans gästvänliga hus. När min arbetslöse far där hade gott om tid ägnade han sig, som den store leksakstillverkare han var, åt mina leksaker. Detta gjorde att jag, fem-åringen, då beundrade honom för hans talanger.

En gång höll George på i flera dagar för att förse en liten, ungefär en halvmeter lång, leksaksbåt med en ångdriven propeller. Vi döpte båten till Sapfo, efter antikens enda kända kvinnliga poet. Namnet valdes av både min mor, poeten, och min far, ingenjören – båda läste mycket klassisk litteratur.

När Sapfo var färdig för sin första resa tog modern på den lille pojken fina kläder, och gick sedan med honom till den arbetslöse ingenjören. Den ocean som Sapfo skulle korsa var dammen i Nationalparken. I den lilla dammen flöt ankor och små båtar, barnröster och skratt hördes i luften, det var en vacker och solig sommardag när alla var glada. Min far startade ångmotorn och satte försiktigt ned båten i vattnet. De stojande barnen stannade till och tystnade, och när rök strömmade ut ur Sapfo's skorsten förbyttes barnens nyfikenhet i beundran för den lilla båten som nu hade börjat röra sig mot den andra stranden.

"Spring dit och fånga henne innan hon når land och vänd fören hitåt", ropade fadern till sin son.

Stolt sprang den lille pojken mellan de andra barnen för att ta emot båten, och tänkte på hur avundsjuka de måste vara på honom. Han kastade sig på gräset och väntade på båten, och när den kom nära gav han den en liten knuff så att den vände. Sedan reste han sig upp och sprang över till andra sidan för att göra samma sak där.

Han iakttog båten genom vassrören när den närmade sig. "Så fint den åker!" tänkte han. "Vilken duktig ingenjör min pappa är!"

"Så fint den åker!" hörde han då en mörk mansröst säga. Han vände sig om och såg bredvid sin far en annan man stå och prata med sin son.

"Tycker du om den där båten?"

"Ja, jättemycket", svarade barnet.

"Är den till salu?" frågade mannen då George.

Vid den här tidpunkten hade George varit arbetslös i flera månader. Att sälja Sapfo för ett bra pris löste tillfälligtvis familjens ekonomiska problem, men det orsakade också floder av tårar.

"Sluta gråta, jag ska göra en ny åt dig", upprepade fadern gång på gång, men det var redan försent. Den dagen då Sapfo såldes förvandlades allt inom mig till sten.

1956... på sjukhuset, den där eftermiddagen...

Mina föräldrar var skilda sedan flera år. Den här eftermiddagen var vi på väg för att säga farväl till min far, som några dagar tidigare hade lagts in på det kommunala sjukhuset. Avdelningssköterskan väntade på oss, hon ville prata med min mor. Jag satte mig bredvid min långe, kretensiske far, han såg på mig med tunga, trötta ögon. Marikaki kom fram till oss, satte sig också bredvid honom, och tog hans hand, som sökte hennes. Han gav henne ett skrivet papper - kanske ett kärleksbrev? - hon strök honom över huvudet, och började viska. Jag fick en känsla av att de pratade om obehagliga saker.

Jag reste mig upp och gick fram till fönstret för att titta ut på trädgården. Då och då vände sig Marikaki om och tittade på mig, plötsligt hörde jag ett nervöst fnitter, och så förändrades scenen fullständigt, min lilla mamma skrattade och kysste honom på kinden. Jag förstod ingenting – de hade skilt sig för flera år sedan, och så valde de detta svåra ögonblick för att vara lyckliga på, och kunde till och med finna någonting att skratta åt?

På hemvägen tänkte jag att det här kanske var sista gången som jag såg min kvinnotjusande far, den perfekte leksakstillverkaren, i livet, och jag frågade min mor om kyssarna och skratten, vad det egentligen hade handlat om. Marikaki saktade stegen, stannade, hon tänkte efter en stund, vände sina ögon mot sjukhuset, och mumlade, som om hon pratade för sig själv:

"Han sa... 'Titta så vacker hon är, som en liten docka, och hon tar hand om mig... och när jag är borta... vad ska hon då ta sig till?' Så sa han om sköterskan som vårdade honom..."

74

Hon småskrattade, och tillade: "Å George... din galne kretensare, det var på det sättet du kom in i mitt liv, och nu lämnar du det på samma sätt... för ett kort ögonblick kände jag mig nära dig igen, för ett kort ögonblick älskade jag dig igen."

Väl hemma igen läste vi den dikt som George hade lämnat till sin stora kärlek Maria på sjukhuset.

"För dig har jag en ledig stol
framför vår öppna spis
Ikväll värker åter mitt hjärta
när jag väntar på dig, fast jag vet att du inte kommer

För dig har jag fyllt två glas
och dukat vårt bord
Men än en gång får jag lägga mig hungrig
när jag väntar på dig, fast jag vet att du inte kommer

Natten faller, kall och tyst
Tårar faller på mitt lidande ansikte
Och jag känner en martyrs lycka
när jag fortsätter vänta, fast jag vet att du inte kommer"

Det var en februaridag som min far lämnade oss för alltid.

Efter den där dagen på tredje våningen

Efter mitt möte på tredje våningen, när jag misslyckades med att få ett jobb via min mors politikerkontakt, var mina chanser att få en statlig anställning uttömda. Sedan ett år tillbaka arbetade jag extra med att resa ledningsstolpar för elbolaget. Det var dags för mig att sluta be min mor om fickpengar. Tanken på att fortsätta studera var orealistisk, och jag var redan tjugosex år gammal. Jag tänkte på min vän Sakis, en pojke som hade vuxit upp i en förmögen familj, och som sedan två år tillbaka nu studerade i Tyskland. Till detta land hade tusentals arbetslösa européer sökt sig. Det skulle kanske lösa våra problem om jag flyttade dit och arbetade, sa jag till Maria en dag.

Vi levde i efterkrigstidens osäkra värld. Jag skulle gärna ha velat fortsätta att försöka göra konstnärskarriär, inom måleri eller arkitektur, eller kanske inom bägge dessa konstformer. Problemet var att under dessa svåra tider erbjöd de statliga skolorna utbildningar som inte tillnärmelsevis uppfyllde universitetens krav.

Så drömmen om en fortsatt utbildning skulle ha gått förlorad för mig om inte min mor hade ansökt om förtidspension för dålig hälsa. Den behandling hon utsatts för hos säkerhetspolisen och nazi-kollaboratörerna hade börjat ta ut sin tribut.

Den dag brevet som bekräftade att hennes ansökan bifallits kom skrek hon högt av glädje.

"Min pojke, nu kan du fortsätta med din konst..." och så tillade hon med lägre röst och med betoning på varje ord "men då... kommer du ju att flytta ifrån mig..."

Hon såg mig rakt in i ögonen, omfamnade mig, och verkade kalkulera hur lång tid utbildningen skulle ta och hur mycket ekonomisk hjälp hon kunde bistå med. Sedan sa hon:

"Jag har tänkt igenom det hela noggrant. Jag kan köpa dig en biljett till Tyskland, och sedan skicka 2 500 drachmer i månaden det första halvåret till dina studier. Efter det måste du nog klara dig själv, min son."

Denna handlingsplan skulle komma att förändra mitt liv för alltid. Jag kände det som om himlen öppnade sig. Jag skulle resa till Tyskland. Arkitektur eller måleri? Det fick bli som det blev, det berodde på tillfälligheter, på vilken skola jag blev antagen vid – allt hade ju gått så fort, och jag hade inte hunnit förbereda mig ordentligt.

Två månader före min avfärd mötte jag Förtrollerskan – då gjorde Penelope entré. Hon var väninna till en av mina tidigare flickvänner, och fann sig snabbt tillrätta i mitt liv. Vi bestämde att vi skulle åka tillsammans till Tyskland, där hon ville studera mode och design.

Sista sommaren före avresan tillbringade Förtrollerskan, min mor och jag på Hydra. Det blev en enastående sommar på denna Kärlekens och Konstens ö. Varje kväll gav vi oss iväg ut med Psaronikos' båt för att fiska och bada nakna i havet. De slöa dagarna tillbringade jag vid stranden där jag tecknade och målade båtar, fiskare, präster, småbarn, hus och gamla damer – jag tecknade på papper, och målade med olja på kartong. Dessa teckningar och målningar skulle sedan göra det möjligt för mig att hoppa över grundkursen och börja direkt med workshops vid The Fine Arts School i Offenbach, Västtyskland.

Höst. Dags att ge sig av. Under en månad hade jag haft dagliga lektioner i tyska, min lärarinna var en blond tyska som var lite till åren kommen, och som var duktig på att lära ut. Vilket var tur för mig, för jag behövde lära mig behärska tyska på rekordtid.

"Här är familjen Martzokis' släktemblem", sa Maria till det förälskade paret som förberedde sig för sin resa.

"Två ringar, en till dig och en till Penelope... med släktens emblem, fyra stjärnor, tre svärd, ett lejon och ett ansikte. Två ringar så att ni ska minnas mig."

Med glansiga ögon betraktade hon sin son, sin ögonsten, och föreställde sig nog hur han gifte sig med den vackra flickan. Precis som varje moder till varje arbetslös son gjorde vid den här tiden.

Den sista simturen

Hon håller mig hårt, och drar mig mot sitt bröst. Jag känner hennes hjärtslag, hennes läppar, hennes andedräkt – jag blundar, och är för en stund tillbaka på Hydra... där vi varje kväll rymde ut till havs i Psaronikos' båt och simmade nakna ända till gryningen...

"Hallå där, vakna! Vad håller du på med? Nu kör vi!" sa min medresenär, och gav mig en lätt puss i nacken.

Jag återvände till nuet, gav pedalerna en spark, och så rullade vi iväg. Jag hade inget körkort – det behövde man inte ha då – Vespan hade jag lånat av en vän, och min passagerare var Penelope. Hon var dotter till en bankman, hennes familj var övre medelklass, hon talade både franska och kärlekens språk flytande. Det var den första höstmånaden, vi var på väg till havet för årets sista simtur. En vecka senare skulle vi ge oss iväg till Tyskland för att påbörja våra studier.

Med mig på resan tog jag minnen av åtskilliga kollegor, sju 40 X 55 cm stora

77

oljemålningar, flera teckningar och så mina medelmåttiga högskolebetyg.

Så länge sedan, i september 1958. "Penelope, din vackra kärlek, då, en gång i tiden... och som alltid... som vid så många andra tillfällen... förstörde du hennes drömmar när hon försökte dela ditt liv...", sa mitt ansikte till mig i spegeln.

"Herregud, jag orkar inte med dig, sluta klaga nu!"

"Drick ditt kaffe, ät din yoghurt, fortsätt skriva, och håll dig till sanningen! När det gäller Penelope..."

"Penelope, ja, det var verkligen en historia. Jag hoppas att vi kan återkomma till ämnet."

"Nu börjar du ju prata riktigt förståndigt", sa ansiktet med de trötta ögonen åt mig. "Du får nog lägga till ett eller flera PS."

PS 1. En kärleksaffärs låga brinner intensivt men sällan länge. Jag och Penelope levde bara några månader inneslutna i vår varma kärlek. Sedan började hon prata om bröllop, hemgift, att köpa bil... Det var första gången jag sa nej till att ge mig in i det sociala spelet, och ikläda mig rollen som äkta make. Detta nej skulle jag sedan komma att upprepa många gånger. Vi skildes åt, Penelope gav sig iväg till Wien för att fortsätta sina studier, och jag stannade kvar i Offenbach, där jag njöt jag av konstskolans öppna och fria liv. Jag ville tillhöra konststudenternas värld, jag ville leva och arbeta i detta fria klimat som jag just hade funnit.

Marikaki protesterade förstås lite när hennes stilige son på detta sätt gick miste om en stadig och säker social miljö. Men när det gäller mig så ska jag i ett läderband runt min hals alltid bära familjen Martzokis' ring som står för kärlek och ett fritänkande sinne.

PS 2. Släkten Martzokis stammar ursprungligen från Florens, flyttade till Bologna, och vid början av 1800-talet hade den förgrekiskade familjen slagit sig ned på Zante. Familjenamnet hämtades – enligt Leonidas Zois ordbok – från ordet "Marzoco", som betyder det krönta lejonet, symbolen för Florens.

Ludovico-Ignaco Martzokis (1804-1890), som grundlade släktens grekiska gren, var en liberal patriot som bekämpade den österrikiska ockupationen av Italien – det var orsaken till att han tvingades fly till Zante. Han var även en poet, lärd man, advokat, med-utgivare av den historiska tidskriften "Spinthir" (gnista), och grundare av teaterkompaniet "Parnassos".

STIPENDIET

Under flera månader nu har jag inte lyckats måla något alls, eller fördjupa mig i färger och linjer. Kanske beror det på att jag saknar det ljus och den värld som jag möter i mina tankar när jag om och om igen läser om de episoder som inträffade för många år sedan, och som lämnat djupa spår i mitt inre. Minnen som jag glömt, eller lyckats förtränga, och som nu dyker upp igen, fortfarande fyllda med smärta.

Jag lämnade ju Grekland när jag hade förlorat alla förhoppningar om att komma in vid konstskolan där. Innan jag gick ut högskolan gjorde jag inträdesproven, men godkändes inte. Jag förstod aldrig varför. Senare skulle jag, i förtroende, få höra av en elev vid konstskolan att man måste ta privatlektioner för lärarna innan man gjorde inträdesproven. Dessa privatlektioner var av avgörande betydelse för hur inträdesproven skulle utfalla. Kunde man betala för dem klarade man proven galant.

När jag gått ut högskolan anslöt jag mig till de arbetslösas armé. Jag fick en plats som obetald journalistlärling, och sedan följde två och ett halvt års obligatorisk militärtjänstgöring. Därefter gick min far bort. Mina föräldrar var skilda, men min mor satt vid hans sida under de sista timmarna, och jag grät på lasarettets gård. Då var jag anställd på ettårskontrakt vid elbolaget HEAP. När detta år hade gått drog sig min då 46-åriga mor tillbaka av hälskoskäl, fick en liten pension, och skänkte de pengar hon fick i kompensation när hon sade upp sig till sin älskade son, så att han skulle kunna starta ett nytt liv i Västtyskland.
Dessa pengar räckte i sex månader, sex månader i ett främmande land. Utan att ha tagit några privatlektioner, bara tack vare några målningar och teckningar, så antogs jag vid konstskolan i Offenbach am Main. De inte bara antog mig som student, utan jag slapp också gå det första årets grundkurs, pga den talang som mina arbetsprover visade. Så i stället för fem års studier hade jag nu fyra år framför mig. Efter att ha varit i landet i sex månader kunde jag prata lite tyska. Jag målade några väggmålningar för ett hotell, och lyckades skaffa mig ett jobb på tidningen

"Abendpost". Mina arbetsuppgifter där var enkla. Jag var springpojke, men ibland gjorde jag även några teckningar åt dem. Jag började jobba åtta på morgonen, och slutade fyra. Jag klagade inte, men under dagen kom tröttheten ikapp mig. Jag kom efter med studierna, och man kunde ofta hitta mig sovandes i något av studierummen. Tröttheten tyngde ned mig.

Jag funderade på om jag skulle lämna skolan ett år, arbeta hårt, och sedan återuppta studierna med lite sparade pengar på fickan.

En dag beslöt jag mig för att prata om detta med min mor. I sitt senaste brev hade hon skrivit att hon försökte ordna ett stipendium åt mig. Jag skickade henne litografier och målningar till den årliga panhellenistiska utställningen. De mottogs väl, så ett stipendium borde vara möjligt, särskilt med tanke på att jag redan var i full färd med att bygga upp en konstnärskarriär utomlands. Ja, ett stipendium skulle lösa mina problem.

Jag skyndade till den lilla stadens telefonkontor. Min mor hade ingen egen telefon, vid den här tiden var det en lyx som bara förmögna människor kunde unna sig. Vi hade bestämt att jag skulle ringa till min farmor Giovanna, och så skulle min mor vara där. Jag kunde höra mitt hjärta slå medan jag väntade på att samtalet skulle kopplas.

"Telefonsamtal till herr Yamalakis, bås nr fem." Och så kände jag min mors varma, mjuka röst smeka mina öron.

"Jag fick höra det igår, Manthouli… de sa att du skulle få det… Ja, för ett helt år! Min söte pojke, tänk dig bara, ett år för att måla, resa, vila lite, tänk bara… du kommer att få stipendiet… Du klarade det, du är en konstnär, och nu är du på väg, mitt hjärta… Grattis och kyssar från din farmor, din moster Loukia och Niko (min mors nya kärlek)… Jag kysser dig, min pojke… vi pratas vid snart igen…", och så la hon på luren.

Under dagarna fram till vårt nästa telefonsamtal planerade jag inför framtiden, jag arbetade på nätterna, och försökte koncentrera mig på studierna.

När jag kom hem från skolan den dag då vi hade bestämt att vi skulle pratas vid i telefon nästa gång väntade ett brev från henne på mig. Jag öppnade det otåligt, och sa till mig själv: "Lugna ned dig nu, Matheo!". Jag satte mig vid mitt skrivbord och förberedde mig för att läsa det noggrant, att verkligen ta till mig brevets innehåll. Hennes handstil brukade vara harmonisk, nästan som om hon skrev en dikt, och hon hade alltid haft mycket att skriva om. Men redan efter den första raden... "Mitt kära barn..." såg jag de mörka molnen, och jag läste fortsättningen genom hennes tårar. "Det finns bara ett stipendium för konststuderande utomlands, och det var reserverat för dig...", skrev hon, "men idag fick jag höra att utrikesministern opponerat sig mot Utbildningsdepartementets beslut, och sedan gick stipendiet till hans brorsdotter som ska studera i Frankrike... så är det i vårt land, min pojke, det är alltid samma visa... men ha tålamod, nästa år kommer vi nog att lyckas... som vi saknar dig!"

I det här brevet var det svårt att läsa hennes handstil, hennes hand hade nog inte varit så stadig när hon skrev det. Den favorisering som etablerats av politikerna i mitt vackra land hade triumferat igen. Jag la mig på soffan och slöt ögonen – ännu en förlorad dröm. Den kvällen fick jag inget arbete gjort.

Nästa morgon knackade jag på hos konstskolans rektor, professor Gova. Vi pratade om det förlorade stipendiet, och om de svårigheter som uppstod i och med att jag var tvungen att arbeta. Jag frågade honom om jag skulle kunna avbryta studierna ett år, arbeta heltid, och sedan börja igen.

"Men vet du vad som händer om du avbryter studierna nu? En ersättare kommer att ta din plats... vi har ju alltid tolv elever i varje klass... så du kommer att bli tvingad att vänta tills han har studerat färdigt för att kunna börja om igen."

Han såg de mörka molnen i mina ögon, han visste hur jag hade kämpat, och han kände även till min passion för konsten. Han tänkte ett tag, och sedan sa han:

"Nej, jag vill inte förlora en sån bra student. Om du avbryter studierna nu kommer det att bli svårt för dig att komma tillbaka... följ med här..."

Vi gick en trappa ned till skolans administrativa kontor, och så fick jag underteckna en ansökan som skickades till Bonn, Västtysklands dåvarande huvudstad.

Den dagen försäkrade sig Matheo, Marias son, om ett stipendium som sträckte sig från den andra terminen av det första året vid skolan, och slutade efter tre år, när jag fick mitt diplom från Konstskolan i Offenbach am Main.

Vid den tidpunkten hade jag redan börjat arbeta på kvällarna som grafiker för den tyska televisionen i Frankfurt.

Den här morgonen såg jag dig i spegeln och frågade dig: "Du ser trött ut, kommer du att kunna avsluta boken i tid?"

Du ser tillbaka på mig med ett sorgset leende.

"Och vad ska du skriva om idag?"

"Några rader om resan till det nya landet, när jag kom hit för att bosätta mig här."

Jag hörde dig, du såg på mig med sömniga ögon, jag log och gick för att lägga mig bredvid Lena som andades djupt...

RESAN

December, naturen var skrudad i vinterfärger men den vita snö som han förväntat sig saknades. De tyska betong-motorvägarna hade ersatts av naturligare vägar, omgivna av rofylld, vacker och ren skog. Han kände att allt var välordnat här, och att man respekterade naturen. Här och där dök röda timmerstugor upp som sagohus bland träden, festliga kransar dekorerade dörrarna, djur betade på åkrarna. När han passerade små städer saktade han farten, försökte insupa ställenas själ, och lägga alla detaljer på minnet. Stora utsmyckade julgranar stod på torgen. Stämningen var harmonisk. Det nya landet vecklade ut sig framför honom, trafikskyltar angav fartgränsen 110 km/h, men han märkte att svenskarna körde försiktigt, i bara 90 km/h. Så mycket bättre, tänkte han, och tryckte ned gaspedalen så att farten ökades till 120... Hans vänner väntade på honom i Stockholm, och detta var årets sista dag.

Han visste att de skulle fira nyårsafton som i Tyskland. Visst skulle han sakna sin "Knopfchen" - så kallade han sin söta Elke. Hon följde inte med honom, eftersom hon hade sitt jobb på banken, där han träffade henne för två år sedan. Men det var inte jordens undergång, han skulle återvända till henne så snart han kunde.

Alltihop startade för tre månader sedan när han kom till Stockholm som gäst vid Cristas bröllop - Crista var en studiekamrat vid konstskolan i Tyskland. Då hade han lyckats skaffa sig ett fast jobb som grafisk designer vid Sveriges Television. Han fick även vänligt bemötande från en familj som erbjöd honom att hyra ett rum i deras villa. Deras två döttrar väntade nu på honom.

När han återvände till Tyskland efter bröllopet bjöd han in sina studiekamrater och vänner på en drink, och tillkännagav att han skulle starta ett nytt liv i Sverige.

"Sverige, ett ljus i mörkret, ett ljus av jämlikhet och rättvisa", ropade Günther, och fortsatte: "… de kör på vänster sida där… och de har en vänster-regering…"

"Det är den fria kärlekens paradis också", tillade Walter York, och frågade honom om han hade tänkte igenom sitt beslut att lämna Tyskland ordentligt. "Men vadå tänka igenom?" utbrast han sedan, "… åk du Matheo, jag ska hälsa på dig varje månad… flickorna där är så vackra…"

Han avslutade inte meningen, eftersom han såg Elke's sorgsna ansiktsuttryck – hon hade just kommit dit. Hon gick fram till den förhoppningsfulle resenären, kysste honom och viskade: "Jag hoppas du kommer tillbaka snart… jag ska vänta… vi ska leva tillsammans…"

Samma eftermiddag packade han ned det som fick plats i hans lilla Triumph TR3, lämnade dukar och böcker i sin handledares hus, där han hyrde ett rum. Han skulle hämta dem senare, men nu… Nu väntade vänner, nya erfarenheter, vackra kvinnor och arbete på honom i Stockholm.

Så, han som hade levt hela sitt liv med ständigt osäker ekonomi hade nu i det nya landet funnit ett fast jobb, nya vänner och framförallt en framtid… det var vad han tänkte. Och vilken framtid, med vänstertrafik! Han log. Günther hade rätt, inte bara en vänster-regering, utan även vänstertrafik! Jag ska skriva till min mamma, tänkte han, hon kommer att bli överlycklig, socialism är ju hennes dröm…

Bakom en vägkrök såg han en lång man med stövlar och polisuniform. Mannen tecknade åt honom att stanna bilen. "Nu är det kört", tänkte han, "nu kommer jag att få stora feta socialistiska böter!"

Polismannen var artig, han pekade mot ett militärliknande fordon som stod parkerat vid vägkanten. "Där är radarn", sa han.

På en blandning av engelska och tyska försökte vår hopplösa resenär förklara att han hade anlänt för bara några timmar sedan, och att han hade följt hastighetsanvisningarna på trafikskyltarna. Samtidigt hade han en obehaglig känsla av att det hade funnits en stor skylt med 90 på vid bensinstationen.

Polismannen måste ha förstått att den nyanlände resenären inte kände till trafikreglerna. "Hastighetsgränsen under helgerna är 90 km/h på alla vägar i det här landet", upplyste han honom om, och vinkade sedan åt honom att fortsätta, samtidigt som han önskade en trevlig resa.

"Detta är vad verklig rättvisa i ett socialistiskt samhälle innebär", tänkte resenären, och körde vidare, nu i 90 km/h. Han imponerades av polismannens uppförande, och var nu ännu mer övertygad om att detta var rätt plats för honom. Han började även drömma om kvällens firande tillsammans med sina nya kamrater.

Det var inte svårt att hitta vägen till det vackra fältet i utkanten av Stockholm. "De väntar på mig och jag kommer i tid", tänkte han när han ringde på dörrklockan. Ett medelålders par, flickornas föräldrar, hälsade honomg välkommen. Hans första, lite besvärade, fråga var: "Var är era döttrar? Kommer jag försent?"

"Tyvärr så åkte de för en halvtimme sen...", sa värden.

"Men vi ska fira tillsammans...", sa värdinnan.

"Jaha ja, jackpot..!" tänkte resenären.

Under nyårsaftonen pratade han engelska och tyska med värdparet, och åt en traditionsenlig festmåltid. På en liten svartvit TV visades en sketch med en grevinna och en berusad betjänt, en film som han sedan skulle komma att se varje nyårsafton i det nya landet. Han förstod inte så mycket av värdparets samtal under kvällen, och försökte dölja sin förlägenhet bakom leenden.

Många gånger i framtiden skulle han återuppleva den ensamhet han kände denna gång, under det nya årets första natt. Han fick aldrig veta varför de andra inte hade väntat på honom. Och det skulle inte dröja länge förrän han fick nästa dos av svensk ensamhet i sitt nya land. Han gick och lade sig tidigt, och hoppades att allt detta bara var en ond dröm och att han nästa morgon skulle vakna upp i sitt lilla studentrum, i Elke's armar...

OM MINOTAURUS

Enligt myten föddes Minotaurus efter en kärleksstund mellan Kretas drottning Pasiphaë, hustru till kung Minos, och en vacker tjur.

Minotaurus hade en människas kropp och huvud av en tjur. Han var drottningens son och blev därför inte dödad. Men så småningom stängdes han in i en labyrint som byggdes av Daidalos, som var en arkitekt från Aten, och fader till Ikaros.

En av kung Minos' söner åkte till Aten för att delta i sporttävlingar. Han vann och blev därför dödad av atenarna. Under denna tid var Kreta en stormakt, och Minos straffade Atens invånare genom att besluta att de varje år skulle skicka elva pojkar och elva flickor till Kreta. Där skulle de kastas in i labyrinten för att dödas av Minotaurus. Så trodde man. Efter några år bestämde sig Atens kungason Theseus, som var mycket stark, att åka med de andra ungdomarna till Kreta för att döda odjuret. Varje gång som båten seglade från Pireus hissade man svarta segel för att visa sorgen, men denna gång, och ifall Theseus skulle vinna kampen, skulle seglen bytas ut till vita innan återkomsten.

På Kreta blev kung Minos unga vackra dotter Ariadne förälskad i Theseus, och hon bestämde sig för att hjälpa honom att döda Minotaurus, som ju var hennes halvbror. Theseus lovade att ta med sig henne till Aten. För att Theseus skulle kunna hitta tillbaka till ingången när han hade varit i labyrintens oändliga gångar och rum gav Ariadne honom den ena ändan av ett rött garnnystan, och behöll själv den andra. Theseus dödade Minotaurus, och med garnnystanets hjälp hittade han tillbaka ut ur labyrinten.

Samma natt seglade båten med Ariadne och Theseus mot Aten. På vägen dit stannade båten vid ön Naxos. Besättningen firade Theseus' bragd. I glädjens yra glömde manskapet att byta ut de svarta seglen, och Theseus "glömde" Ariadne på Naxos. Kungen av Aten, Egeus, Theseus far, oroade sig över sonens öde. Varje dag åkte han till Kap Sounion och såg mot horisonten. En dag såg han de svarta seglen och blev bestört i tron att sonen blivit dödad av Minotaurus, och kastade sig därför i havet. Sedan dess kallas denna del av havet Egeiska havet.

Om Minotaurus och Matheo

"Det nya landet både skrämde och lockade mig. Saknaden av en inspirerande omgivning resulterade i att jag började vända min uppmärksamhet mot mig själv. Mitt eget 'jag' blev studieobjekt. Min andra hälft – min Minotaurus – blev alltmer synlig för mig. Denna ibland absurda, ibland älskvärda sida av mitt eget jag fick stå som modell för många av mina målningar…"

Så skriver jag om mig och min inställning till det nya landet Sverige.

Men varför blandar jag Minotaurus med mitt eget jag, eller kallar det "det andra

87

jaget"? För Picasso var Minotaurus en symbol för den manliga viriliteten och den råa styrkan. Den schweiziske författaren Friedrich Dürrenmatt skrev om Minotaurus, och stängde in honom i en labyrint fylld med speglar. Minotaurus' gestalt, hans öde, det röda garnnystanet och Ariadnes öde förekommer i många sagor, målningar och musikkompositioner. Aristoteles menade att människan har tre själar; växtens själ, djurets själ och logikens själ. Själv tror jag, liksom många andra, att i mig finns ett djur som är mitt andra jag. Eller ett djur som jag delar min själ med. För många kanske ett djur är den dåliga sidan av ens personlighet. Jag tror att ett djurs inställning till de flesta frågor i livet många gånger är den bästa sida som en människa kan ha. De flesta djur är fria från egoism, fria från girighet, fria från ägande, exploaterar inte andra, och om de ska döda, då gäller det mat eller försvar, och bara för dagen. Jämför man djuren med oss människor då ligger min "Minotaurus", ditt "lejon", eller hennes "duva" ljusår före människan när det gäller att "vara" bland andra varelser.

Min Minotaurus flyger av glädje. Han gråter i sin ensamhet. Han älskar vilt. Han drar sig upp till fullmånen medan hela labyrinten, som liknar våra storstäder, störtar samman. Han vänder ryggen mot globaliseringen och flyger iväg med sina älskade figurer som sällskap. Han njuter av att ställa upp sin gestalt mot allt som luktar konsumtion, snabba klipp och konst skapad i spekulationssyfte.

Ariadnes röda garnnystan leder inte till döden, Minotaurus använder den i stället för att nå sin musa, och älskar med henne.

Båten med de svarta seglen är redan på väg tillbaka. Theseus kommer snart att överge Ariadne på Naxos.

Platon, Descartes, Spinoza, alla rationalister trodde på människans förnuft som vetandets källa. De trodde att i människan finns det medfödda idéer som är oberoende av vardagliga erfarenheter. Ju starkare dessa idéer är desto säkrare är det att denna föreställning existerar.

I motsats till de empiriska filosoferna Locke, Hume, Leibnitz som höll på vad Aristoteles sa en gång, nämligen att "Det kan inte finnas någonting i vårt medvetande som inte redan funnits i våra sinnen". Med andra ord en föreställning eller en idé som inte kan bindas ihop med erfarenhet av verkliga händelser är en falsk föreställning.

Till vilken grupp hör Minotaurus, som också kan vara en "hon" eftersom Minotaurus är en idé, en tanke eller en myt.

I den empiriska världen är det svårt att hitta Minotaurus, men desto mera spännande är det för mig att ha en idé, "en föreställning oberoende av varje vardaglig erfarenhet".

Han finns i känslornas värld, och fast jag aldrig har sett honom vet jag att han finns i mig. Det är Minotaurus som inte låter oss sova lugnt när fullmånen förvandlar natten och naturen till en drömvärld. Ty denna natt lindas jag in som ett barn i det magiska ljuset, och med månens och kärlekens styrka bryter jag sönder stadens mur och flyger högt där ingenting kan nå mig, varken globalisering, politikerna korkade beslut, kapitalets smutsig aktier eller den förorenade naturen, ingenting.

Dessa nätter blir ett återskapande av mig. En känsla av befrielse omfamnar mig och ger mig kraft och mod att skapa och gå vidare.

"Ju starkare dessa idéer är desto säkrare är det att denna föreställning existerar."

Jag tycker om att berätta om kärlek, myter och sagor. Jag vill börja drömma igen, skapa visioner som vi alla har haft en gång, men som kommit på undantag av livets teknologiska stress, som inte ger oss utrymme att tänka på så mycket annat.

Erich Fromm skriver i "Kärlekens konst": "Kärlek är en konst, alldeles som att leva är en konst. Om vi önskar oss att älska måste vi bete oss på samma sätt som när vi vill lära oss vilken annan konst som helst, till exempel musik, måleri, snickarkonst, läkekonst eller brobyggnadsteknik."

Jag vill att min konst ska vara en bro där människor ska mötas och där vi tillsammans kan filosofera om kärlek, myter och sagor...Och som Jean C Cooper skriver i sin bok "Taoismen": "Om inte en konstnär kunde leva sin konst, dvs i överensstämmelse med livets rytmer och harmonier, ansågs han vara lika onyttig som en igenproppad flöjt där ingen luft kan ta sig fram. Hans konst måste röra sig och flöda som livet..."

Jag hoppas att ni tycker om min musik!

SÅDANA FRÅGOR

Idag besökte jag på eget bevåg den svenska säkerhetspolisen, det var inte första gången jag begav mig till denna deprimerande byggnad.

 Diktaturen regerade i Grekland, och jag hade börjat studera "Produktions- och filmteknik" – en kurs anordnad av Sveriges Television. Efter kursen fick min film "401" godkänt betyg från Svenska Filminstitutet. Den 17 augusti 1970 visades filmen i svensk television. Den handlar om den eltortyr som Pericles Korovesis utsattes för av den grekiska säkerhetstjänsten i militärsjukhuset 401.

Redan dagen efter visningen fick jag ett telefonsamtal från grekiska ambassaden. En kall, opersonlig röst uppmanade mig att återvända till Grekland inom fjorton dagar, annars skulle jag förlora mitt pass. Detta pass förvarade jag i en skrivbordslåda, och det innehöll många minnen från mitt tidigare liv. Nu ansökte jag om ett nytt, ett pass som skulle göra det möjligt för mig att resa utomlands.

Trots att jag hade bott i Sverige under det antal som krävdes tog det ganska lång tid innan jag fick mitt nya pass. Till att börja med gav de mig det gröna FN-passet för statslösa medborgare, och jag gav mig iväg på mitt nästa filmprojekt.

Under 1960- och 1970-talen hade Balkanländerna försett fabrikerna i Nordeuropa med arbetare. Jag reste med min kamera runt i Tyskland, Belgien, Frankrike och Schweiz, och arbetade på min film "Immigration i Europa". När jag kom tillbaka till Sverige hade jag upptäckt en mängd nedslående fakta om förhållandena för den utländska arbetskraften, men också om hur viktigt det var att ha ett giltigt pass. En kväll tvingades jag tillbringa vid den tyska gränsen eftersom de schweiziska myndigheterna inte tillät mig att passera gränsen efter mörkrets inbrott, trots att jag nästa dag hade ett avtalat möte med den schweiziska arbetsmarknadsministern. Min film om arbetskraften mottogs väl, och nya horisonter och möjliga resmål öppnades upp för mig. Nu behövde jag verkligen ett nytt pass.

 Två år gick, och sedan…

91

1972 ansökte jag igen om ett pass, och denna gång hade jag med mig ett personligt brev från TV2:s chef till immigrationsmyndigheterna. Äntligen skulle jag nu få det dokument som gjorde det möjligt för mig att resa fritt, trodde jag. Med blandade känslor tog jag mig till den adress som immigrationsmyndigheterna uppgett. Där uppmanades jag att gå till en annan byggnad längre ned på gatan. Denna andra byggnad var ett fint gammalt hus med marmortrappor och antika pelare.

En blond man med isblå ögon skyndade emot mig på första våningen. Identitetskortet han visade upp, precis som de gör i amerikanska agentfilmer, intygade att han kom från Säpo, den svenska säkerhetspolisen. Hela förmiddagen berättade jag sedan för honom om den bitterhet, ångest och ensamhet som jag upplevt under de senaste åren. Frågorna som mannen ställde fick mig att inse att de redan visste allt. Säpo hade tydligen börjat övervaka mig redan året efter att jag anlände till mitt nya land, och orsaken var...

"Vi ställer inte sådana frågor här i Sverige, Matheo..."

1964: De senaste sex månaderna hade jag arbetat som grafiker vid Sveriges Television. Jag hade sju kolleger, och var den ende utlänningen i gruppen. De såg på mig med undflyende, nästan lite förlägsna blickar – och det var kanske inte så konstigt eftersom jag ännu inte behärskade språket så bra. Det verkade som om saker i det land jag kommit till var antingen svarta eller vita, och som om ingen gråzon däremellan existerade. Ja var Ja och Nej var Nej. När jag såg på vackra Margarete som log mot mig varje gång våra ögon möttes så kände jag att mitt liv i Tyskland var avslutat, och att en annorlunda framtid väntade mig.

Varje dag klockan två hade de kaffepaus.

Vi drack kaffe, åt kakor, och ibland en tårta om någon hade födelsedag. De pratade om det ena och det andra, men aldrig om samhällsfrågor eller internationella konflikter. Som nyfiken nykomling i gruppen ville jag närma mig mina nya vänner, höra deras åsikter, förstå dem. I min naivitet, som nog berodde på bristande kunskap om hur historien hade sett ut i det land där jag nu skulle leva, så ville jag ta reda på mer om det svenska systemet, som ju beundrades i resten av Europa och världen.

Vid den här tiden, på 1960-talet, protesterade studenter på gatorna i många europeiska länder, och i USA. Det var demonstrationer mot diktaturerna i Spanien, Portugal och Sydafrika, och mot kriget i Vietnam. Demonstrationståg fyllde gator och torg även i Stockholm. Naturligt nog, med tanke på vad jag kände till, så trodde jag att socialdemokratiska Sverige skulle vara ett paradis för en invandrare som under största delen av sitt liv levt i Grekland, ett land som ännu var märkt av inbördeskrigets sår, som styrdes av politiker som hade samarbetat med nazisterna, och en monarki som importerats från utlandet.

Mina arbeten hade uppmärksammats av direktörerna och producenterna hos SVT. En dag bad barnprogramsproducenten Mona Sjöström mig att designa en affisch för en av hennes filmer. Filmen handlade om den växtgas som amerikanerna släppte ut över Vietnams skogar, och den fara som denna gas utgjorde för ekosystemet och landets innevånare. Efter att filmen hade visats tog jag affischen från Mona och hängde den bredvid andra affischer vid ingången till studion. En kort tid därefter kom avdelningschefen Ruben in och mumlade: "Ta ner den där, detta är inte rätt ställe…"

Det var inte första gången jag retade upp mig på en av Rubens kommentarer, och senare skulle jag förstå att kommentarerna inte bara var tomt snack.

1965: Så nu, nästan ett och ett halvt år efter min ankomst, och när jag förstod språket bättre, så förväntade jag mig att jag skulle kunna ha friare och öppnare diskussioner med mina kolleger. Jag ställde frågor till dem om demokrati, socialism, Gud, Vietnam, diktaturer, demonstrationer etc. Men snart märkte jag ett visst avståndstagande, en tendens bland kollegerna att undvika djupare samtal.

På min namnsdag i november det året hade alla inklusive Ruben samlats. Jag bjöd på kaffe och kakor, och kände att jag ville diskutera den svenska monarkin. I Grekland införde de styrande monarki för att kontrollera befolkningen. Den hade haft en splittrande effekt, och hade varit ett negativt inslag i grekisk politik.

Jag väntade tills alla hade fått sitt kaffe och sin kaka, och ställde sedan min fråga: "Hur kan ett system med monarki där tronen går i arv existera i ett modernt land som Sverige, det går ju helt emot landets sociala och politiska traditioner?" Frågan möttes av tystnad, kollegerna undvek ögonkontakt, skedar rörde nervöst i de halvtomma kopparna. Ruben såg på mig, och det var lätt att läsa hans tankar: "Du passar inte in här, var i helskotta hittade vi dig..?" Och så sa han på engelska:

"Vi ställer inte sådana frågor i Sverige, Matheo…"

De andra tömde snabbt sina koppar, framförde än en gång sina gratulationer, och gick tillbaka till sina bord för att fortsätta med arbetet. Efter den dagen diskuterade de aldrig politik eller samhällsfrågor under fikapauserna.

Början av december 1965: En väldigt kall decemberdag - den psykiska pressen från grafikavdelningens ledning hade som avsikt att få mig att säga upp mig självmant. För jag hade nu en fast anställning hos Sveriges Television.

Denna morgon väntade vi som vanligt på att chefen skulle dela ut dagens uppdrag. Ruben kom in, stressad, med en pappershög i handen. Jag såg fram emot att få mina arbetsuppgifter, eftersom arbetet var mitt sätt att fly från en monoton tillvaro. Jag reste mig och hälsade på Ruben, som dock ignorerade min hälsning, passerade mig snabbt, delade ut pappren med arbetsuppgifterna till de andra, och var sedan på väg att gå därifrån. I sista sekunden lyckades jag fråga:

"Men jag då, har du inget till mig?"

"Jag har inget som kräver dina höga konstnärliga talanger, du är för bra för oss…" sa Ruben då ironiskt, och gick därifrån.

Jag såg på mina kolleger, som undvek min blick, och begravde sig i sina pappersarbeten. Jag fick själv i min ensamhet fundera på vad Ruben hade menat med sitt svar. Eftersom jag var oförbätterligt optimistisk och naiv till min läggning så tänkte jag att jag äntligen hade fått erkänsla för min talang… eller… vad menade han egentligen? Det tog mig inte så lång stund att förstå det som mina kolleger hade förstått på en gång. Den dagens startade den svenska "nationalsporten" Feg Tystnad. De kallar det mobbning, antingen från ledningen, eller från kolleger. Det är ett sätt att tvinga offret att ge upp frivilligt. Problemet för dem var att jag var fast anställd, och att de därför inte bara kunde avskeda mig.

Julen 1965 kom min kära mor på besök. Eftersom hon före sin pension arbetat vid järnvägen hade hon rätt till en gratis resa om året, och nu hade hon rest i tre dygn. Det snöade och dagarna var mörka. Hon gick runt i Stockholm och använde sin begränsade tyska till att kommunicera med folk. Vi åt lunch tillsammans nära min arbetsplats, och på eftermiddagarna kom hon efter klockan fyra, satte sig i entrén, öppnade sin bok och väntade på att sonen skulle ansluta sig till henne efter arbetsdagen. Kvällarna var de enda tidpunkter hon kunde tillbringa med sin Manthouli under den resan. Naturligtvis sa jag inget om mobbningen och den avsevärda psykiska stress som jag led under, men jag tror hon märkte det ändå.

En av de där jobbiga dagarna när jag inte fick några uppdrag, och jag därför inte hade något att göra, gjorde jag några illustrationer till en kortfilm av Eric M Nilsson, en film som senare skulle få pris för sin grafik.

Plötsligt kände jag då att Ruben stod bakom mig, och så hörde jag honom viska:

"Den där damen som väntar på dig varje dag, är det din mor?"

Innan jag hann svara fortsatte Ruben:

"Säg åt din mor att detta är SVT:s huvudbyggnad, och inte ett väntrum."

Jag vände sig om, såg Ruben rakt i ögonen, och sa:

"Hon är min mor, hon har ingenstans att ta vägen, det snöar därute, om en halvtimme slutar jag jobba, och hon sitter i entrén som även är ett väntrum, vad är det för problem?"

Ruben gav mig en giftig blick, skakade på huvudet och vände sig mot dörren. Hur skulle jag kunna förklara för min kära mor att hon inte fick vänta på mig i entrén till Sveriges Television?

Det här var faktiskt sista gången vi träffades, hon lämnade detta livet tre månader senare, i mars 1966.

Nu, i slutet av december 2012, ser jag på mitt ansikte i spegeln. Jag fortsätter skriva, och jag frågar mig själv: Hur ovetande och naiv var jag inte när jag begav mig till detta vackra land? Men ändå ångrar jag det inte – allt som jag gått igenom, allt det som jag upplevt, och nu upplever på nytt genom mina minnen, har berikat mig. Och jag har mött goda, trofasta vänner som stöttat mig med sin kärlek, och hjälpt mig att komma igenom de svåra tiderna.

Ja, hur skulle mitt liv egentligen ha sett ut om jag hade stannat kvar i mitt eget land, och bönat och bett en högerpolitiker om ett jobb i statsförvaltningen?

APELSIN ELLER ÄPPLE

En dag fick jag ett telefonsamtal från sekreteraren på vår avdelning. Hon bad mig komma till chefens kontor efter lunchrasten. När jag kom in genom dörren sa hon "Han väntar på dig", och pekade mot chefens dörr. Denne satt vid sitt skrivbord och läste i ett dokument. Han pekade mot en stol, men undvek all ögonkontakt.

"Du är en bra grafiker... (paus)... men du passar inte in här... Du förstår... man kan säga att vi letade efter ett äpple, och du visade dig vara en apelsin... tyvärr... du måste nog sluta hos oss."

Han smålog lite åt sitt eget skämt, men när han förstod vilken känslomässig jordbävning hans ord åstadkom hos mig tillade han:

"Du har en månads uppsägningstid, så du kan hitta ett annat jobb."

"Bara en månad?" stammade jag. Men chefen hade redan fördjupat sig i sitt dokument igen.

Denne "trädgårdsmästares" namn var Tore Ljungberg, och det var han som hade anställt mig två år tidigare, med entusiasm och smickrande kommentarer. Men nu var han alltså på jakt efter ett äpple. Jag visste inte om jag skulle skratta eller gråta när jag hörde hans ord. Jag hade ännu inte insett att i det här landet härskar tystnad och en viss social distans. Att göra karriär och ha framgång i det sociala spelet är det snabbaste sättet att anpassa sig efter samhällets småborgerliga och aristokratiska regler, och alla som inte följer dem, och som ifrågasätter monarkin, kyrkan, eller något annan allmänt vedertaget, blir snart en "apelsin", och motas ut mot samhällets periferi.

Tio år senare skrev journalisten Gittan Mannberg om min film "Brev från Grekland": "Osannolik. Olik. Du ser på oss. Vet du inte att det är farligt att verkligen se på en annan människa? Lär du dig aldrig att låta blicken glida, som utefter en blank yta? Se inte på oss, Matheo. Din öppna blick förvirrar oss."

Min mor hade rest tillbaka till Grekland. Jag var kvar i Sverige, och kände mig osäker och ensam. Men jag hade väl egentligen ingen orsak att oroa mig, eller? Jag var ju trots allt statsanställd.

Två år tidigare hade jag, som nyanställd, fått tre middagsinbjudningar från kollegor som alla skrev att deras semestervistelser i Grekland hade varit fantastiska. Senare, när jag försökte kontakta dem som hade bjudit mig mindes ingen vem jag var.

Avsaknaden av arbetsuppgifter, på grund av mobbningen, hade nu blivit mitt "normaltillstånd". Jag väntade på att saker och ting skulle lugna ned sig, men stämningen var ännu väldigt spänd. Jag frågade då kollegan Ulla vad hon tyckte om situationen: "Gå med i facket idag", sa hon.

Samma eftermiddag lämnade jag in en ansökan till min närmaste chef Ruben, för att han skulle skicka in den till fackföreningen. Efter detta skulle det nog bli svårt för dem att slänga ut "apelsinen".

Jag beslöt mig för att avvakta, men att inte slösa bort tiden. Jag hade bestämt mig för att utbilda mig i en annan konstform som jag var intresserad av – filmskapande. Jag hade redan diskuterat mina problem med en god vän, dokumentärfilmaren Eric M Nilsson, som var, och fortfarande är, en frispråkig och självständig själ. Senare gav han mig en Bolex 16 mm kamera så att jag kunde spela in min första kortfilm.

Grafikateljén hade nu flyttat till en annan byggnad som även inhyste filmstudiorna. Kafferasterna hade förlorat sin charm, och en feg tystnad rådde i lokalerna. I januari hade en man som hette Christian börjat hos oss. Vår relation var ganska formell, men jag märkte att inte heller han fick så många arbetsuppgifter. Långt senare fick jag höra, av honom själv, att han hade anställts för att ersätta mig när jag fått sparken – något man räknade med att jag skulle få.

Jag fick brev fyllda med kärlek från min mor. Jag hade inte berättat så mycket för henne om mina svårigheter på arbetet, men hon hade ändå märkt min oro.

Jag trodde att jag nu var medlem i fackföreningen, trots att jag ännu inte hade fått något svar på min ansökan. Jag kände mig sjuk, nedstämd, svag och mitt psyke var plågat, jag tillbringade den mesta fritiden i mitt hem. Den bitterhet och de onda farhågor som den senaste tidens upplevelser hade frammanat gav mig mardrömmar varje natt. Vad skulle morgondagen bära i sitt sköte?

Telegrammet från Grekland var kortfattat: "Idag fredagen den 25 mars 1966 dog din mor av en hjärnblödning. Begravningen kommer att äga rum nu på söndag på Byron's Kyrkogård".

Den lilla kyrkan var full med folk. Sorgsna och även nyfikna ögon betraktade vår lilla familj. På min högra sida satt farmor Giovanna, och på min vänstra moster Loukia. Efter ceremonin omfamnades jag av gråtande människor jag inte kände. De kramade mina händer, kysste mig, och viskade kärleksfulla ord om den dynamiska, outtröttliga kvinna som nu hade lämnat oss, min mor Maria. "Hon fanns alltid där, redo att lyssna, att hjälpa familjer, att hitta arbeten till föräldrar, och att se till att barn fick komma till skolor och sommarläger. Ordföranden i det pan-helleniska kvinnoförbundet... din mor...", hörde jag dem säga.

Jag gick för att ta farväl av min älskade mor, och mina ögon fylldes med tårar. Hennes kista var insvept i blommor, kärlek och röda fanor.

Stolta kvinna, stå kvar där på barrikaderna,
böj dig över ditt barns vagga,
fånga livskraften i dina händer,
fånga kärleken till livet i dina ögon,
och sprid generöst din mänsklighet

Hon lärde mig att älska, att leva livet varje sekund, att läsa Steinbeck, Jules Verne, Dostojevskij, Gorkij, och alla andra bra böcker som vår bokhandlare kom med. Han gick från dörr till dörr, sålde på avbetalning, samlade in månadens betalningar, drack sitt kaffe, och jag fick, vid femton års ålder, ta del av Hemingway's äventyr. Min mor var verkligen en sådan mor som alla skulle kunna önska sig.

Till mitt barn

Mitt hjärtas gröna kvist
Jag vill överösa dig med heligt vatten
och en kärlek större än allt annat
Ack hur jag längtar efter att få söka skydd i din skugga,
dränka mina spruckna läppars törst
i ditt glädjerusigt välsignade vatten
och smörja mina vandringsstavar med din närhet
Efter detta skulle jag vara redo
att vandra ända till slutet

Jag vill

Jag vill springa mot ängarna,
mot ljuset och skönheten
Jag vill sprida över havet
min längtans vita segel

Jag vill stjäla näktergalarnas
himmelska musik
och som en sparv på en gren
sjunga min lovsång till Livet

av Maria K Martzokis

MARIAS BREV

Snälla du, läs igenom hela brevet två gånger! Och bli inte arg!

Älskade barn!

Här kommer mitt svar på dina senaste två brev, som var så bittra, och som gjorde mig så orolig.

Eftersom jag vet hur konstnärer tänker förstår jag din bitterhet över vissa människors småaktighet i dagens samhälle – denna småaktighet är ju så vitt skild från det storsinta konstnärstemperamentet. Småaktigheten är en direkt konsekvens av vår tids kapitalistiska system, och detta system påverkar även konstnärernas liv.

Nu vill jag att du lyssnar på mig som på en vän, inte som på en mor.

Du har under ganska lång tid levt utan umgänge med andra konstnärer, utan kontakt med teatern, utställningar etc. Detta är orsaken till din trötthet; du har inte haft möjlighet att med dina färger uttrycka vad du känner. Kreativiteten inspireras inte bara av passionerad kärlek, utan även av livet självt; den föds som en reaktion på mänsklighetens misstag (med månfärder, krig och så vidare), den gryr hos varje känslig person som ligger ensam i sin varma säng och tänker på de miljoner som dör av hunger. Varje människa borde oroa sig över världens förfall och människors omänsklighet, och varje konstnär borde försöka finna sitt eget personliga uttryck för denna oro.

Att måla bara för din egen skull skänker dig själv tillfredsställelse, men att hämta inspiration från samhället och måla för alla runt omkring dig är ett ansvar som du tar på dig; genom att göra det tydliggör du andra människors liv. Måla de fasor som uppstår ur krig, hunger och främlingskap – då kommer din konst att besjälas och fyllas med mening.

Du bor nu i Sverige, ett kargt och andefattigt land där människorna har kalla hjärtan och är rädda för djupa känslor. Att du lever där är orsaken till att du har tappat livsgnistan och upptäckarglädjen, och det får dig att må dåligt, det såg jag när jag besökte dig för två månader sedan. Livet är ett ständigt sökande, och var och en

måste hitta sin egen sanning. Svik inte dina ideal, för då kommer din konst att förtvina, även om du sliter hårt hela ditt liv. När människor förstår vad du vill säga kommer din konst att få gensvar, men för att uppnå detta måste du lägga alla dina känslor i konsten. Nu är du fast i dina vardagsrutiner - du måste bryta dessa! Svenskar lever bara genom sina rutiner och vanor.

När du försöker följa din utstakade yrkesväg gör ditt inre uppror. Av rädsla för att förlora din materiellt trygga, men själsdödande, position orkar du inte konfrontera trycket från omgivningen.

Om jag ägde din talang, din ungdom och din frihet skulle jag flyga mot mänsklighetens bergstoppar! För närvarande har du, mitt barn, bara satt upp materiella mål, som dyra bilar och åtråvärda flickor. Var inte rädd för sanningen, eller för att rannsaka dig själv! Du är inte ansvarig för det dödläge du har hamnat i, det är landet du bor i som är ansvarig för det. Billigt krams, inget beständigt…

Du måste slita dig loss ur fällan, frigöra dig från konsumtionssamhällets och de sociala konventionernas bojor! För varje konstnär kan bara utgå från sin egen själ när han skapar. När du väl har tagit det första steget kommer du att springa, att flyga, och uppnå den frihet som finns bortom sociala konventioner, politiska system, och ett ombonat livs bedrägliga bekvämlighet..!

Kärleksfulla hälsningar

Din mor

Jag läste detta brev från min mor när jag kom tillbaka till Sverige igen tre dagar efter hennes begravning.

VEM ÄR INTE MED I FACKET?

April 1966

"Vem är inte med i facket? Upp med händerna ni som inte är med."

Siv var sekreterare i fackföreningen, och hennes fråga kom oväntat. "Nu börjas det…", tänkte jag, böjde ned huvudet, började rita en figur på ett papper, och sneglade samtidigt åt hennes håll utan att vända på huvudet. Jag hade ringt upp henne samma morgon, och frågat varför jag inte fått något svar på den medlemsansökan som jag hade skickat in till fackföreningen fyra månader tidigare. Jag hade inte sovit på hela natten. När jag kom tillbaka från Aten efter min mors begravning sjukskrev jag mig på grund av depression. Bara tanken på att återigen utsättas för min chefs psykologiska mobbning gjorde mig galen. Detta var början på en mycket svår period i mitt liv, en period fylld med melankoli och djupa besvikelser.

Jag började morgonen med att lyssna på musik av Theodorakis och Hadjidakis, sedan tog jag fram papper och penna och tecknade figurer som jag alltid bar med mig inombords. Sakta fylldes min själ av solsken och färger, av havsvågor och måsars skrin, av förstulna blickar och minnen – ja, allt detta intog min kropp tillsammans med en värme. De svarta molnen skingrades, jag tyckte mig sitta och måla på en stentrappa i någon liten by på en vitkalkad ö, bredvid mitt alter ego Minotaurus, min älskade vän Penelope, samt flera andra andeväsen som skapades i min hjärna.

Varje eftermiddag trängde sig dock verkligheten på igen, nu var jag alldeles ensam, jag höll på att förlora mitt jobb min mor var borta. Mina ögon fylldes med tårar, jag skrev ned mina tankar i brev till mina vänner – brev som jag aldrig skickade.

"Ditt misstag är att du inte föddes i Sverige…", sa någon till mig en gång. Jo, tack för att ni tog emot mig, men bara en fri själ kan förändra tillvaron, röra upp vågor, och vara kreativ!

"Varför räcker du inte upp handen, Matheo? Är du medlem i fackföreningen?"

ropade Siv åt mig.

"Okej", tänkte jag, "det är nu eller aldrig." Så jag svarade: "Naturligtvis", och fortsatte rita.

"När lämnade du in din ansökan?"

"I februari."

"Till vem då?"

"Till Ruben."

Jag tyckte nästan synd om Ruben när jag hörde honom mumla:

"Ja... jag skickade den vidare... den måste ha kommit bort..."

"Kommit bort..?!" upprepade Siv ironiskt, och gav mig en ny ansökningsblankett där och då.

"Fyll i den här nu så blir du genast medlem", sa hon, och stirrade på Ruben.

"En arbetares seger", tänkte jag, såg på mina kollegor med en känsla av triumf, fyllde i blanketten och drog ett djupt andetag av lättnad.

Knappt hade Siv gått nedför trapporna innan min telefon ringde. Det var verkställande direktören, Tore Ljungberg. Han gick rakt på sak.

"Har du bestämt dig för när du ska sluta hos oss?" frågade han med lätt ironisk röst.

"Jag blev just medlem i facket", svarade jag.

"Det finns många människor i det här landet som skulle vilja ha ditt jobb", skrek han då, och slängde på luren. En vecka senare förflyttades jag till avdelningen som skötte målandet av kulisser och möbler, och en ny prövningens tid började. Jag målade stolar, dörrar, väggar och bakgrunder. En månad efter min förflyttning började en tre månader lång förhandling mellan företagsledningen och fackföreningen för att avgöra mitt öde. Jag fick aldrig redan på orsaken till mobbningen, inte ens fackföreningens förhandlare berättade för mig varför ledningen ville avskeda mig. Fem år senare kallade säkerhetspolisen mig till ett tre timmar långt förhör... historien tar aldrig slut.

När jag förflyttades till avdelningen för kulisser och möbler i april 1966 bad jag att få gå en dekoratörskurs, men det nekades mig. Och var detta verkligen vad jag drömde om att göra?

Trots mobbningen hade jag lyckats göra en hel del. Med Eric M Nilssons kamera, och med stöd från Lennart Ehrenborg, hade jag spelat in tre kortfilmer. Var min dröm verkligen att bara överleva och kämpa för materiella saker? Eller var det att leva i nuet, börja om livet från början igen, vara kreativ, och berika min själ?

Idag, onsdagen den 9/1 2013.

Kallt, -2 grader. Jag vaknar på gott humör, trots att himlen är grå med bara en liten strimma sol och en strimma havsblått i väster. Jag ler utan någon särskild orsak. "Detta kommer att bli en bra dag, jag kommer att se glada ansikten, möta nya vänner", tänker jag, och sätter kurs mot den vegetariska restaurangen. Där väntar Brigitte på mig. Brigitte är en gammal flamma som blivit en god vän. Hon är hängiven buddhist och vegetarian. Restaurangens atmosfär är lugn, det är inte många kunder där, vi kramas och pussas, den indiska maten är som alltid god. Restaurangens ägare kommer ut från köket, och som vanligt börjar vi prata, om mänsklighetens villkor, om egoismen, orättvisorna, korruptionen, rasismen, girigheten, miljöförstörelsen.

"Och vem bär ansvaret för allt detta? I det förflutna och även idag?"

"Alldeles uppenbart mannen", sa jag, och lade till med högre röst: "Mannen har i årtusenden mördat kvinnor och barn, våldtagit och förslavat. Han har förstört naturen med sin girighet och sina krig, och kvinnan är fortfarande hans slav... vem bär ansvaret?"

En ung, svarthårig kvinna som satt till vänster om mig applåderade uppskattande mina ord.

"Äntligen någon som vågar säga som det är", ropade hon, "tack, du har helt rätt, ingen vågar säga sanningen... ingen", och så frågade hon: "Kan jag sätta mig hos er?", och flyttade över till vårt bord.

På min högra sida satt Brigitte och på min vänstra den nya bekantskapen Helya från Iran, mitt emot satt min gode vän Essan, en ingenjör, även han från Iran, och diskussionen fortsatte. Vi sveptes in i våra tankars, vår förståelses och vår kärleks varma gemenskap när mörkret föll. Denna dag log mot mig, jag såg glada ansikten, mötte nya vänner... och snart är det vår!

105

FRI

Idag ska jag fortsätta min monolog, tänkte jag, men som alltid finner jag sedan en ursäkt för att skjuta upp skrivandet. Hindras mina tankar av mina bittra minnen? Tror jag att vårsolen kommer att börja skina snabbare om jag undviker mitt förflutnas mörker? Skrämmer mig de minnen som ibland tränger sig på? Eller är det mitt behov av att teckna, måla och att ta till mig omvärlden som gör att jag känner mig pressad när jag ska sätta mig ned och skriva?

Jag har bråttom, förstår ni. Jag har bråttom, och jag är rädd. Jag kommer inte att hinna fylla så många sidor med text…

Jag ska fråga spegeln om råd, tänkte jag.

"Häll upp en ouzo", sa den, och jag gjorde som den sa.

"Häll upp lite mer i glaset, med tre isbitar, det hjälper… för att konfrontera isen inne i dig själv."

"Du har rätt", sa jag, och här är jag nu, äntligen fri igen!

Året led mot sitt slut, och det gjorde även min energi. Var tredje månad ägde ett nytt möte rörande min framtid på jobbet rum. Varje gång utan resultat.

För några veckor sedan, när jag gick med i facket, förflyttades jag till dekor-avdelningen. Jag bad om att få bli utbildad till scenograf, men då svarade chefen: "Det finns många svenskar som skulle vilja ha din plats", och så la han på luren.

Jag kände att jag måste göra något, skulle jag börja spela in filmer? Jag hade ingen erfarenhet eller kunskap om detta, det enda jag hade gjort var några sketcher för att utveckla en idé jag fått under min tid i Tyskland. En dag såg jag en dokumentärfilm av Eric M Nilsson, som ju är en respekterad filmmakare. Nästa dag ringde jag upp honom - vi arbetade i samma byggnad - vi träffades, utbytte åsikter, blev vänner. Jag berättade för honom om mina svårigheter, och om den mobbning jag utsattes för. Han ville hjälpa mig att komma vidare, och föreslog att jag skulle låna hans lilla 16mm-kamera, och några filmrullar som han hade liggande. Under lunchrasten lärde jag mig hur jag skulle använda kameran, och hur jag skulle redigera – dessa var de första stegen mot en ny karriär för mig. Sju år senare gjorde Eric M Nilsson ett starkt intryck när han medverkade i min film "Mina år i Sverige" (1974).

Jag spelade in tre kortfilmer som Lennart Ehrenborg, Erics närmaste chef, gillade mycket. Två av dessa står sig än idag.

"Lunchen" (1966). Till denna film hämtade jag inspiration från mitt eget liv. En tjänsteman känner hur han börjar mobbas, hans chef skäller hela tiden på honom. Under en lunchrast går han till Nationalmuseet för att fördjupa sig i konsten, och för att förhöja sin egen sinnesstämning. Men chefen är hela tiden i hans tankar. Det resulterar i ett tio minuter långt museibesök, skildrat med parallella bilder, humor, och överraskningseffekter. Huvudrollen spelades av min kollega och vän Ted Ström, som var både grafiker och sångare. Vi gjorde filmen på tre lunchraster - vi promenerade omkring, filmade och filosoferade. Under de följande dagarna redigerade jag filmen, med Erics hjälp.

Denna min någorlunda lyckosamma start som filmmakare fick Lennart Ehrenborg att erbjuda mig möjligheten att göra min första dokumentärfilm. Idén var att jag skulle låna en kamera under sommarsemestern och göra en film om de grekiska kompositörerna Hadjidakis och Theodorakis. Jag skulle naturligtvis få betalt, eftersom jag ju fortfarande hade fast anställning som grafiker vid Sveriges Television.

Min glädje över detta projekt varade inte länge. Några dagar senare, den 21 april 1967, övertog en militärdiktatur makten i mitt hemland. Då gick vi än en gång ut på gatorna för att protestera, liksom vi skulle komma att göra fler gånger i framtiden. Många, både privatpersoner och politiker, tog ställning mot militärjuntan. Olof Palme var en av dem. Han var en sällsynt sorts politiker, stark och ärlig. Han talade sanning, och var ingen anhängare av den tystnadens och feghetens politik som rådde, och råder, i detta land.

Jag anslöt mig till demonstrationerna, men bar alltid med mig mina drömmar om att skapa film. Demonstrationstågen var stora, med mängder av folk, svenskar och greker tillsammans, slagord och banderoller fyllde gatorna. Vi sjöng och marscherade mot Sergels torg, tätt tillsammans, bröder och systrar förenade i samma kamp.

I ett demonstrationståg gick jag bredvid Ingemar och Sylvia som sommaren därpå skulle komma att bli huvudpersoner i min nästa kortfilm. När demonstrationen var över pratade vi om livet, och om hur allting hade vänts upp och ned. Jag berättade för dem om den Greklandfilm som jag nu inte kunde spela in, och även om en annan av mina idéer, som ännu inte hade något manus, en dunkel idé om individens frihet. Jag hade en kamera och några filmrullar, detta var ett gyllene tillfälle för mig, ett tillfälle som nog aldrig skulle återkomma.

"Kom till Malmön, där kan vi hjälpa dig", sa Ingemar och Sylvia. Semestern hade börjat, och de skulle nästa vecka åka till den lilla ön där Ingemars far var präst, jag åkte med.

Det blev några oförglömliga dagar, jag lärde mig mycket hos mina nya vänner. Jag var fri, hade inget manus, och "Fri" blev även filmens titel. Två unga människor startar en livsresa i en båt. Under denna symboliska resa lär de sig mycket om kärlek, medkänsla, solidaritet, kamratskap, och när denna kunskap sedan äntligen gjort dem fria överger de konsumtionssamhället, våldet och aggressiviteten för alltid. Elva minuter fyllda av tankar och attityder vars äkthet jag då kunde känna djup inne i mig själv – och fortfarande idag känner jag samma sak.

Ingemar Rhedin var redan då en stor vän av grekisk poesi och litteratur. Han hade översatt och introducerat många grekiska poeter i Sverige. Senare i livet översatte han Elytis, den grekiske poet som 1979 fick Nobelpriset i litteratur.

I början av oktober hölls ett nytt möte för att avgöra min framtid (eller avsaknad av framtid) vid Sveriges Television. Vid samma tidpunkt fick jag höra något som jag tyckte lät lovande. Inför starten på en ny TV-kanal skulle man anordna ett uttagningsprov för producenter och regissörer. Jag ansökte genast om att få vara med, och väntade sedan ivrigt på besked…

Till slut kom dagen då provet skulle genomföras. Först fick jag träffa psykologen Åke Bertil Johansson, ett möte som var nödvändigt enligt amerikansk metodik. Vi pratade länge, även om mobbningen och den svåra tid jag gick igenom. Han lyssnade uppmärksamt.

Jag hade ju inga formella filmstudier bakom mig, så min kunskap om filmskapande var helt empirisk. När jag spelade in de två kortfilmer jag då hade gjort hade jag själv skött både inspelning, ljudläggning och redigering. När det var dags för det skriftliga provet tänkte jag att det nog skulle vara bättre för mig att utnyttja min talang för att rita, i stället för att använda ord. Så jag svarade på de flesta frågorna med teckningar, åtföljda av väldigt sparsamma förklarande texter.

Sedan följde flera dagars otåligt väntande. Det skulle dröja tio dagar innan jag fick veta hur jag hade klarat provet. Tänk om det inte hade gått bra, vad skulle då hända...? Ett nytt möte om min framtid på jobbet var tredje månad, inget skulle någonsin klaras upp, och jag skulle bli tvingad att måla möbler, golv och väggar igen tills jag inte stod ut längre, och begärde frivilligt avsked, precis som min chef ville.

En dag knackade jag på psykologens dörr igen, och stod sedan med sänkt blick framför hans skrivbord.

"Sätt dig", sa han, och så öppnade han en mapp, utan att fråga mig varför jag hade kommit.

"Det var 2000 sökande", sa han. "2000!" Ja ja, då har jag ju ingen chans, tänkte jag, nu är det kört.

"Tävlingen var ju rikstäckande, och bara 88 valdes ut", fortsatte han.

"Vad kommer han nu att säga?", tänkte jag, och väntade nog bara på frågan: "Något annat jag kan göra för dig?"

Men efter en kort paus, och med ett litet leende på läpparna, sa psykologen i stället:

"Grattis! Du klarade provet, du var en av de tio bästa!"

15/1 2013. Idag har det snöat konstant ända sedan tidig morgon. För två dagar sedan firade jag min födelsedag. "Jag längtar efter liv, efter sol, efter att något ska hända!" skrev jag till mina vänner i inbjudningarna till födelsedagsfesten. Vi samlades på eftermiddagen hemma hos mig, åtta vänner som känt varandra länge. Vi öppnade fyra flaskor champagne, åt meze och tzatziki à la Matheo, och pratade om allt mellan himmel och jord. Det blev en oförglömlig kväll.

BÖRJAN

"Grattis! Du klarade provet, du var en av de tio bästa!"

Okej, nu skulle alltså en ny väg öppna sig för mig, bortom mobbning och meningslösa möten, nu skulle jag kunna skapa min egen framtid!

Sedan nio månader tillbaka var Grekland en diktatur. Den sociala och politiska situationen där var av stort intresse för svensk media. Utbildningen jag sökt till skulle starta i april, alltså inom några få månader. Under tiden fram tills dess hade nu, oväntat nog, ett intressant ämne som jag ville skildra dykt upp: Den grekiske kungen hade flytt till Storbritannien efter ett misslyckat kuppförsök, och han hade därmed lämnat sitt hemlands samtid och framtid i militärjuntans händer. Han skulle aldrig komma att återvända. Samtidigt gick många politiker från olika partier, journalister, konstnärer och skådespelare i frivillig politisk exil i Paris och London.

Efter dessa händelser var journalister som talade grekiska, och som kände till landets sociala problem, eftertraktade i Sverige. Ända sedan slutet av 1960-talet bodde många greker i landet – de hade flyttat hit av politiska eller ekonomiska skäl, och de var en välkommen, om än ganska tystlåten, minoritetsgrupp. Turismen hade skapat en gynnsam och positiv bild av Grekland i svenskarnas sinnen. Nu gick det grekiska samfundet i Sverige samman för att protestera mot militärjuntan, de inflyttade grekerna demonstrerade sida vid sida med svenska medborgare och politiker.

Då tänkte jag att detta var ett utmärkt tillfälle för mig att göra en film om de greker som flytt till Paris, innan min utbildning började. Politiska dokumentärfilmer är och förblir ju mitt sätt att stödja kampen mot allt slags förtryck.

Den grekiska diktaturen skildrades under flera månader i programserien "Reflex" på SVT – redaktionschef var Ivar Ivre, och programledare Hans Dahlberg. Jag bad om ett möte med redaktionen, la fram min program-idé, och fick deras godkännande. Men sedan dök det upp ett hinder. Jag var ju fortfarande anställd som grafiker, och enligt företagets byråkrati och praxis kunde jag då inte arbeta som frilansande reporter. I vissheten om att jag i april 1968 skulle påbörja min formella producent-utbildning, och att jag sedan skulle kunna få anställning både som producent och regissör, sa jag då upp mig från min tjänst. Jag fick den avtalsenliga ersättningen för detta, och så sa jag till Ivar Ivre, som såg lite förbryllad ut:

"Jag vill inte ha betalt för mitt arbete i Paris. Jag har ju mitt avgångsvederlag, och det räcker alldeles utmärkt." Det enda jag begärde var utlägg för mina resor, och för hyran av en Éclair-kamera och en Nagra-bandspelare – två saker som jag aldrig hade använt förut – och dessutom film, spotlights m m. Ivar och Hans såg på varandra, de tyckte uppenbarligen att deras nye filmregissör var väldigt entusiastisk, men kanske något naiv. Men jag stod på mig, vi skakade hand, och de önskade mig lycka till med min första dokumentärfilm. De var två fina reportrar, och dessutom ärliga och uppriktiga kollegor, som senare skulle göra det möjligt för mig att spela in mer än femton dokumentärfilmer, och att resa över hela världen. Jag lärde mig mycket av dem.

Det var så detta projekt började för mig, och för min nya kärlek Ulla, som jag sedan skulle komma att hänga ihop med i fyra år. Jag agerade reporter, kameraman och ljudingenjör. Hon skötte bandspelaren, och bidrog med sina kunskaper i det franska språket. Vi spelade in i femton dagar, intervjuade författare, poeter, politiker, skådespelare och journalister.

Denna, min första dokumentärfilm, visades i programserien "Reflex" på SVT den 10 januari 1968. Den påannonserades av Hans Dahlberg. Filmen blev en framgång, redaktionen gillade den, många tittare visade sin uppskattning, och den fick goda recensioner.

Inom en månad var jag sedan på väg igen. Den här gången skulle jag träffa den radikale studentledaren Rudi Dutschke och hans kamrater i det vänsterradikala studentförbundet SDS (Sozialisticher Deutscher Studentenbund) i Berlin...

EN LÅNG RESA BÖRJAR MED ETT LITET STEG

Ett ljus för att leda mig i mitt sökande.

Solen, månen, himlen, en blomma – något som hjälper mig att klättra in i mig själv, och att där försöka finna ett ledigt hörn för mina tankar. Där i mitt inre blandas de olika kulturer som skapat mig.

För ett kort, flyktigt ögonblick ser jag mig själv en ljus natt 1968.

"Vart är vi nu på väg?" frågar min spegel.

Jag smålog åt spegelbilden.

"Du frågar som om du inte visste."

"Varför kan du inte bara se på nutiden, duger den inte åt dig?"

"Jag är trött och utled på detta färdigförpackade samhälle, detta mobiltelefonernas och de snabbt urdruckna kaffemuggarnas samhälle. Jag vill andas, återuppleva de gångna tider som var så fulla av drömmar, de tider då jag själv började upptäcka världen."

"Och hittade du något i dina papper?"

"Vi läste ju dem tillsammans, har du glömt?"

"Lugna dig nu, och sluta att bara helt slött minnas människor och situationer i det förflutna, sätt dig i stället och skriv ned det du tänkte innan du somnade igår kväll."

Ja, vad tänkte jag då? På min resa förstås, den som började med ett litet steg för 46 långa år sedan, och på vad det var som fick mig att påbörja denna resa.

"Historien...", viskade min älskade Lena igår kväll, "Visste du att man förberedde byggandet av koncentrationsläger för judar i Sverige under andra världskriget?" Och så fortsatte hon tveksamt, som om hon inte riktigt ville tro på det hon läste: "Och de planerade att sända judar till Auschwitz om Hitler skulle förklara krig mot Sverige."

"Men... när då?... var läste du detta?"

"I den här boken om Göring, som ju var nära vän med flera överklasspolitiker här i Sverige, och även med några av våra prinsar! Detta fick vi aldrig läsa om i skolan... aldrig...".

Hur många gånger hade jag inte tänkt på detta när jag läste böcker om ett lands historia, skrivna av historiker som inte lät sig styras av vedertagna sanningar och konventioner?! På praktiskt taget varje sida brukade jag då finna fakta som hade utelämnats i skolornas historieböcker, fakta om obekväma sanningar, om händelser som smutsade ned landets glättiga bild av sig självt. Naturligtvis gjorde de fina familjerna, kyrkan, skolan och det politiska etablissemanget sitt bästa för att dölja historiens mörka fläckar. Och protesterade folket i något land någonsin mot den historieförfalskning som landets egna statsapparat gjorde sig skyldig till?

Kommen så långt i mina funderingar hörde jag än en gång spegelns röst:

"1968... har du glömt?... du skulle spela in en film... Minns du ditt förslag till Sveriges Television om en dokumentär om tyska studenter vid Det Fria Universitetet i Väst-Berlin? Vad stod det nu i den där artikeln i Der Spiegel?"

"Unter den Talaren Muff der Tausend Jahren." Under professorernas kappor döljs tusen års skamligheter.

Min film skulle fokusera på SDS', den tyska studentrörelsens, socio-ekonomiskt viktiga närvaro i Väst-Berlin.

Nu måste jag sätta igång och skriva...

2013. Växterna på den lilla gården vid huset där jag bor på Södermalm i Stockholm står i blomning. Vi är på väg in i september. När natten faller ska jag sätta mig vid min dator, och förflyttas tillbaka till Berlin. Jag vill lyssna på Rudi Dutschke, utbyta tankar med min gamle vän författaren Günther Herburger, möta studenter och professorer vid Det Fria Universitetet.

Det var en oförglömlig tid, vild, fylld med protester, med nyfascistiskt våld från statsmaktens sida, men också med idéer om en ny värld. Studenterna vid Det Fria Universitetet gjorde sig fria från den hjärntvätt som de utsatts för från sina familjer och från de statliga medierna efter kriget. De började ge uttryck för sina tvivel rörande den samhällsstruktur som växte fram, och sin vrede över att skolorna undvek att förmedla vissa historiska sanningar. De protesterade mot de diktatoriska utbildningsmetoder som etablissemanget tvingade på dem, distanserade sig från sina familjebakgrunder och från Staten, som vid den här tiden utnämnde universitetsprofessorer med nazi-bakgrund.

Studenterna vid Det Fria Universitetet anordnade seminarier, tog politisk ställning, föreslog universitetsreformer, genomförde själva dessa reformer, och undergrävde på så sätt professorernas exklusiva auktoritet.

"När ska du resa till Berlin?"

"Så snart som möjligt", sa jag till Ivar Ivre när han och Hans Dahlberg frågade mig om mina planer.

"Jag har bara en månad på mig för att spela in, sedan börjar mina lektioner vid filmskolan", tillade jag.

Därefter skulle jag börja Sveriges televisions utbildning i filmregi och -produktion. Efter genomgången kurs skulle jag bi återanställd som filmregissör.

"Och du tänker resa själv?" frågade Ivar nyfiket, och lite skeptiskt.

I mina optimistiska tankar bortsåg jag från den tunga Eclair-kameran, Nagra-bandspelaren, de trettio filmrullarna och min resväska – allt detta som jag skulle bära alldeles själv... Fylld med energi och en gnutta galenskap viskade den nybakade producenten/filmregissören med ett leende:

"Jag klarar mig."

Sanningen var den att jag skulle göra allt för att få resa ut i den värld som jag hade hört talas om, som jag hade läst om, och som jag hade sett på avstånd; jag skulle göra allt för att ta denna värld till mig, och bevara den inom mig för all framtid.

En lång resa börjar med ett litet steg

Jag reste till Väst-Berlin den 3:e mars 1968, väl medveten om att mitt syfte med denna resa inte bara var att beskriva och belysa den pågående händelseutvecklingen där, utan även att själv ta till mig och förstå dessa händelser. Jag ville förstå och beskriva de förändringar som dessa studenter krävde, och hur skapandet av det de kallade Det Kritiska Universitetet, hade gått till. Det var en ungdomsrörelse som försökte finna en politisk väg för att lösgöra sig från det hårda grepp som kapitalismen, nyimperialismen och den ny-fascistiska undervisningen höll samhället i.

"Vi har inget att göra med Östtyskland, vi är totalt oberoende av DDR", ropade studenterna i SDS. "Dagens fascism existerar inte bara på individ-nivå, utan den finns i alla sociala institutioner, hos universiteten, hos olika organisationer, i statsapparaten, och den har sin grogrund i undervisningsväsendet, hos våra föräldrar, våra skolor, hos Staten själv…".

Varje politisk demonstration i Västtyskland möttes av ett omedelbart och brutalt polisvåld. Demonstrationer pågick överallt – mot Vietnamkriget, mot det av staten sanktionerade polisvåldet, mot massmediegiganten Axel Springer.

Ungdomsrörelsen var på fötterna. Vid universitetet i Berkeley försökte 10 000 studenter stoppa inkallelserna till Vietnamkriget, och i Väst-Berlin tog studenterna i SDS ställning mot senatens beslut att bjuda in en diktator – shahen av Iran – till landet. Vid en jättelik protestmarsch med anledning av denna inbjudan konfronterade studenterna shahens säkerhetsvakter, som gick till angrepp med långa träpåkar. Och inte nog med det; studenterna utsattes även för polisens rent omänskliga våld – de kallades för "bråkstakar", och polisen försökte inte bara skingra skarorna, utan slog även studenter som redan låg på marken. Det var vid detta tillfälle som polismannen Karl-Heinz Kurras dödade studenten Benno Ohnesorg med ett skott mot huvudet när han redan var medvetslös efter att ha mottagit flera slag.

Regeringen, parlamentet, senaten och tidningspressen såg genom fingrarna med det blodiga bemötandet av studenternas protester. Först senare tvingades staten erkänna att övervåld hade förekommit.. Men då var det redan försent. Då hade protesterna spritt sig som en löpeld över hela landet, till hela studentsamfundet och hela vänsterrörelsen. Man arrangerade debattmöten och protestmarscher, och alla studenter i Västtyskland kände att mordet på Benno Ohnesorg angick dem. Snart, bara två månader senare, skulle oroligheterna och barrikaderna på Paris' gator skaka om hela Europa.

Jag hade just landat i Väst-Berlin. Georg von Rauch väntade på mig på flygplatsen. Han var student, tillhörde SDS, och var vän till en av mina studiekamrater vid konstskolan i Offenbach.

"Hur mycket tänker du ta betalt?" frågade jag den skäggige och långhårige studenten.

"Jag vill bara ha en överrock", svarade han med ett leende. Och på så sätt slöts vårt samarbetsavtal.

Nästa dag köpte jag en överrock till Georg, vädret var fortfarande ganska kallt. Han skulle hjälpa mig att komma i kontakt med både kända och inte så kända studentledare och universitetsprofessorer. Några månader tidigare hade Georg lämnat säkerheten hos sin familj i Kiel, i protest mot att hans far, trots sitt förflutna inom den nazistiska rörelsen, hade fått en professorstjänst vid det lokala universitetet. Sådant var ganska vanligt förekommande i Västtyskland eftersom de allierade efter Tredje Rikets fall inte gjorde så mycket för att av-nazifiera landet. Och det var orsaken till att studenterna skrev ett uttalande som publicerades i Der Spiegel, "under professorernas kappor döljer sig tusen års skamligheter".

När han lämnade sitt hem tog Georg bara med sig en sovsäck och en skrivmaskin. När jag träffade honom sov han i SDS's kontorslokaler, som var inhysta i ett fallfärdigt hus med tydliga spår efter andra världskrigets bombardemang. Byggnaden var ett typiskt exempel på statliga myndigheters fascistiska arkitektur.

Från den dagen växte mina kontaktytor med studenter, professorer, författare, och den minoritet av andra intellektuella som kunde förstå och reagera mot politikers och "Springer-journalisters" påstådda ovetskap om att många myndighetsanställda hade nazi-bakgrund. Min vän Georg guidade mig runt överallt.

Rummet var grått, och väggarna var fulla av meddelanden. Sex studenter, och däribland Rudi Dutschke, satt runt ett bord. Jag minns ännu tydligt deras ord, och hur deras argument slog rot inom mig. Jag hade ställt en mikrofon på bordet, lagt Nagra-bandspelaren på golvet, och bar 16mm-kameran på axeln. Så började jag spela in.

De berättade om sina bekymmer och sin oro, som senare skulle visa sig vara befogad. De var unga människor med framtiden framför sig, och de försökte se ljust på tillvaron, trots alla svårigheter. De ville leva i en värld utan nazism, utan förtryck, utan krig som det som just pågick i Vietnam, utan exploatering av Tredje Världen eller utsugning av arbetarklassen, utan rasism och utan anti-semitism.

"Fascism är inte ett politiskt parti", sa Rudi Dutschke, en dynamisk ung student, och en av rörelsens ledare, "fascism finns överallt, i religioner, i pressen, i sociala umgängesregler, i utbildningsväsendet. Springer's press kallar oss dagligen för en förlängning av den östtyska kommunismen. De försöker vända bort

116

uppmärksamheten från det våld som samhället utsätter oss för, och därmed även från våra argument om vilka de verkliga sociala och politiska problemen är."

Vi talade i många timmar, och jag ville att det aldrig skulle ta slut. Jag hörde tankar och idéer uttryckas som delades av många i Stockholm. De hade drömmar om fred och social rättvisa, och jag undrade om dessa drömmar skulle gå i uppfyllelse i Västtyskland.

Det samhälleliga våld som Rudi var rädd för drabbade snart honom själv. Min film visades på svensk television den andra april. Nio dagar senare, den elfte april, sköt Josef Bachmann två kulor mot huvudet på Rudi Dutschke. Rudi sårades allvarligt, och dog senare av skadorna. I Bachmann's fickor hittade man en ny-nazistisk tidning daterad den 22 mars, med huvudrubriken: "Döda Rudi Dutschke, annars kommer ett inbördeskrig att bryta ut i vårt land".

Den första person jag besökte var professor Jacob Taubes. Han undervisade vid Berlins Fria Universitet, och representerade en liberal grupp med professorer som sympatiserade med en del av studenternas krav. Medan han rökte sin pipa delgav mig professorn med lugn röst sin syn på SDS.

"Mordet på Benno Ohnesorg startade en spontan våg av protester från liberala professorer, journalister, och intellektuella. På universiteten började även konservativa studenter göra uppror och ifrågasätta hela systemet, och då kan man ju undra om de plötsligt blivit marxister. De använder inte den traditionellt marxistiska terminologin, utan snarare Tredje Världens, Che's och Mao's terminologi, de definierar inte ens sig själva som marxister, utan vill bara göra oss uppmärksamma på att de har vaknat upp ur den traditionella statliga undervisningens dvala, att de har börjat bekämpa de fascistiska kvarlevor som efter kriget nu återigen hittat in i hjärtat hos det demokratiska Tysklands institutioner, universitet och statliga myndigheter. Fram tills nu har de inte hittat de riktiga kontaktvägarna till medelklassen, de har använt ett aggressivt språk som bara understrukit hur de skiljer sig från samhället."

Han hade en positiv syn på Det Kritiska Universitetet, men han var besviken på studenternas vägran att samarbeta med gruppen av liberala professorer.

Sedan kom turen till professor Wolfgang Abendroth. I trädgården vid hans lilla hus gav han uttryck för sina åsikter om den studentrörelse som skakade universiteten i

Väst-Berlin och även på andra orter med sina progressiva idéer. Medan han rökte och skådade med blicken i fjärran talade han med beundran om studentrörelsen.

"Sedan en tid tillbaka har protesterande röster hörts, röster som påpekat att trots att teknologin utvecklats så har samhällsutvecklingen avstannat, och demokratin har gradvis börjat nedmonteras. Gamla fascistgrupperingar har börjat infiltrera det sociala systemet. Studenternas protester var de första dynamiska reaktionerna som störde dessa ny-fascistiska strukturer. Studenterna upptäckte att en professors ställning fortfarande var beroende av de regler som gällde under undervisningsväsendets fascistiska förflutna. För första gången sedan 1945 ifrågasätts nu de professorer som utnämnts av den diskrediterade fasciststaten."

Springer-koncernens jättelika byggnad reser sig bara några få meter bort från den notoriska Berlinmuren. En stad, två världar. För att ge de östtyska vakterna total kontroll över muren och dess omgivningar finns det inga hus eller träd på den yta som skiljer de två världarna åt.

Jag gick upp på husets terrass för att ta några filmvyer, och riktigt kände hur ödsligt området på andra sidan muren var. Fotgängarnas silhuetter där var lika gråa som de omgivande byggnaderna. Denna gråhet var även närvarande inne i detta gigantiska palats som tillhörde den tyska pressens kejsare. Servitriser i vita förkläden och mössor, målningar på väggarna, en bar med en bartender i formell uniform som serverade whisky – hela inredningen gav ett intryck av nyrikedom.

Jag försökte få till en intervju med ägaren, men han hade inte tid. Då pratade jag med direktören, som beskrev koncernens ställning på mediemarknaden för mig. Man hade 72% av pressen i Väst-Berlin och 30% av pressen i hela Västtyskland, och gav ut många prominenta tidningar som Die Welt, Bild Zeitung, Berliner Morgenpost, Hamburger Abendblatt, liksom många publikationer för barn. Axel Springer dominerade den västtyska pressen.

Tidigt på eftermiddagen startade jag min resa mot Thüringen, där professor Ernst Bloch väntade på mig. Han hade lämnat DDR några år tidigare, när Berlinmuren just hade börjat byggas. När vi talades vid i telefon hade jag frågat honom om han ville säga några ord om Det Kritiska Universitetet. Jag hade även, med viss tvekan i rösten, frågat om vi skulle kunna träffas på en gång när jag anlände på kvällen, eftersom han dagen därpå skulle arbeta vid universitetet. Han sa att det inte var något problem, så vi bestämde att jag skulle åka direkt hem till honom.

När jag körde dit var vägen täckt av ett tunt lager snö, vilket ju inte alls är ovanligt under den tidiga vårsäsongen. Jag, som var van vid de betydligt hårdare väderförhållandena längre norrut, skrattade lite, men reducerade ändå hastigheten.

Jag kom fram tidigt på kvällen, blev mottagen av professorns fru, och fick en kopp kaffe. Professor Bloch satt i sitt arbetsrum. Med bordslampan tänd för min kameras skull höll han en kort men innehållsrik monolog.

"Du frågade mig om Det Kritiska Universitetet, men jag har inte så mycket att berätta för dig om det. Det är en viktig verksamhet som bedrivs av den utomparlamentariska oppositionen med stöd av SDS, mestadels i Väst-Berlin. Ändamålet är att kritiskt granska historiska texter, både sådana som förekommer idag och sådana som förekom tidigare, och även att undersöka möjligheterna att ändra dagens auktoritära sätt att undervisa. Det Kritiska Universitetet kommer att inspirera studenter till att ifrågasätta texter innan de accepterar dem, och kommer även att avskaffa den gammalmodiga pedagogiken. Det här är något som vi borde välkomna och uppmuntra, och när de statliga universiteten följer detta exempel kommer det inte längre att finnas något behov av två olika universitetssystem."

Så avslutade professorn sin monolog, och log mot sin trötte utfrågare, som den här natten fick sova i det gästrum som professorns fru hade förberett.

Väst-Berlin: Jag hade pratat i telefon med författaren Günther Herburger, men hade vid den här tidpunkten inte läst någon av hans böcker. Nu åkte jag i en liten hiss upp till tredje våningen i hans hus för att intervjua honom. Trogen Cinéma Vérité's dogmer stod jag med kameran på axeln, vänd mot den automatiska dörren, redo att överraska honom med ett "God morgon!". Hissen når tredje våningen, dörren öppnas och kamerans öppna lins fylls av Günthers leende ansikte som ropar "Willkommen Alter Schwede!" Min artige värd hade rusat fram för att välkomna mig innan jag ens hade korsat tröskeln! Vi skrattade, våra hjärtan öppnade sig, en glädjefull stämning infann sig, och vi påbörjade där en vänskap som står sig än idag.

Minnet av mitt möte med Günther fick mig även att minnas bakgrunden till mina upplevelser fram till nu. Efter den politiska överenskommelsen i det västtyska parlamentet mellan de tre stora partierna SPD, CDU och FDP gick möjligheterna till en effektiv opposition till spillo. Det var orsaken till att en utomparlamentarisk opposition organiserades, baserad på den politiska hållning som SDS och olika politiska partier på vänsterflanken intog. Universitetsreformen, samhällets behov av information, parlamentets aktioner och reaktioner på kriget i Vietnam, svälten i Tredje Världen – dessa var några av de företeelser som den utomparlamentariska oppositionen och studentrörelsen ställde frågor om. Myndigheterna i Väst-Berlin öppnade inte upp för en dialog när de kritiserades av de oppositionella studenterna, utan bemötte i stället kritiken genom att utsätta studenterna för ett kraftigt polisövervåld och, ännu värre, genom att sprida desinformation och hånfulla tillmälen som kommunister, grisar, terrorister, bråkstakar, och idiotiska ungdomar, i Springer-koncernens tidningar.

I september 2013 pratade jag på nytt med Günther. Det är nu några år sedan han återvände till Berlin, och vi kommer att träffas igen – vi är ju kamrater från en oförglömlig tid.

Idag när jag skrev de föregående sidorna av min monolog med spegeln så slog det mig att jag mötte många människor under den där resan, men att jag hörde väldigt lite om den kvinnliga aktivisten Ulrike Meinhof. Hon är ju en ikon, en symbol för många människors kamp, och hon ägnade hela sitt korta liv åt att kämpa politisk och socialt.

Nyligen läste jag än en gång "En biografi" av Jutta Ditfurth. Boken ger en klar och tydlig bild av Ulrike Meinhof och hennes värld. I en artikel i tidskriften "Konkret" skrev U Meinhof om barnuppfostran i efterkrigstidens Tyskland: "… på många västtyska Kindergartens, även dem som drevs i kyrkans regi, levde det nazistiska utbildningsidealet kvar, trots den tragedi som hela Europa gått igenom. Tanken var att göra barn som kom från fattiga förhållanden till lydiga undersåtar utan några självständiga tankar i sina huvuden."

Ulrike föddes i en borgerlig familjemiljö under andra världskriget. Redan som ung flicka anslöt hon sig till kärnvapen-motståndarna, och var även med och protesterade mot kriget i Vietnam. Senare i livet, när hon blivit journalist, skulle hon uttala sig passionerat om händelserna i Väst-Berlin, om den fruktansvärda polisbrutaliteten, och mordet på Benno Ohnesorg. Vid den här tiden skrev hon: "När medborgarna kräver rättvisa svarar våra ledare med batonger och omänskligt våld. Bara genom en utomparlamentarisk opposition kan vi komma ur detta kaos... frihet i den här staden betyder frihet för polisen att använda sina batonger, och denna frihet stöds och skyddas av Axel Springer's massmedieimperium."

Snart skulle Ulrike Meinhof bli medlem i SDS' Väst-Berlin-avdelning... och resten är historia, och välkänt för alla som följde händelserna under dessa år, antingen genom att själv delta, eller genom att läsa böcker och se filmer. Och frågan kvarstår, varför gav hon upp en troligen briljant akademisk eller journalistisk karriär för att leva ett svårt, osäkert, och farligt liv som terrorist, som revolutionär?

Georg von Rauch följde mig till flygplatsen, jag var på väg tillbaka till Sverige. Vädret var varmare nu, men han bar fortfarande sin överrock. Hans hjälp hade varit helt avgörande för att möjliggöra detta mitt strövtåg bland studenter, politiker och professorer under denna tid så fylld med kamp, debatter, drömmar, osäkerhet men även entusiasm. Vi skakade hand, jag önskade honom lycka till med studierna, och allt gott inför framtiden, och sa att jag hoppades att vi skulle ses igen, den här gången i Sverige.

Det dröjde fem år innan jag stötte på honom igen...

Sommaren 1973 lämnade jag och Agneta, som jag då hade levt med i fem år, Libanon där vi hade påbörjat inspelningen av min film "Resan". Via Cypern kom vi till Tel Aviv. I ett kontor som tillhörde en journalistvän hittade jag på ett bord en uppslagen Der Spiegel – det var som om tidningen låg där och väntade på mig. Jag lyfte upp den och ögnade igenom sidorna, och där såg jag för sista gången Georg. Han hade blivit stoppad av polisen för en identitetskontroll på Berlins huvudgata Kurfurstendamm, nära SDP:s högkvarter. Han var obeväpnad, men polisen misstänkte honom ändå för att vara en medarbetare till Ulrike Meinhof. De fotograferade honom, och när han reagerade mot att bli anhållen, och skrek att han var oskyldig, dödade de honom med en kula i ögat...

DEN VÄLBEHANDLADE PATIENTEN

Början av april 1969. Jag hade just redigerat färdigt min dokumentärfilm om studentrörelsen i Västtyskland, och lämnat den till Sveriges Television. Studentoroligheterna hade spridit sig över Europa och USA, och i maj detta år planerade jag en resa till Nordamerika för att intervjua politiker och studenter om diktaturen i Grekland.

Våren hade kommit, och Stockholm var fyllt med blommor och vackra kvinnor. Jag beslöt att ta en morgonpromenad ned mot centrum. Jag strosade förbi Nybroplan och kom till den lilla hamn där skärgårdsbåtarna lägger till, vid Dramaten. Nu låg där en underlig trimaran - en segelbåt med tre skrov - med texten "Arena Teaterbåten" skriven på sidorna.

Jag vände mig om och betraktade Kungliga Dramatiska Teaterns byggnad, som var utsmyckad med statyer och klassiska pelare som ett antikt tempel, och jämförde denna byggnad med Teaterbåten. Två så totalt olika teatrar – men bägge nödvändiga för att teaterkonsten skulle kunna leva och frodas.

"Tycker du om den?" frågade en man som stod bredvid mig, och nickade mot Teaterbåten. Sedan fortsatte han med ett leende: "Kom dit vilken eftermiddag du vill, det är gratis inträde, lunchföreställningarna börjar klockan tolv och halv ett."

Det var så jag första gången träffade Per Simon Edström, Teaterbåtens grundare. Han var både teaterdirektör, författare, skådespelare och sjöman.

Det som sedan hände berodde på mitt ständiga behov av att skapa, och av att testa nya konstnärliga uttryckssätt. Jag skrev min första teaterpjäs, "Den välbehandlade patienten". Den bestod av en akt, och handlade om den psykiska och sociala behandling som "patienten" Grekland utsattes för av Georgios Papadopoulos' diktatur. Pjäsen var en halvtimme lång, fylld med ironi, och den framförde tydligt mitt budskap att diktaturen stöttades av USA.

Pjäsen visades 42 gånger vid lunchtid, föreställningarna var välbesökta, och efter applåderna följde livliga diskussioner. För mig kändes det som om jag knöt en värdefull kontakt med teatervärlden. Senare fick Arena Teaterbåten ett kulturanslag

på 4000 kr. Detta delade min läromästare Per Edström med mig.
Se där vad en vårpromenad kan leda till!

Recension i DN den 16 april 1969:

teater
SCEN: Arena-Teaterbåten
PJÄS: "Den välbehandlade patienten" av Matheo Yamalakis
REGI: Per Edström
I ROLLERNA: Berit Marianne, Maj-Britt Lindholm, Bo Samuelsson, Esko Kilpiö,
Gusten Backlund

Grekiska juntan i välgjord lunchpjäs

"Den välbehandlade patienten" är en enastående välgjord lunchföreställning. Matheo Yamalakis heter författaren. Han är från Grekland men bor och arbetar i Sverige. Pjäsen handlar om vad som hände våren 1967 och vad som hänt sedan dess i Grekland och med Grekland. Det är en pjäs som är skriven med det faktum för ögonen att den breda opinionens första naturliga upprördhet knappast följts upp i handlingar: enbart upprördhet räcker inte långt mot ekonomiska intressen. Pjäsen slutar med en ekonomisk duell. Det grekiska folket sitter bundet och med häfta för munnen. Över den bundne haglar buden. Niarchos är den ene som bjuder. Onassis den andre. Hans slutbud är 600 miljoner dollar. Hörde ni? Grekland är sålt för pengar, säger någon ut mot publiken.

I pjäsen får man veta vilka svenska firmor som investerar i Grekland: Volvo, Scania och Asea. Svenska Handelsbanken tillsammans med några närstående svenska företag planerar investera upp till 45 miljoner dollar i detta land.

Föreställningen har själv passerat den förlamande upprördhetens och hatets stadium – vem såg för resten någonsin något hatfullt, signerat Per Edström på Teaterbåten? Författare och regissör och hela ensemblen må verkligen hata. Men viktigare än att tala om hat är att undersöka och visa upp resultatet av undersökningen och att göra själva resultatframläggningen till ett nöje.

Denna föreställning om Grekland är ett nöje.

Man skall minnas vad den berättar: Det grekiska folket betraktat som en sjuk patient, betraktat av det vitrockade CIA och det vitrockade Nato och konungen med tummen i mun. Agerande är också Armén, Kapitalet och Hemliga polisen. De alla

vill bota den kommunistbesmittade patienten så som Persien botades 1953,
Guatemala 1954, Dominikanska republiken, Bolivia och Peru.
 - Vi har fått receptet från John Foster Dulles och hans bror Allen, vår förre ledare,
upplyser CIA.
 Berit Marianne framställer en förträffligt näpen kung Konstantin. Majbritt Lindholm
är Spiegelreportern som intervjuade Pathakos, förbindligt leende som en Frost men
helt avslöjande. Bo Samuelsson är sirligt hukande bl a en Maurice Freyser, som
sålde PR-resor till Grekland åt Västeuropas lättfrestade politiker. Esko Kllpiö gör bl
a en välbetald f d sergeant som redogör för tortyrmetoderna.
 Två fina gruppscener: Den då banden läggs kring den skådespelare som sedan
enbart sitter bunden som bild av det grekiska folket; de andra uttalar sina lagar och
förhållningsregler: Glöm Theodorakis och hans musik. Du skall glömma. Vi är din
regering. Vi befaller… osv, en nästan absurdistisk maktmässa. Den andra:
 - Tell me, what means Junta, Junta. Is it a cricketclub?
 - No, no, something like Rotary, or Lions.

 I sitt lilla format och trots den ordinära bristen på puts och finslipning tycker jag att
detta är den mest levande teater som ges i Stockholm just nu.

 HANS AXEL HOLM

125

Bilder ur "Den välbehandlade patienten":

Berit Marianne, Gusten Backlund och Esko Kilpiö

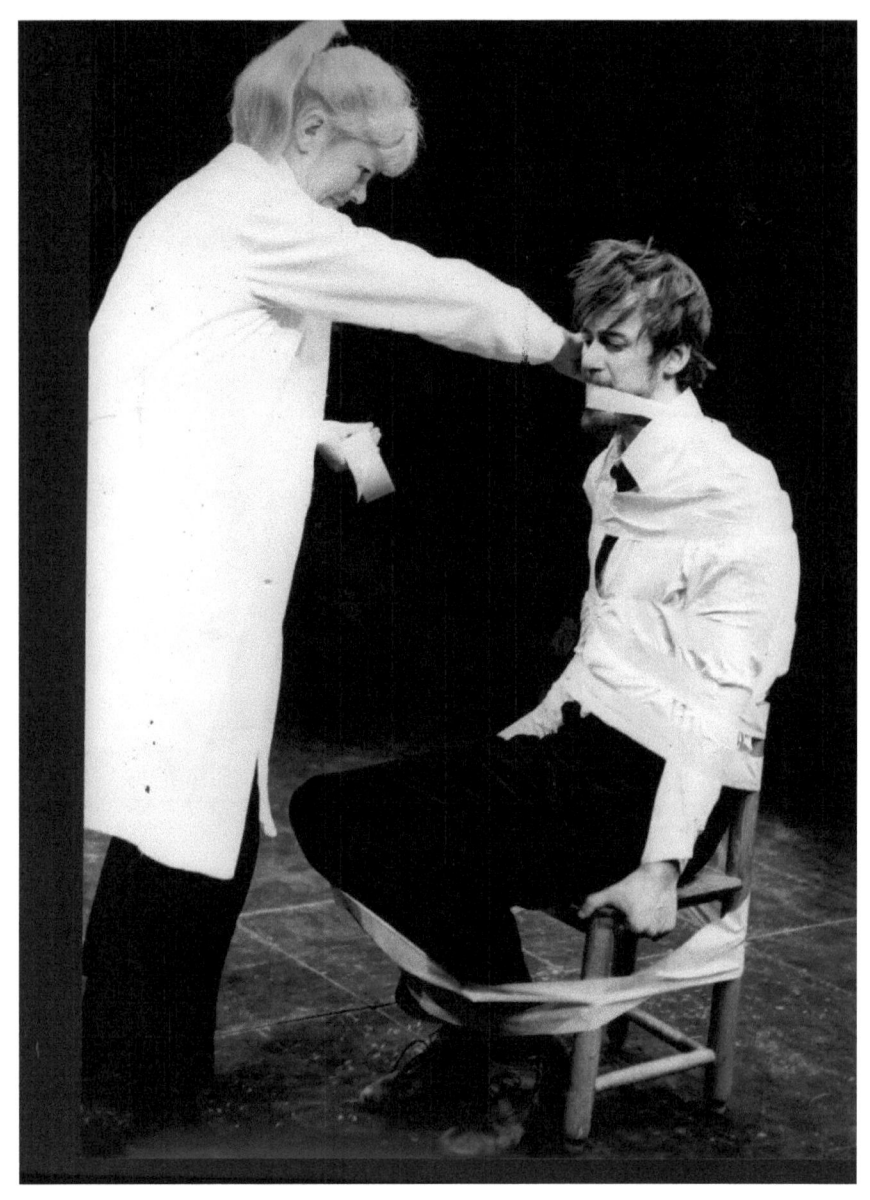

Berit Marianne och Gusten Backlund

Esko Kilpiö och Gusten Backlund

Juni 1970. En TV-studio i Stockholm. Filmens eftertexter tonade bort, tiden stod stilla. Slutscenerna med fångens skrik när han utsattes för eltortyr levde kvar inom mig. Jag hade själv regisserat och skrivit manus till denna film, "401", som byggde på en bok skriven av Pericles Korovessis – en man som hade torterats vid militärsjukhuset 401 för sina aktiviteter i motståndskampen mot militärjuntan. Han levde nu i exil i Paris efter att ha flytt från Grekland.

En sommarsolstråle letade sig in i studion och lättade upp mörkret.

"Hur många dagar tog det för dig att göra denna film?" sa den ende åskådaren.

"Två."

"Bravo. Och du gjorde den med en 16 mm kamera? Hur många filmrullar?"

"Tre. Varje rulle rymmer tio minuter, och den färdiga filmen är tjugotvå minuter lång."

"Hur många skådespelare?"

"Tre. De övriga är statister, greker från motståndsrörelsen."

"Vilken studio använde du?"

Vi reste oss upp och gick mot utgången i det lilla visningsrummet.

"Vi hade ingen studio, så vi använde repetitionsrummen."

Vi öppnade dörren. Den varma juni-solen fyllde våra ögon med sitt ljus.

"Så du menar alltså... bara två dagar?"

"En dag repeterade vi, och en dag spelade vi in."

Ingemar Leijonborg, produktionschef på Sveriges Television, klappade mig på axeln. "Vet du vad... du är välkommen till oss som producent på TV1 och TV2..." Och så gick han sakta ut i solskenet från studiolokalerna.

Jag stannade till för ett ögonblick... hans ord var som balsam för mitt oroliga sinne. "Du är välkommen till oss som producent på TV1 och TV2!". I två år hade jag väntat på den här dagen. Min producent-utbildning hos SR var avslutad. Filmen som vi just hade sett var den fjärde som jag hade gjort under utbildningen.

Två år tidigare hade jag blivit antagen till kursen i filmregi och -produktion, som varade i sex månader. Jag borde alltså ha avslutat utbildningen för länge sedan, som en av de tio bästa. Men någon strök alltid mitt namn från listan av dem som skulle avsluta utbildningen.

När jag såg att mitt namn hade plockats bort från listan trodde jag naturligtvis att jag skulle komma med i nästa årskull, och gav mig iväg till Västberlin. Där spelade jag in två tjugofem minuter långa filmer om den socialistiska studentrörelsen SDS. Min medverkan i Hans Dahlbergs programserie "Reflex" ingav mig ett visst hopp. Än en gång återvände jag hem, men inte heller denna gång fanns mitt namn med på listan.

Två år gick. Jag gjorde fler än tio reportage och dokumentärfilmer under denna plågsamma väntan. Så beslöt jag mig för att besöka psykologen Åke Bertil Johansson för att höra om han visste vem som plockade bort mitt namn från listan över de färdigutbildade producenterna och regissörerna. I stället för att ge mig det svenska "standardsvaret" "Hur skulle jag kunna veta det?" såg han mig rakt in i ögonen och sa utan att tveka, men med mycket sympati: "Fråga Ragnö på personalkontoret, han borde veta."

Samma dag besökte jag Nils Ragnö på hans kontor, och stirrade in i hans kalla blå ögon. Han måste ha trott att jag hade tröttnat på att vänta, och att jag nu skulle säga upp min plats på utbildningen. Men jag gav honom ett helt annat besked, och eftersom han inte hade några fler undanflykter att ta till mumlade han då "Det är snart din tur…" Många år senare förstod jag att Säpo och några av mina dåvarande kollegor låg bakom Ragnös beslut.

"Så, vilken kanal föredrar du, den första eller den andra?" frågade mig produktionschefen med ett leende.

Vilken kanal jag föredrog!! Hur länge hade jag inte väntat på denna fråga…! Och så tänkte jag att TV2 ju ansågs vara vänstervriden, men det var inte alls säkert att de ville jobba med mig.

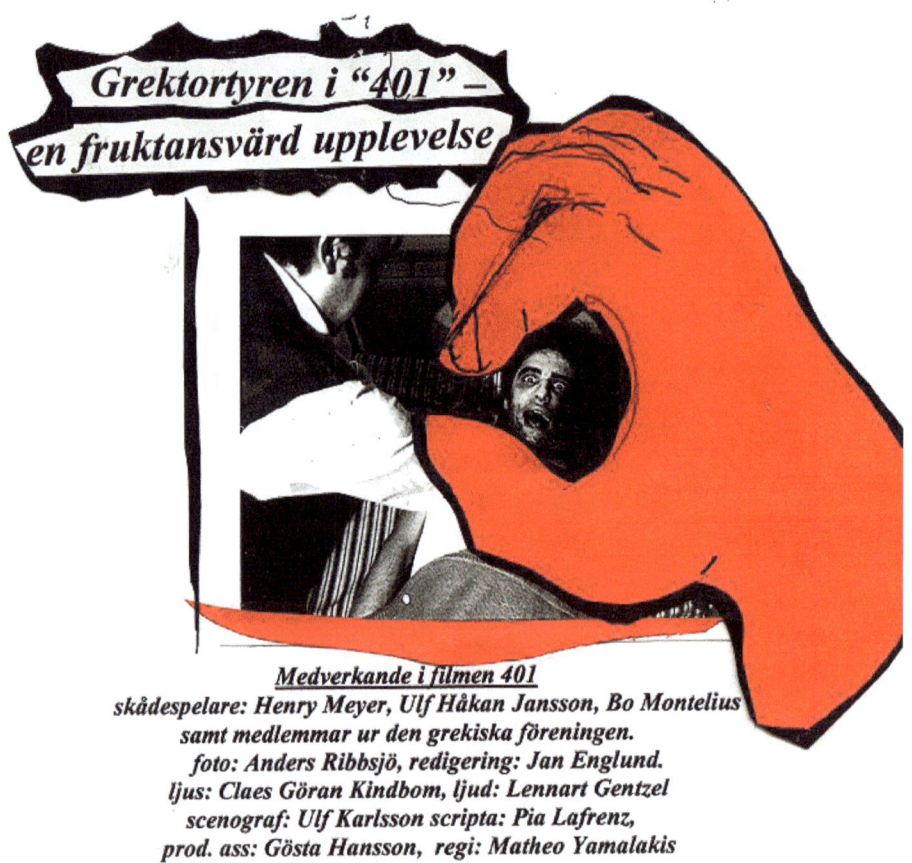

Grektortyren i "401" – en fruktansvärd upplevelse

Medverkande i filmen 401

skådespelare: Henry Meyer, Ulf Håkan Jansson, Bo Montelius
samt medlemmar ur den grekiska föreningen.
foto: Anders Ribbsjö, redigering: Jan Englund.
ljus: Claes Göran Kindbom, ljud: Lennart Gentzel
scenograf: Ulf Karlsson scripta: Pia Lafrenz,
prod. ass: Gösta Hansson, regi: Matheo Yamalakis

TV IGÅR Teknikens framsteg når alla områden. I stället för Jesuiternas gamla ETTAN sträckbänk har den grekiska militärjuntan satt in elektroder som sänder en stark ström genom den torterades kropp. Men en sak är kvar: tortyren sker fortfarande med kyrkans välsignelse.

Den grekiske TV-producenten Matheo Yamalakis elevprogram "401"som bygger på författaren Periklis Korovesis liv i grekiska fängelser och sjukhus var en fruktansvärd upplevelse, ömsom med tortyr genomförd under medicinskkontroll och ömsom med tortyr genomförd under medicinsk kontroll och ömsom med smicker försökte juntans hantlangare knacka offret. Genom teknikens framsteg och läckarens översyn kan tortyren dras ut så länge som möjligt och göras så grym som möjligt.

Trots alla vittnesmål om överstjuntans regim får den sitta kvar, stödd framför allt av USA. Det är en ödets ironi att Grekland räknas som demokratins födelseort och att USA är landet som först genomförde ett folkets eget styrelserätt. - PELLE AHRNSTEDT

"Men din kanal kom ju först", sa jag, "naturligtvis väljer jag TV1."

Jag gick fram till honom, och vi skakade hand. Jag kände mig som om jag var i sjunde himlen, äntligen äntligen hade jag lyckats! Detta var en glädjens dag för den lille luffaren.

Snart skulle jag resa till Frankrike för att måla och koppla av ett tag. Innan augusti skulle jag sedan ringa för att höra när TV1 planerade att visa "401". Att en film gjord av en student på SR:s producent-utbildning visades på TV var ovanligt, eftersom dessa filmers regissörer oftast saknade det tekniska kunnande och den tekniska erfarenhet som krävs för att göra en bra film.

"Din film kommer att visas i augusti, och den första september börjar ditt fem-månaders kontrakt med TV1..."

"Varför fem månader?" frågade jag med tungt hjärta. "Jag trodde..."

"Det är vad företagsledningen har bestämt."

"Och sedan då?"

"Efter de fem månaderna får vi se..." svarade han.

Ja, senare fick jag se. Det skrevs alltid fem-månaderskontrakt, för om jag arbetade sex månader i sträck kunde jag ansöka om att få bli fast anställd. Och det skulle jag aldrig få bli. När de fem månaderna hade gått inleddes en ny period av osäkerhet. Men jag gav aldrig upp...

Den 17 augusti 1970 visades filmen på TV. På omslaget till tidskriften "Röster i Radio-TV" nr 34-15 den 2 augusti 1970 kan man läsa: "Rapport om tortyr i Grekland." Inne i tidskriften: fyra sidor med fotografier och text. "Världen måste få veta detta: Bödeln är inte mänsklig." "Filmen 401 – en fruktansvärd upplevelse för åskådaren."

Kvällstidningen "Aftonbladet" hade på sin förstasida artikeln "Tortyr i Grekland". "En grek, anställd vid SR, gjorde en film om tortyr i Grekland." Elva artiklar i pressen handlade om 401, och filmen tilldelades 5000 kr från Svenska Filminstitutet. Jag, filmens producent, fick gratulationer, men de 5000 kronorna gick till SR, som ju hade bekostat själva filmproduktionen.

"Samtal till dig", sa sekreteraren Sonia, "det är någon grek, tror jag..."

"Nu får jag väl höra ännu ett 'Bravo!'" tänkte jag.

"Hallå?"

En sträng, militärisk röst hördes i luren.

"Den grekiska ambassaden här. Du har två veckor på dig för att förbereda din resa tillbaka till Grekland, annars kommer du att förlora ditt pass, och därefter möjligen din nationalitet."

För första gången på flera månader skrattade jag nu. I Grekland säger vi ju att man alltid har sin nationalitet, vare sig man vill det eller inte.

TRE GÅNGER CHE

Ända sedan jag kom ombord på flygplanet hade jag känt mina medpassagerares undrande blickar. Jag var en anti-konsumist av egen fri vilja, en medelålders man men för evigt ett barn inombords, och jag sökte alltid ögonkontakt för att utbyta tankar – det var därför jag alltid bar mina symboliska märken på rockslagen på min rock, min anorak, min väst.

Nu var jag på väg mot Stockholm.

Flygvärdinnan närmade sig, hon böjde sig ned så att hon nästan stod på knä bredvid mig, och frågade på tyska:

"Önskar ni något annat? Lite vin?"

Jag såg att hon tittade på märkena på min gamla militärväst.

"En gin och tonic, tack", svarade jag.

Den blonda flygvärdinnan verkade ignorera min beställning, hon lät sina ögon vandra över mitt märke med segelflygaren, den röda stjärnan, hon log när hon såg det uppochnedvända märket av en krona – ett anti-monarkistiskt märke i Sverige – och hon blev allvarlig igen när hennes ögon nådde bilden av Che Guevara. Hon vände sig mot mig, såg mig rakt in i ögonen, och viskade:

"Hasta la vittoria siempre", och fortsatte sedan på tyska: "Ich finde sehr schön das der Sie tragen" – "Jag tycker mycket om det ni bär. Nu ska jag hämta er gin."

Än en gång hade bilden av Honom startat en diskussion, denna gång totalt oväntat, med en flygvärdinna. Det som följde var ett kort samtal om betydelsen av en bild och av ett land som i världens medvetande under många år stått som en romantisk symbol för rättvisa och jämställdhet.

Under femton år har jag burit samma väst med samma märken på, och tre gånger har jag känt Kuba vakna till liv för mig: En gång på Vällingby torg 1971, och två gånger under mina resor dit 1975.

Ett unikt experiment

Stockholm 1971.

Lektionerna vid Sveriges Televisions skola för producenter och regissörer närmade sig sitt slut. Min studentfilm 401 om den elektriska tortyren i Grekland hade fått pris från Svenska filminstitutet.Trots detta uppfylldes aldrig de löften jag fått från chefen vid SVT:s producentavdelning om en fast tjänst. Den svenska säkerhetspolisen hade ju alltid sista ordet i sådana frågor.

Jag fick en fem månader lång anställning, en tillfällig lösning som gjorde det möjligt för mig att stanna i landet ytterligare en tid.

I december 1970 hade jag fått en förfrågan från Åke Falck, som vid den här tiden var chef för Teateravdelningen på Kanal 1, och från Per Ragnar på Nu-teatern om jag ville bli producent och regissör för en unik föreställning med Teater nu. Föreställningen skulle följas av en allmän diskussion, och den skulle uppföras på Vällingby torg. Temat skulle vara "Den enda verkliga demokratin".

Manuskriptet till föreställningen baserades på boken "Förhören i Havanna" av Hans Magnus Enzensberger. Den handlar om händelserna den 17 april 1961, då 1500 kubaner understödda av CIA gjorde ett invasionsförsök i Grisbukten på Kuba. På detta följde ett öppet och frivilligt förhör i Havanna med 41 exilkubaner. Förhörsledarna var inte poliser, utan representanter för det kubanska folket. Jag läste boken och valde ut fyra vittnesmål av personer från skilda socialgrupper: en kapitalist, en hemlig agent, en liberal politiker, och en bödel. Till föreställningen valde jag amatörer till rollerna som medlemmar av invasionsstyrkan och förhörsledare, och professionella skådespelare till de svåra rollerna som torterare, tortyroffer och tortyrvittnen. Presentatör blev en av mina goda vänner, en TV-producent.

I god tid innan vi började repetera inför föreställningen tog jag min Nagra-bandspelare och åkte till Sergels torg. Där, utanför Kulturhuset, samlades folk från olika socialgrupper för att öppet diskutera både Sveriges och omvärldens samhällsproblem. Tidens dramatiska skeenden, med diktaturerna i Spanien, Portugal, Grekland och Latinamerika, kriget i Vietnam och apartheidpolitiken i Sydafrika, hade fått alla drömmar om en fredlig efterkrigsvärld att försvinna.

Politiska demonstrationer förekom nästan varje vecka, i Kungsträdgården var det kravaller om de planerade fällningarna av almarna, och Kårhuset ockuperades av studenterna; alla dessa händelser fyllde massmedia dagligen. Jag deltog, spelade in diskussionerna, samlade idéer och erfarenheter inför vår föreställning i Vällingby.

"Ett unikt experiment" skrev journalisten Gittan Mannberg i "Röster i Radio/TV", och hon fortsatte: "Jag frågade Matheo Yamalakis varför han ville sätta upp denna föreställning på Vällingby torg, och inte i en studio. Han svarade: Vi som arbetar med föreställningen vill nå ut till alla. "Förhören i Havanna" väcker en massa frågor som är värda att diskutera, frågor om vår samtid, frågor som är brännande heta även här i Sverige, och som rör vår framtid. Vi hoppas på en givande diskussion efter föreställningen. Kanske inte så mycket om vad som hände då i Grisbukten, utan mer om vad som utmärker en sann demokrati. Räcker det med att ha fria val? Kuba har inte fri handel, eller kommersiell konkurrens, och staten bestämmer vad som ska produceras. Men å andra sidan fördelas det som produceras rättvist till hela befolkningen. Jag hoppas många kommer för att delta i debatten, och jag tror att det är en fördel att vi inte har några professionella tyckare som deltar."

Ända sedan januari hade vi arbetat med en tvåsidig broschyr som skulle beskriva vårt arbetssätt för publiken. Jag gjorde sketcher, och skrev texten om Kuba före och efter revolutionen, med information om hur läget var under Battistas diktatur. Jag beskrev hur USA genast efter revolutionen 1959, genom att utnyttja det överseende och den tolerans som vanligtvis utmärker demokratiska staters agerande, hade infört en ekonomisk bojkott mot Kuba.

I maj månad, när föreställningen skulle äga rum, var det vår, vädret var svalt, och regnet hängde i luften. Torget fylldes av människor; barn, ungdomar, äldre, romer – vid den här tiden var samhällsbefolkningen mer varierad, och människor ur olika åldersgrupper stod närmare varann än nu. Vår föreställning hade väckt stort intresse; Kuba var ett sällsynt politiskt experiment som intresserade progressiva människor.

Jag sitter i regissörsstolen i den mobila studion, fyra kameror ger mig översiktsbilder från torget. Föreställningen inleds av den populäre trubaduren Cornelis Vreeswijk med kompmusiker. Kamerorna stryker smekfullt över sångarens

Några ur gruppen bakom "Förhöret i Havanna" samlade mitt på Kungsgatan i Stockholm. Fr v Matheo Yamalakis, Bengt Liljeroth, Ulf Ove Godthold, Mats Andersson, Eva Björklund, Leif Biureborgh, Pegge Haggren och Bo Bjelvenstam

och publikens ansikten. Han sjunger under en halvtimme, sju sånger om jämlikhet, kärlek och vänskap, ämnen som vid den här tiden tilltalade folk mycket. Folk applåderar, och Cornelis vill inte sluta sjunga. Publiken förtrollas av vårkänslorna och den fina stämningen, och alla vinkar åt musikerna när de lämnar scenen, samtidigt som vi från den mobila studion sänder ut, och gradvis höjer volymen på, den kubanska revolutionssången "Framåt, revolutionärer!".

Sedan tar musikerna plats på första raden och ser på när scenen förbereds för teaterföreställningen. Koreografen och "de kubanska soldaterna" – som alla spelas av greker i förskingringen – springer fram och tillbaka, klättrar, ja nästan dansar på scenen. De sätter upp banderoller med texterna "Länge leve revolutionen!" och "Länge leve socialismen!", kubanska flaggor fladdrar i vinden. Efter fyra minuter sänker vi volymen på musiken, och presentatören gör entré. Med stadig, stark och varm röst välkomnar han publiken.

"God kväll, välkomna till Kuba! Vi är i Havanna, det är april 1961, och vi ska nu börja med de kubanska krigsfångarnas vittnesmål. De är fallskärmsjägare som nyligen medverkade i det av CIA understödda invasionsförsöket i Grisbukten."

Presentatör var Bo Bjelvenstam. Förhörsledarna spelades av Eva Björklund och Bengt Liljeroth, krigsfångarna av Ove Godthold, Mats Andersson och Leif Biereborg. Två professionella skådespelare – Gunnel Broström och Christian Berling – spelade tortyroffer och vittnade om den tortyr de utsatts för av Ramon Calvino, bödel och torterare under Battistas regim – han spelades av Pegge Haggren.

Idag, den 2 februari 2015, snöar det i Stockholm. Jag ser filmen från föreställningen på min dator, och färdas snabbt tillbaka i tiden. Då var vi en öppen och fritänkande grupp, och vi vågade bygga upp vår scen alldeles intill Vällingbys köpcenter. Vi skapade konst utan elektroniska effekter, utan hjälp av själlös teknologi. Vi spelade alla roller perfekt, vi gav alla allt för att skapa en bra föreställning; trubaduren, arbetaren, koreografen, presentatören, krigsfången, förhörsledaren, torteraren, offret. När föreställningen var slut började diskussionen bland åskådarna och skådespelarna, en diskussion som höll på i över en timme. Applåder och bravo-rop avslutade sedan kvällen.

Ännu idag, så många år senare, kan jag känna den uppriktiga ärlighet som genomsyrade vårt framförande och det budskap vi ville förmedla.

Gunnel Broström som vittnet Helena i "Förhöret i Havanna"

YLVA, ATEN

I september 2014 hittade jag Ylva igen, denna gång på Facebook. Detta framkallade en flod av minnen. Vi träffades första gången hemma hos vår gemensamma väninna Britt-Marie 1969. Då pratade vi om diktaturen i Grekland och om de svåra tiderna. Ylva älskade språket och landets kultur, hon ville åka till Grekland som journalist och hon bad mig att presentera henne för nyhetschefen på Sveriges Radio, och jag gjorde så.

Sedan april 1967 var Grekland i diktaturens grepp, och eftersom landet hade en upphöjd plats i människors medvetanden - främst på grund av sin antika civilisation - så var journalisternas, politikernas och allmänhetens reaktion på juntan massiv. Vi demonstrerade i Stockholm, och många följde våra uppmaningar att undvika semesterresor till Grekland. En bojkott av Grekland som turistmål skulle försvaga diktaturen på grund av förlorade intäkter.

Ylvas erbjudande om att resa som korrespondent till Sokrates' land accepterades genast. Detta skedde hösten 1969. Hon gav sig iväg, och det skulle dröja fem år innan jag träffade Ylva igen, i Aten under diktaturens sista år. Ylva var då en professionell journalist. Jag bad henne skriva om tiden i Grekland under diktaturen, och om hur vår vänskap växte fram.

"Tiden flyger iväg", sa mitt sömndruckna morgonansikte åt mig i spegeln. "Blir du inte trött av dessa resor tillbaka till ditt förflutna? Du håller på med det varenda dag, och så klagar du över att du vaknar mitt i natten och kämpar med alla 'tänk om...', 'jag skulle ha...', 'är jag verkligen säker på det...', 'jag önskar att jag kunde leva om mitt liv...' - och du använder alltså fortfarande rakblad? Tänk om Ylva inte hade funnits där den där gången! Då skulle Mr Tzach ha sytt in dig, och du skulle ha fått en rejäl rakning på polisens bekostnad."

December 1973. Ett år tidigare hade jag blivit svensk medborgare, och fått mitt presskort. Upproret vid Tekniska Högskolan i Aten var en viktig händelse som markerade början till slutet för militärdiktaturen.

De sociala och politiska förändringarna kom snabbt, atmosfären förändrades, men USA följde som vanligt sin sed att stötta varje diktatur här på jorden. I två veckor hade journalisten Bengt och jag, nu i egenskap av kameraman, bott på Hotel Grande Bretagne i Aten. Vi ville filma upprorets efterdyningar. Eftersom jag förstod att Papadopoulos var på väg ut bad jag sedan att få stanna i ytterligare en vecka, för att filma när den nye diktatorn, Ioannides, tillträdde. På hemvägen till Stockholm efter denna vistelse stannade jag i Paris. Där träffade jag mina vänner exilgrekerna igen - min kusin Nikos Koundouros, skådesplerskan, sångerskan och politikern Melina Mercouri, hennes make, den amerikanske filmregissören Jules Dassin, och hennes bror Spyros. Redan 1967, när jag gjorde min första dokumentärfilm i Paris diskuterade jag politik, moståndskampen och diktaturen med poeter, författare och journalister som alla hade flytt från Grekland. Den här gången hade jag mycket att berätta för Melina och Jules från mitt nyligen avslutade besök i Aten.

Ylva Wigh 1974

När jag var färdig med min monolog frågade Jules:

"Skulle du kunna tänka dig att åka tillbaka till Aten och spela in några filmsekvenser som jag behöver?"

"Naturligtvis", svarade jag, "vad då för sekvenser?"

"Tja... vad behöver jag...", Jules funderade ett tag. "Jo... jag vill att du ska försöka fånga den atmosfär som närvaron av USA:s sjätte flotta skapar i landet. Dess närvaro är nog fredlig på ytan, men icke desto mindre handlar det ju om en främmande militärmakt. Filma sjömän på barer och bordeller, försök fånga korruptionen som sprider ut sig, försök skildra det bedrägliga lugn som motverkar motståndet mot diktaturen, och hotet om en militär amerikansk invasion om det grekiska folket skule göra uppror mot juntan.

Hans ord skapade bilder inom mig, jag "såg" vad Jules behövde för sin film.

"Hur mycket kommer det att kosta?"

"Jag har ingen aning... vill du bara ha såna bilder, alltså?"

"Ja, det är allt jag vill ha... Jag skickar dig pengar för filmrullarna och allt annat du behöver till Sverige."

Sedan tog han fram ett litet kuvert, och sa med ett bittert leende:

"Läs det här innan du går."

"Jag ger mig iväg så snart jag kan", sa jag, "men vad som än händer, ring inte mig, jag ringer dig, min telefon är avlyssnad av Säpo, de samarbetar med CIA, och CIA med den grekiska säkerhetspolisen."

Sedan öppnade jag det lilla kuvertet, som innehöll ett brev från den amerikanske senatorn Stuart Symington.

Committees: Aeronautical and space sciences, Armed services
Foreign relations, Appropriations, ex officio
Joint economic democratic policy, Democratic steering

United States Senate, Washington DC

25 februari 1969

Käre George,

Tack för ditt brev från den 20 februari.

Jag har just kommit tillbaka från Grekland, där jag pratat med många människor. Tror att det är i vårt lands intresse att ge ett noggrant övervakat stöd åt den nuvarande grekiska regeringen. Regeringen har fallit förut, och jag är rädd att det lätt kan hända igen.

Som du vet så har den stora algeriska hamnstaden Mers el Kiebir i västra Medelhavsregionen nu öppnats för Sovjetunionen, som ju redan tidigare hade tillgång till den egyptiska staden Port Said i östra Medelhavsregionen.

Libanon har nekat vår flotta tillträde sedan våren 1967, och de bägge senaste gångerna flottan har besökt Turkiet har det förekommit allvarliga anti-amerikanska kravaller.

De pågående skeendena blir alltmer komplexa, men som saker och ting utvecklats verkar det finnas få, om ens några, Medelhavshamnar som vår sjätte flotta kan besöka utan att det uppstår problem. Och om det är nödvändigt att vi behåller vår flotta i detta inlandshav tror jag att detta är ett avgörande skäl till att vi ska försöka bibehålla stabiliteten i landet i fråga.

Än en gång tack för ditt brev!

Vänliga hälsningar
Stuart Symington, Missouri

Detta var upprinnelsen till min nya Greklandsresa, och den här gången skulle jag möta Ylva i Aten igen.

Stockholm, mars 1974. Dagen före min avresa till Aten.

Jag satt på golvet och plockade isär min 16 mm Eclair-kamera. För att undvika skador lindade jag in varje del i ett klädesplagg - en skjorta, en halsduk, underkläder eller pullover, och la försiktigt ned dem i min resväska. Jag hade mitt pass och mitt presskort, men inget mandat från Sveriges Television. Därför skulle det bli svårt att passera tullen i Aten med en 16 mm kamera. Jag valde med avsikt att anlända dit den 24 mars, dagen före nationaldagsparaden i stadens centrum. Även om de fann kameran skulle jag kunna säga att jag ville filma den stora dagen med den nye diktatorn Ioannidis på hederspodiet. Jag förberedde min resa genom att från allmänna telefonkiosker ringa till några vänner, och till författaren Lily Zographou, en av min fars släktingar.

Plötsligt ringde det på min privata telefon. Jag stirrade förvånat på den, skulle jag svara eller inte? Det skulle ju kunna vara min flickvän Agneta...

"När åker du?"

Panik!

"Vem är du?"

"Fick du dollarna?"

"Vem är du?"

"Kom igen, det är ju Spyros, Melinas bror."

"Men varför ringer du till mig? Sa jag inte åt dig att du inte skulle ringa? Dra åt helvete, din jävla idiot!", och så slängde jag på luren.

Sedan dess har jag ofta undrat över detta till synes meningslösa telefonsamtal som skulle kasta sin skugga över kommande händelser.

Jag reste tidigt en lördagmorgon. Jag hade med mig Ylvas telefonnummer, i förvissningen om att hon nu nog var en erfaren och välinformerad reporter. Vi anlände till Ellinikon Airport, och en fridfull ankomsthall. Jag gick igenom tullen och smålog mot tulltjänstemannen. Jag skulle bo hos vänner i Kypseli-området. Jag ringde till Ylva och meddelade att jag hade anlänt till Aten, och samma dag hyrde jag en Volkswagen och körde till Statens press- och informationskontor.

Det är svårt att idag, så många år senare, återigen framkalla och känna den rädsla och oro som präglade besöket. När jag skriver detta är jag fylld av en helt annan trygghet, men även medveten om den ensamhet som följde på denna tid av drömmar – drömmar som försvann under tidens gång.

På Statens press- och informationskontor

"Och vilken slags film hade du tänkt göra? En turistfilm? Vilken sorts turistfilm?"

"Tja... pittoreska platser i Aten och Pireus. Jag skulle även vilja ha med några sekvenser från morgondagens stora parad, om det är möjligt."

Tystnad. Tjänstemannen såg på mig med en iskall blick i sina blåa ögon.

"Vem arbetar du för?"

"Det är mitt egna projekt. Jag är en frilansande filmskapare."

Han tittade än en gång på mitt pass och mitt presskort.

"Fyll i en ansökan, och kom tillbaka på tisdag."

"Men jag kom ju hit idag för att jag ville filma lite på morgondagens parad", invände jag med journalistisk enträgenhet.

Då fixerade han mitt anikte med sin kalla blick, och sade med sträng röst:

"När det gäller morgondagen så har du min muntliga tillåtelse, men bara för några timmar. På tisdag kommer du hit och hämtar ditt skriftliga tillstånd att filma", sa mannen, vars namn var Dr Tzach. Jag antar att han härstammade från dem som kom till Grekland med den bayerske kungen Otto, och nu hade han blivit diktaturens tjänare. Jag gick därifrån, och tänkte på framtiden medan jag kände nutiden tynga mina axlar.

Dagen därpå stod jag ensam med min kamera framför dignitärernas podium.

"Nej, du kan inte stå här. Gå någon annanstans!" sa en polis.

Jag satte mig på trottoaren i hörnet av Leof Vasilissis Sofias och Panepistimiou, mitt emot Hotel Grande Bretagne. Snart skulle juntans militärorkester spela upp och spektaklet börja, men mina tankar var redan på den kommande tisdagen, när jag skulle få tillstånd att filma USA:s sjätte flotta.

På måndag morgon hade jag ett avtalat möte med min vän Lily Zographou. Jag satte mig i min hyrda bil, och innan jag stängde dörren tittade jag i sidspegeln.

147

Alldeles bakom min bil stod en Volvo Amazon, och jag såg konturerna av fyra män i bilen. Jag började köra långsamt, när jag svängde vänster gjorde Volvon också det. "Tur att jag inte tog kameran med mig", tänkte jag. Men detta var ändå början på slutet.

Samma eftermiddag, hemma hos min vän, tänkte jag på den brittiske journalisten Davies som nyligen hade mördats av juntan.

"Matheo, det är samtal till dig..." I luren bad en kvinnlig anställd vid hyrbilsföretaget mig artigt att lämna tillbaka bilen jag hyrt, och tillade i en viskning att på order från polisen var vårt avtal inte längre giltigt.

Jag ringde genast till Ylva. Hon trodde inte att jag skulle få tillstånd att filma efter detta, utan rådde mig att stanna hos mina vänner, och sedan resa hem den lördag då min returbiljett gällde. Dagen därpå skulle jag lämna bilen, och sedan gå till mitt möte med Tzach. Ylva och jag bestämde att jag skulle ta kontakt med henne om något oförutsett inträffade.

Tisdag morgon, på Statens press- och informationskontor. En ung kvinna öppnar dörren till Tzach's kontor. Jag står framför skrivbordet.

"Varsågod och sitt", hör jag någon säga bakom mig, och Tzach skyndar in på kontoret med en mapp i sin hand.

"Svaret på din ansökan är nej. Nej, du kommer inte att få tillstånd att filma i Grekland", fortsatte han, och betonade varje ord, och sa sedan med lägre röst och ett litet uppmuntrande småleende "Jag skulle råda dig att resa härifrån så snabbt du kan", och så tillade han med något ironisk ton: "...och var försiktig..."

Så jag packade än en gång omsorgsfullt ned min kamera. På lördag morgon väntade Ylva på mig utanför Hotel Grande Bretagne, där de flesta utländska journalisterna bodde. Något bävande sa jag adjö till mina värdar, och tillkallade en taxi. Utanför hotellet plockade vi upp Ylva och två norska journalister. De tre journalisterna satt i baksätet, och jag satt framme hos taxichauffören. Vi begav oss mot flygplatsen, och chauffören blev allt nervösare för varje kilometer vi avverkade. Han såg i backspegeln, och slutligen vände han sig mot mig och frågade:

"De där som skuggar oss, är det dina vänner?"

"Nej, jag har ingen aning om vilka de är", sa jag oroligt, och tänkte på Volvon.

"Jag är glad att du har dina vänner med dig, för annars... Om de skulle stoppa oss och arrestera dig... så skulle jag inte kunna protestera. Jag har familj, förstår du...", viskade han, som om han pratade med sig själv.

"Har du varit med om detta förut?"

"Ja, nyligen...", svarade han oroligt. Än en gång tittade han i backspegeln, och koncentrerade sig på sin körning.

Vi anlände till flygplatsen. Jag tackade Ylva och de andra för deras hjälp, och tillade: "Vänta tills planet har lyft, och ring svenska ambassaden om ni ser något misstänkt."

Inte förrän planet passerat Thessaloniki kände jag mig säker på att vi inte skulle nödlanda, och jag arresteras.

Ylva Wighs brev

Jag tror att slumpen styr våra liv. En mycket viktig slump i mitt liv heter Matheo Yamalakis.

1969. Jag var färdigutbildad gymnasielärare i svenska och tyska – men med examen även i klassisk fornkunskap (arkeologi) – mitt största intresse. Jag hade därför redan varit i Grekland som reseledare och lärt mig tala grekiska.

Jag trivdes mycket bra som lärare i Linköping – min egen skolstad.

Nu var jag på besök i Stockholm hos en god vän. Där var även Matheo. Efter en längre diskussion sa han allvarligt:

"Det är dig TV behöver i Aten som korrespondent!!"

"Ja helt säkert", svarade jag likaså allvarligt – övertygad om att han skämtade.

Nästa dag ringde han och sa att jag skulle infinna mig på TV-nytt i Radiohuset – chefen Aldor Andersson ville tala med mig. Jag gick dit av ren nyfikenhet men efter en lång pratstund med chefen, som verkade trevlig och seriös, hade jag lovat att åtminstone försöka ge mig på korrespondentjobbet som frilans – "fast bara ett halvår". Sedan ville jag hem till skolan igen.

I januari 1970 for jag till juntans Aten och började sända hem rapporter till TV

149

och skrev även för Expressen – riktigt gedigna, analytiska artiklar, för det var på den tiden man fick skriva trestaviga ord och bisatser.

Sedan blev det DN och SvD och radio, TV och tidningar även i Norge och Finland.

Jag blev skandinavisk korrespondent för alla våra tre media! Och somrarna alltid hemma i Sverige som sommarvikarie på TV, radio eller tidningar. Man måste hem för att inte förlora perspektivet dvs det gällde att betrakta Grekland och Cypern med så iskalla klara svenska ögon som möjligt. Och jag har haft ett underbart, spännande liv både professionellt och privat. Och allt detta på grund av en liten till synes obetydlig slump!!

Tack Matheo Yamalakis!

It is nice to be privileged

DET ÄR TREVLIGT ATT VARA PRIVILIGIERAD!

"Rynkor, rynkor, vad stirrar du på?"
  "Du pekar ut dem och det gör mig på dåligt humör."
  "Det är väl klart att ju längre vi lever desto kortare tid har vi kvar."
  "Vilken tid menar du? Tiden att skapa?"
  "Herregud, du är precis som Lena, du avbryter mig mitt i meningarna. Antingen är

det rynkorna, eller tiden som har gått förlorad, eller orättvisorna i det kapitalistiska samhället, eller miljöförstörelsen… du muttrar ständigt om nånting…"

"Sök nu, sök i ditt minne för att hitta den svunna tid som du vill skriva om idag! Du vet väl vad man säger; 'Mexiko, alltför långt ifrån Gud, alltför nära USA'? Och nu när du är så långt ifrån Mexiko vill du, efter 39 år, återvända dit? Okej, sätt på lite Mariachi-musik för att komma i rätt stämning!"

Dagen är grå, men mitt inre är fyllt med solsken, och min själ törstar efter ljus… nu måste jag söka i detta kaos… söka i mina anteckningsböcker.

"Vägen grundas på lycka, på att öppet acceptera att livet i grunden är gott, och avstå från puritanism, själviskhet och ägande – dessa företeelser omöjliggör livets helhet." Tao.

Jag hade färdats i många timmar i min Volkswagen minibuss. Didje och Michael väntade på mig i Hilversum, Holland. De var ett par som jag hade mött på Kreta i början av sommaren. Didje var dansinstruktör och Michael lärare på en skola. Bägge hade barn från tidigare äktenskap, men nu hade de bestämt sig för att gifta om sig med varandra, och jag skulle vara deras best man. Det skulle bli en borgerlig vigsel utan präster eller psalmer, och de enda band som skulle förena de nygifta var kärlek och ömsesidig respekt.

Sedan två år levde även jag i ett förhållande, med Agneta, en stark, intelligent och kreativ kvinna som nu väntade på mig i Stockholm. Kanske berodde det på att jag kom från en splittrad familj - mina föräldrar skildes ju när deras kärlek tog slut - eller kanske berodde det på att jag insåg att mitt liv som en kringflackande dokumentärfilmare inte var någon trygg tillvaro, men att söka familjelivets trygghet hade aldrig varit något alternativ för mig. Men min partner följde mig alltid på mina resor, jag var fotograf och hon ljudtekniker. Så fungerade vårt filmskapande i det verkliga livet.

En vecka före den här resan hade jag avslutat en barnfilm, inspelad på Kreta. Nyheten om att diktaturen fallit nådde mig när jag var på väg till Holland. Den grekiska diktaturen, som hade inletts med en statskupp för sju år sedan, föll nu samman efter att den hade stöttat en misslyckad statskupp på Cypern. Jag lyssnade på musik och tänkte på de år jag genomlevt, på de filmer jag gjort, och lät blicken vandra över den nästan helt öde motorvägen. Jag ville så gärna fira diktaturens fall i mitt älskade hemland. På långt håll såg jag då två unga kvinnor som bar på ryggsäckar. "Äntligen händer det nåt intressant", tänkte jag. De stod vid sidan av vägen och liftade. I den sinnesstämning som jag befann mig i behövde jag sällskap. När jag saktade farten log kvinnorna, och gjorde tecken för att visa att de ville åka med mig. Jag stannade och vevade ned sidorutan.

"Vart är du på väg, unge man?" ropade den mörkhåriga av dem, som jag senare fick veta hette Kathy.

"Turen bär ryggsäck nuförtiden", tänkte jag.

"Varthelst ni vill", sa jag skämtsamt, väl medveten om den dubbeltydighet orden kunde ha.

"Får vi följa med?", sa Nicky, den blonda, som redan hade öppnat bildörren och höll på att kliva in genom den.

"Välkomna, kära damer."

Bilen hade bara ett stort säte. Kathy följde efter sin väninna, full av skratt.

Sedan följde ett lättsamt samtal om målande och filmskapande, och även om mitt nästa filmprojekt.

"Vad blir det för film?"

"En film om Mexiko."

"Men då måste du naturligtvis komma och hälsa på", sa Kathy. "Mitt föräldrahem ligger i Beverley Hills."

De accepterade genast mitt förslag om att följa med till mitt resmål, och även bevista mina vänners bröllop.

De få dagarna i Hilversum var angenäma – med min 16 mm filmkamera filmade jag på bröllopet och på den påföljande festen, och fångade även några extrascener som behövdes för att göra en kortfilm. Kathy hjälpte till med ljudinspelningarna. När dessa dagar var slut skildes vi, och jag undrade om våra vägar någonsin skulle korsas igen.

Aldrig kunde jag väl tänka mig att vårt möte skulle få sådan betydelse för den närmaste framtiden.

För min nästa films skull planerade jag att göra en resa till Mexiko, trots att jag inte hade fått något vidare gensvar från Svenska Filminstitutet på mina propåer om denna film. I Stockholm väntade Agneta på mig, och även ett brev från Bengt Forslund, chef för produktionsavdelningen vid Svenska Filminstitutet. I brevet skrev han bl a:

Svenska Filminstitutet
Stockholm 16/10 1974

En avgörande faktor för SFI och Sveriges Television när det gäller filmen om Mexiko är vårt totala förtroende för Matheo Yamalakis. För det sätt han bygger upp sina filmer, hans unika förmåga att närma sig sina medmänniskor, för det djupt personliga sätt som hans filmer fokuserar på den etnografiska eller humoristiska sidan av det han skildrar, samtidigt som där finns en stark humanistisk och politisk känslighet.

Bengt Forslund

USA när som helst! Coca-Cola håller landet igång!

När den kalla svenska hösten föll, och solen blev allt blekare, gav Agneta och jag oss iväg till Mexiko, via USA. Varje väska vägde 10 till 15 kg, de innehöll kamera, bandspelare, och alltför många andra saker (filmen till kameran skulle Svenska Filminstitutet sända till den svenska ambassaden). Vi skulle åka tåg till Luxemburg, och flyga med TWA till Los Angeles via Island och New York.

Efter den korta mellanlandningen i New York var vi nu uppe i luften igen, på väg mot L.A. Jag lyssnade till "The Battle of New Orleans", medan Agneta, som var trött och även mer avslappnad än jag, sov. Klockan var 21.30 New York-tid, och i Europa måste hon väl då vara 03.30? Jag var både hungrig och törstig. Om några få timmar skulle vi landa i L.A. Under oss tändes och släcktes miljontals ljus. När ska vi någonsin ta de ekologiska problemen på vår planet på allvar?

Jag kände mig förvirrad. Vad hade hänt med mig? Varför hade jag bestämt mig för att spela in en film i ett land som jag bara kände från historieböckerna, och vars språk jag knappt kunde förstå eller prata? Men jag gillade ju landets musik och dess romantiska utstrålning, och så beundrade jag Emilio Zapata. Var det alltså hela orsaken? Borde inte denna resa ha varit en rekognosceringsfärd för att träffa folk, ta reda på mer om landet, och så komma tillbaka vid en senare tidpunkt? Jag tänkte och grunnade på detta, och så somnade jag.

Jag vaknade, ännu hungrigare, just innan vi skulle landa, och skrev följande i min dagbok: "Andraklass-resa med TWA, N.Y. till L.A., och de bjöd inte på någonting under flygturen. Kapitalism – girighet – alienation – konsumentsamhälle = ingenting, inte ens en toast!" Bara några få minnesfyllda rader från vår vistelse i USA.

När vi var framme ringde jag till Kathy som jag hade lovat. Hon var glad över att höra av mig, men jag tyckte mig märka en viss besvikelse när jag berättade att Agneta var med. Vi bestämde att vi skulle träffas vid en stor bensinstation i Beverley Hills.

"Vi väntar på er där", sa hon, "det skulle vara svårt för en taxichaufför att hitta vägen till min fars villa."

Ändlösa rader av bilar fyllde stadens femfiliga motorvägar. Vid den här tiden låg L.A. på andra plats, efter Tokyo, på listan över världens mest luftförorenade städer.

En stor, glänsande Cadillac väntade på oss vid bensinstationen. Efter presentationer och handskakningar gav vi oss iväg. I bilen satt Kathy's föräldrar, och bredvid chauffören en man som jag senare förstod var livvakt.

"Men om ni ska resa till Mexiko behöver ni verkligen hjälp", sa William, Kathy's far. "Och var försiktiga, Mexiko är ett farligt land."

"Kathy är inte som vi", sa hennes mor, "hon gillar Europa, precis som sin bror."

Efter en kort biltur genom ett mörkt skogsområde kom vi fram till villan. Snabbt kom fyra säkerhetsvakter fram och öppnade Cadillacens dörrar. När vi gick ut ur bilen fullkomligt attackerades vi av hundskall och välkomsthälsningar. Vi omgavs av en enorm trädgård, där en mängd nya och gamla bilar stod uppställda.

"De är alla amerikanska", sa Kathy's far till det överväldigade grek-svenska paret. Vi tog en kort promenad bland bilarna, och stannade framför två Cadillacs.

"Jag köpte dem bägge för 10.000 dollar", sa han.

"Titta här, här brukar vi simma", sa hans fru, som hade ställt sig vid en mörk, 50 meter lång swimming pool.

Vi gick in i det enormt stora huset. Därinne var det fullt med vackra, dyra möbler, vaser, stora målningar – ett veritabelt konstmuseum. Och på en framträdande plats tronade ett stort fotografi av general William Westmoreland. Okej! Äntligen trillade polletten ned – vi är alltså i General Westmoreland's villa!

"Vem är han?" frågade Agneta.

"Vem är *han*?! Jo bara överbefälhavaren i Vietnamkriget, den man som president Johnson skyllde alla krigets misstag och misslyckanden på, då 1967."

"Imorgon är vi alla inbjudna", avbröt Kathy oss.

"Vart då?"

"Till en fest hos en tysk baron", och så la hon till med ett leende "... vi måste alla bära kimonos, eftersom det är en fest med japanskt tema." Vi sitter i en sportbil av märket Volkswagen, och är på väg till Jolla. I förarsätet sitter Major Bob, bredvid honom Kathy, och i baksätet ett "japanskt" par, samt jag och Agneta. Vi stoppas av en säkerhetsvakt med maskingevär, hans ögon kontrollerar oss noga.

"Bli inte oroliga", säger Bob, "det där är bara killarna som vaktar området.

Efter ytterligare hundra meter stannar vi framför en vacker villa med en trädgård fylld med japanska växter.

Första intrycket: de flesta gästerna verkar vara över 60. Pianisten hade jag sett i en film, det var Liberace, någon berättade att baronen hade hyrt honom för att spela på festen. Överallt sprang äkta japanska flickor omkring och serverade den glupska och törstiga församlingen. De ler och flirtar där de springer omkring med sina brickor. Vår värd, den knubbige 60-årige baronen, omfamnar och kysser sina gäster gång på gång, och snart är det vår tur.

Jag hade gått en tur genom huset med Agneta. Hela omgivningen var imponerande, sällsynta och dyrbara målningar av holländska mästare hängde på väggarna, en samling som måste ha kostat minst en miljon dollar. I ett mindre mottagningsrum såg vi baronens militära emblem, han hade tjänstgjort som officer i flottan.

Och då mindes jag en sak som Kathy hade nämnt innan vi gav oss iväg till festen. Hon hade sagt, med ett litet retsamt leende "Ni är bägge väldigt stiliga i era kimonos, men du..." och så vände hon sig mot mig, "var lite försiktig... baronen är homosexuell. Hans älskare är en miljonär som enligt ryktet betalar honom 1.500 dollar i månaden. Ha ha!"

När vi hade avslutat vår tur kastade Agneta en blick över axeln, och sa sedan varnande till mig:

"Nu är det vår tur att bli välkomnade."

Jag vände på huvudet och såg att baronen iakttog mig. Så öppnade han sina armar som om han ville säga "Kom till mig..." Jag kände mig obekväm, knuffade Agneta framför mig, så att hon skulle få den första kyssen, men sedan..?

Sedan... hur var det nu jag skrev i min dagbok? Sedan...

... sa baronen högt, med leende ögon:

"Jag såg att du beundrade mina tavlor", och så omfamnade han mig med en arm... "Om du vill så skulle jag gärna vilja visa dig hela min samling...", och i samma sekund som han säger detta placerade han sin andra hand mellan mina ben, "... den här samlingen har kostat mig miljoner..."

Gästerna runt omkring såg överraskade på en scen som de troligen aldrig hade bevittnat förut. Jag drog mig så artigt som möjligt ur baronens omfamning, gav Agneta en lätt kyss, och så skrattade vi och skålade med baronen och Kathy.

Det är inte lätt att, så här många år senare, välja ut de viktiga ögonblicken bland alla mina papper, som är så fulla av minnen. Min strävan är att berätta det viktigaste, att försöka återuppliva det förflutnas känslor, och dela dem med andra. I Wikipedia fann jag mer upplysningar om General William Westmoreland som, trots den amerikanska arméns alla nederlag i Vietnam, och trots de amerikanska politikernas och den amerikanska allmänhetens tvivel, fortsatte att hävda att USA:s trupper avgått med segern i kriget. Det hade utlöst en stor oro hos amerikanerna när de hade insett att den amerikanska armén leddes av en general som omöjligen kunde vinna kriget. Under Westmorelands ledning ökade den amerikanska närvaron i Vietnam från 20.000 till 500.000 man. 1967 bad den dåvarande presidenten, Lyndon B Johnson, Westmoreland att hålla ett tal inför kongressen, och efter det avslutades generalens karriär som chef för Pentagon. I Wikipedia såg jag Kathy som hon var då, med de där glittrande ögonen som jag minns. Ja, vårt möte på motorvägen gav mig minnen som alltid kommer att leva i mitt inre.

157

Men låt oss fortsätta... Vi är alltså på väg till Mexiko. En dokumentärfilmsregissör har ett stort behov av att skapa kontakter i det land som hans film ska handla om, kontakter som kan öppna dörrar, låta honom lära känna de ämnen han ska avhandla, och träffa de människor han ska intervjua i filmen. För oss skulle den svenska ambassaden kunna vara en bra utgångspunkt, men en ännu bättre utgångspunkt visade sig Rosalie's utrop "God morgon!" på Joe's Family Restaurant vara.

Vi hade förberett vår resa i flera dagar. I San Diego bodde vi i ett litet hus vid stranden, och sökte igenom tidningarnas annonser för att försöka hitta en begagnad bil.

En dag gick vi omkring i grannskapet, på jakt efter ett café som serverade anständigt kaffe, och inte bara den vanliga vattniga amerikanska varianten. Vi stannade till utanför Joe's, och en snabb blick in genom fönstren gav oss en känsla av att det här stället kanske hade den sortens kaffe vi sökte. Bakom disken stod en ung latinamerikansk kvinna, vi fick senare veta att hon var Joe's dotter, från Guadalajara. Och vi hade rätt, detta var stället vi sökt. Vi började prata, berättade om filmen, om våra planer, vår önskan att i Mexiko träffa människor från alla olika samhällsklasser. Och då frågade vackra Rosalie mig:

"Var kommer du ifrån?"

"Tja... från Grekland...", svarade jag, lite förvånat.

"Från Grekland! Vänta, då har vi en lösning på problemet." Hon slog genast ett nummer på telefonen, pratade en kort stund med någon om oss, la på luren och sa:

"Han kommer!"

"Vem då?"

"Den som ni behöver, Lazaro Cardeñas."

Vi undrade varför hon plötsligt fått ett så stort intresse för två utländska besökare, särskilt efter att jag hade nämnt att jag var grek.

Snart kom Lazaro Cardeñas instormande i lokalen med en rock hängd över axlarna, slips och solglasögon. Jag tyckte mig känna igen hans namn, och trodde att jag hade stött på det i allt material som jag hade studerat inför denna resa. Nu skulle vi snart få reda på varför han hyste en så stor kärlek till Grekland.

Han var född i San Francisco, nära Three Points. Livet där hade varit ett rent helvete, med knarkare, gängkriminalitet, prostitution, och hans familj hade varit utfattig. Han hade bott med sin mor och två syskon ända till den dag de fann hans yngre bror död av ett råttbett. Då lämnade han, femton år gammal, hemmet, och gav sig iväg utan något bestämt mål. I hamnen såg han ett stort handelsfartyg med en grekisk flagga. Utan att tveka gick han ombord på fartyget, och bad att få tala med kaptenen, som traditionsenligt hade sin fru med sig. Vid den här tiden kunde handelsfartyg ligga ute till havs i månader eller år, och det hände ganska ofta att kaptenen hade med sig en familjemedlem. Sedan gjorde femtonåringen flera resor med detta fartyg, och det gav honom möjligheten att skaffa sig ett bättre liv.

När vi träffade honom var han gift, hade fyra barn och ägde en karateskola. När han hade möjlighet arbetade han extra som säkerhetsvakt. Hans livsfilofi var att försöka hjälpa alla som behövde hjälp. På nätterna omvandlade han klassrummen i skolan till sovsalar för hemlösa mexikanska barn. Hans dröm var att öppna ett hem för alla föräldralösa barn i San Diego. Det var ingen lätt uppgift, men han klarade det. Det faktum att han även var en veteran från Koreakriget gjorde att han blev accepterad av det etablerade amerikanska samhället.

Hans far var präst, och han hade dödat två katolska präster när han fick veta att de våldtagit hans syster. Fadern förblev präst även efter morden. Hans farbror var den en gång så mäktige mexikanske presidenten Lazaro Cardeñas som, i motsats till andra presidenter i detta land, hade lyckats att under åren 1934 - 1940 genomdriva de land- och egendomsreformer som var nödvändiga, och att nationalisera de oljefält som fram tills dess hade tillhört USA.

Vid den här tiden, när vi träffade Rosalie och Lazaro, köpte jag och Agneta en begagnad Volvo 142 för vår resa. När vi betalade bilen gav dess ägare, en ung kvinna, oss en liten plastpåse tillsammans med kvittot. Vi öppnade påsen innan vi satte oss i bilen. Till vår överraskning upptäckte vi att den var fylld med marijuana! Vi kastade bort den, men detta var så typiskt för denna period som lämnat så starka minnen i mitt sinne.

Julen 1974 tillbringade vi tillsammans med vår nye vän Lazaro. Två dagar efter nyårsafton skulle vi ge oss iväg mot Mexiko. Nu hade vi allt vi behövde; namn, adresser och telefon-nummer.

MEXIKO, ALLTFÖR LÅNGT IFRÅN GUD, ALLTFÖR NÄRA USA

"Det var en hård natt, compañero Campesino, que tal…" sa jag till mig själv när jag såg mitt ansikte i spegeln. "Du sov inte så gott, blicken i dina ögon är tung, var är du egentligen just nu?"

"Var jag är? På väg till Mexiko…"

"Ditt spanska uttal påminner om Che och Castro…"

"Egentligen vill jag ju helst tänka på framtiden…"

"Du är aldrig nöjd…"

"Nej, aldrig, varken när jag kommer eller när jag åker…"

Det var inte så enkelt att återvända mentalt till Mexiko, och jag kände att jag inte kunde förlita mig bara på mina minnesbilder. Så innan jag började skriva blev jag tvungen att öppna gamla dokument, och sjunka in i detta äventyr från mitt förflutna. Men nu ger vi oss av…

2/1 1975. Utdrag ur min dagbok: Vi startade resan kl 16 den första januari. Det var kanske lite sent, men vi tänkte att området då kanske hade hunnit lugna ned sig efter det högljudda nyårsfirandet. Vid gränsstaden Tijuana fanns det inte ens någon gränskontroll, så vi bara körde vidare in i ökenlandskapet ända fram till midnatt.

När jag påbörjar en resa och en film är mitt syfte inte att beskriva turistattraktionerna på de ställen jag besöker. Jag kommer till ett nytt land med ett öppet sinne, för att lära mig, för att ta till mig kulturen, människornas attityder och de samhällsproblem som finns, både genom tankar och synintryck. Jag vill att människorna ska välkomna mig, jag vill att de ska acceptera min närvaro… Och jag kommer alltid att framhärda i min uppfattning om att något ondskefullt lurar i den där flaskan med den lättigenkännliga logotypen: Coca-Cola. En dryck som har, och har haft, en katastrofal påverkan. Ett lands beroendeställning börjar med denna flaska. Man behöver inte vara Emilio Zapata – den ledare för indianböndernas kamp 1910 som mördades 1919 - för att känna Mexikos tragiska verklighet. Coca-Cola var närvarande överallt längs vår väg.

Mexiko är alltför långt ifrån Gud, alltför nära USA. Mexico esta muy lejos de Dios y muy cerca de los Estados Unidos.

Vi hörde och läste denna formulering många gånger, och fann den vara sann. Mexiko har en väldigt aggressiv finansiell och militär supermakt som granne. En granne vars ledare talar om respekt, frihet och oberoende, men som 1846 invaderade Mexiko och annekterade en tredjedel av landet, i ett av historiens mest omotiverade krig. Namnen finns kvar: Texas, Kalifornien, Arizona, New Mexico, San Diego etc. Namn på välmående städer och enorma, rika och bördiga områden och oljefält. De tillhör nu USA, och Mexiko är finansiellt uppknutet av sin stora granne. Under vår resa skulle vi få höra mycket om fattigdomen, om exploaterandet, och om brutaliteten i landets beroendeställning.

Mexico City

När vi anlände till staden begav vi oss till den svenska ambassaden. Ambassadtjänstemännens varma välkomnande blev en trevlig överraskning för oss, och det blev även den mängd av information om Mexikos sociala och politiska förhållanden som man försåg oss med. På ambassaden väntade också det vi behövde för att kunna utföra vårt arbete – vår filmutrustning. Vi planerade att, för att vara på den säkra sidan, återvända till ambassaden efter varje avslutad inspelningsdag, och deponera de exponerade filmrullarna där, för de korrumperade myndigheterna betraktade, då som nu, närvaron av utländska journalister som ett hot.

Ambassadören och ambassadpersonalen hade förvarnat oss om vad vi kunde råka ut för i det mexikanska samhället, men trots det var vi inte riktigt förberedda på vad som skedde en av de första dagarna. Vi kom ut från ambassaden, och gick över till andra sidan gatan, där vi hade parkerat vår bil. På högra sidan om ambassadentrén såg vi tre barn med sina föräldrar. Fadern bar en sombrero, och modern det minsta av barnen i sina armar. Vi ägnade dem inte någon större uppmärksamhet, utan öppnade bagageluckan för att lasta in vår filmutrustning där. I ögonvrån såg jag fadern komma emot oss med sombreron i handen. Jag fortsatte att lasta in väskorna, medan jag undrade vad han kunde vilja oss.

"Señor", hörde jag honom säga. "Señor, får jag tvätta er bil? Vi har inte ätit något på tre dagar..."

Jag vände mig om och betraktade honom och hans familj, modern med spädbarnet, och de två större barnen sittande på en resväska. Jag kände Agnetas oro över att mannen trängde sig på. Jag såg honom rakt in i ögonen, och rodnade inombords över den obekväma situationen – vi två turister och filmskapare, han en fattig bonde, högst troligen ett offer för den sociala orättvisan. Mekaniskt, långsamt, plockade jag fram de mynt jag hade i fickan, och erbjöd honom dem. Han tittade på pengarna, och lyfte sedan blicken och sa:

"Jag ber inte om välgörenhet. Jag är ingen tiggare (mendigo), jag är en bonde..."

Agneta uppmanade honom artigt att ta emot pengarna, men han insisterade på att han skulle tvätta vår bil, och upprepade att han inte var någon tiggare... att han var en bonde som hade blivit tvungen att lämna sina åkrar för att han inte kunde betala sitt arrende. Som tusentals andra hade han och hans familj fått ansluta sig till de utblottades skara, någonstans i Netza. Han tystnade, såg på oss, och sedan tog han emot våra pengar, följande omständigheternas ofrånkomliga logik. Han tackade oss, och önskade oss en bra och säker resa.

Jag kan fortfarande se framför mig den tomma mjölkflaska som modern hade i sin hand, och blicken i bondens ögon när hans sökte efter en affär där han skulle kunna köpa lite mjölk.

Och vår resa hade bara börjat. Senare skulle vi få veta att Netza var en stor soptipp bakom flygplatsen, där en miljon hemlösa hade bosatt sig.

Vårt möte med Jesus Grovas

Jesus var en reklamfilmmakare som bodde i Mexico City. Han kom från en välbärgad familj. Hans farfar invandrade till Mexico från Tyskland på 1800-talet för att erbjuda det nya landet sina tjänster, efter att USA hade annekterat stora mexikanska landområden. Jesus' far bodde i en trevåningsvilla med en stor trädgård, nio tjänare, en swimmingpool och sex hundar. Jesus själv bodde i ett hus med sex rum i samma område, med sin fru, sina två barn och två tjänare. Han gillade att resa till Afrika för att jaga storvilt.

Jesus Grovas' förekommer i min film, men det är svårt att beskriva filmens bilder i text. Varje kameravinkel och varje filmruta har sin egna historia att berätta - den antingen talar eller skriker ut sitt budskap, utan ljud eller ord.

Jag och Agneta stod vid Jesus Grovas' dörr. Huset låg i ett prydligt medelklassområde, med lägenheter grupperade i små kvarter. Kvinnliga tjänsteandar färdades i dyrbara bilar med sina husbönders barn. Ibland dök illa klädda indianer upp i gathörnen. En tioårig pojke satt på trottoaren och gjorde rent några skor som en tjänsteflicka hade lämnat till honom. Både pojken och tjänsteflickan hade indianska drag. När jag riktade min kamera mot honom slutade han med sitt arbete, och iakttog mig med en nyfiken, allvarlig blick. När jag slutat filma möttes våra ögon, han log, och fortsatte sedan att gnida på husbondens skor.

Jesus' familj bodde på husets övre våningsplan. En av de två tjänarna öppnade dörren. En äldre kvinna tvättade kläder för hand i ett badkar på balkongen. Hon var nog extraanställd för denna syssla. Alla tjänare hade indianska drag, som skiljde sig från de drag som Jesus' fru uppvisade på ett helfigursporträtt i vardagsrummet.

Intervjuerna

I Jesus' vardagsrum.

Jesus sitter vid ett bord med en lampa på, klädd i en mörkblå blazer, en silvermönstrad blå slips och en ljusblå skjorta. Lampans fot är gjord av två zebra-ben som är avskurna vid knäna. Hans glänsande skor vilar på en matta gjord av zebraskinn.

"Var det du som dödade zebran?", frågar vi.

"Vadå, den här?" svarar han och pekar på lampan. "Det här är zebra-ben."

"Hur mycket kostar en resa till Afrika?"

"En safariresa? En resa på tio dagar kostar ungefär 8.000 dollar."

"Hur lång tid tar det för dig att tjäna ihop 8.000 dollar?"

"I mitt yrke... ungefär två månader."

"Det finns många fattiga människor utanför ditt hus. Vad känner du när du ser dem?"

"Ingenting. Jag har vant mig vid dem nu. Varför skulle jag känna någonting? Fattigdom finns överallt, i Indien, Mellanöstern, till och med i Sverige."

"Om någon ber dig om hjälp, ger du honom då pengar?"

"Tiggeri ger lättförtjänta pengar, om jag gav dem pengar skulle det bara befästa dem i deras lathet."

"Har de något val?"

"Jadå, men det är en utbildningsfråga."

Tjänaren

"I fredags hade jag mycket att göra. Jag gick och la mig klockan två på natten, och gick upp igen klockan sju på morgonen, för att ta hand om barnet, förbereda frukost, och utföra andra nödvändiga sysslor."

"Hur kommer du och frun i huset överens?"

"Hon är trevlig, men väldigt sträng när hon blir arg. Förra julen ville jag tillbringa med min familj, men det tillät hon inte. Samma sak med nyår. Nej, hon arbetar inte. Min lilla flicka har bott här med mig de senaste två åren. Hon går i skolan, men tar även hand om barnen och hjälper till med hushållsarbetet. Men hon får inte betalt för det."

"Vad betalar hr Jesus er tjänare?"

"Vi är två tjänare, plus min dotter. Han betalar 100 dollar. Vi kommer ju inte härifrån, utan föddes på en annan plats. Vi kom hit för att försöja oss, den plats där jag föddes är mycket fattig."

"Vill du stanna här?"

"Så länge som min dotter får bo här stannar jag, för jag älskar mill barn över allt annat."

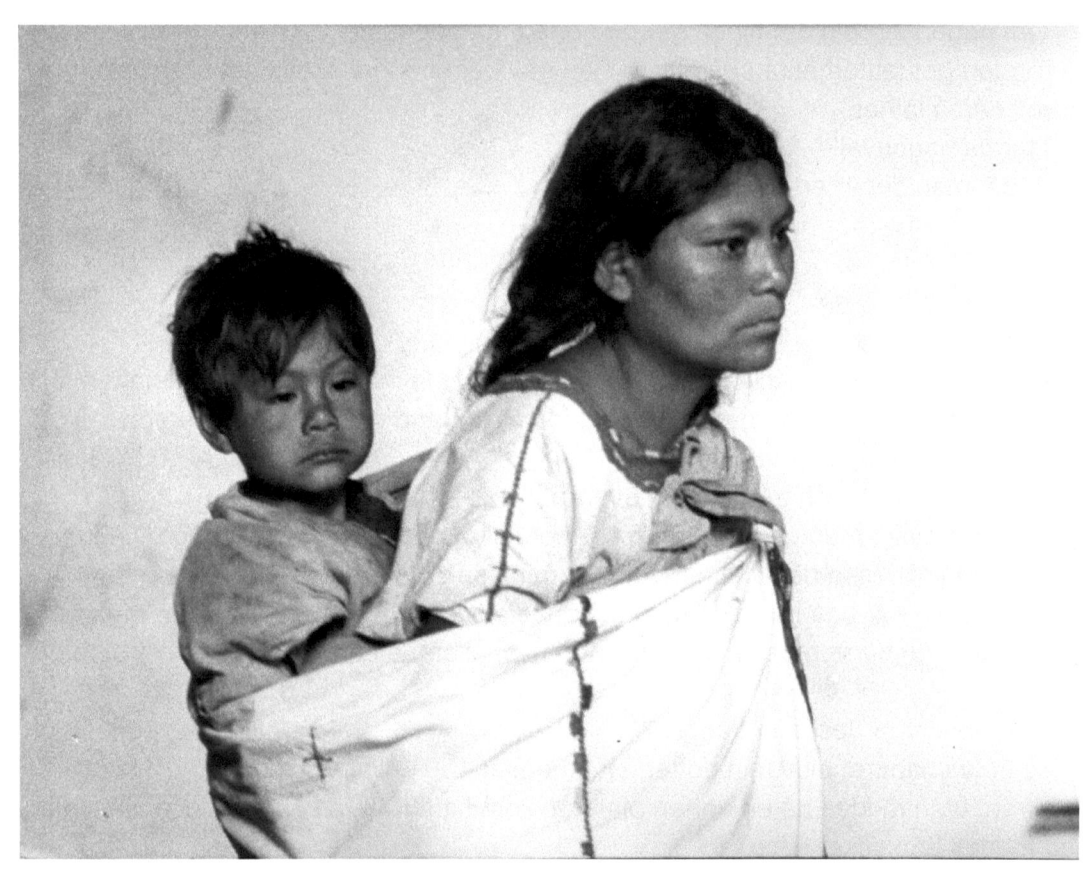

I Jesus' bil

Han kör sin dyrbara bil, och pratar om sina studier. Det är en grå, regnig dag, arbetslösa män driver omkring på gatorna.

"Jag gick i en skola som sköttes av jesuiter, den kallades "Patria". Sedan gick jag ett år i en militärskola i USA, och därefter studerade jag bokföring vid universitetet. I Mexiko har vi tjänare som utför de vardagliga bestyren. Om du vill att dina barn ska lära sig disciplin skickar du dem till en militärskola, och om du väljer en militärskola i USA lär de sig även engelska. Den skola jag gick i var dyr, och det var det bästa mina föräldrar kunde göra för mig. Ett år kostade 15.000 dollar. Hälsa och utbildning är de bästa försäkringarna."

"Hur många här i Mexiko har råd att göra sådana investeringar för sina barn?"

"Uppskattningsvis 0,001% av befolkningen. Naturligtvis är det underbart att vara priviligerad och ha en bra utbildning, och varför inte? Ödet avgör om du blir priviligierad, och om du inte vill satsa för din egen skull, så borde du göra det för dina barn. Om du har fått en priviligeriad utbildning så tillhör du sedan den priviligierade samällsklassen. Folk i allmänhet saknar den utbildning och det sinnelag som krävs för att kunna stanna på toppen."

Hemma hos Jesus

Intervju med tvättkvinnan.

"Jag har nu utfört detta arbete i trettio år, tjugotvå år i det här huset. Jag har haft svåra tider, och min man hjälpte mig aldrig. När han dog lämnade han mig med sex barn, utan tak över huvudet. Jag bodde på en jordplätt, och senare byggde jag mig en hydda av tegel. Jag arbetade hela dagarna, och var tvungen att lämna barnen ensamma hemma. Jag kämpade, och kämpar fortfarande, för att tjäna ihop till mat, kläder, och utbildning för mina barn. Många människor hjälpte mig då, men på kvällarna var jag ensam på min jordplätt, utan elektricitet. När jag kom hit… för jag kommer ju inte härifrån, jag föddes i Tlaxcala… då tjänade jag en peso om dagen, och jag fick stjäla mat åt mig själv och mina barn."

Familjen sitter vid bordet. En tjänare serverar dem. Jesus berättar, på engelska, hur mycket hans tjänare kostar honom.

"För varje dag blir det allt svårare att hitta tjänare. Deras lön är rimlig, det svåra är deras mat... de äter mycket (han skrattar), och nu, med den inflation som råder över hela världen, går matpriserna upp hela tiden (tjänsteflickan fortsätter att servera maten), och ju fler tjänare du har desto mer äter de (han skrattar)... visst är det trevligt att vara priviligierad, men..."

Att göra en film är annorlunda än att skriva om filmen i en bok. Vi arbetade med Jesus i en vecka. Nej, han är ingen ond man, men han föddes med en silversked i munnen, och det gjorde honom naturligtvis blind för en del av verkligheten.

Igår kväll kände jag mig låg, det är inte lätt att lyssna på människor som befinner sig i toppen av hierarkin, och vara tvungen att avstå från kommentarer eftersom du måste göra ditt jobb.

12 kilometro del Plata, Martin Carrera och Fader Clemente

Martin Carrera har funnits i fyrtio år. Det är ett område norr om Mexico City. Där bor ungefär 80 000 människor inom en radie av 800 X 600 meter. Över 50% av invånarna är arbetslösa. De kom till staden från sina byar för att finna ett sätt av försörja sig. Medelinkomsten för en familj är omkring 2 dollar om dagen, många lever långt under fattigdomsstrecket.

Vecindador kallas de allra enklaste bostäderna i Mexico City. De har en enkel planlösning, en gårdsplan omgärdad av flera små rum på några få kvadratmeter. I varje rum bor 5 till 10 människor. Ofta får ett bord tjänstgöra även som sängar för föräldrar, och lådor som sängar för mindre barn. Det finns bara ett WC, och, om de har tur, även en dusch.

Försiktigt och på sin vakt såg sig Fader Clemente omkring. Han kollade så att ingen informatör eller civilklädd polisman fanns i närheten, och så började han berätta om områdets livsvillkor.

"Allt började i en katolsk kyrka. Du undrar säkert varför kristna präster gav sig in i den här kampen. Jo, det var för att vi kände att vår kyrka hade en samhällsmedborgerlig struktur och ideologi. Nuförtiden går kyrkorna hand i hand med politikerna. Men vi, å vår sida, tog parti för folket, vi blev en folkets kyrka, en kyrka där alla skulle kunna känna sig befriade. Vår kyrka skulle börja leva igen, skulle stå på folkets och de behövandes sida, skulle hjälpa till i kampen mot en korrumperad polismakt och ett orättvist politiskt och socialt system. Våra socialarbetare är volontärer. Vi vill att folket ska komma hit, inte bara för att närvara vid gudstjänster, utan även för att få undervisning om sina rättigheter. Vi läser tillsammans, och diskuterar de lagar som styr dem, och allt annat som de har behov av i sin kamp."

Utanför kyrkan "Virgin Mary's Shelter" hade en stor samling människor samlats. De demonstrerade och försökte rädda 200 väldigt fattiga människor som riskerade att bli utkastade från en av vecindadorna eftersom ägaren ville höja hyran.

"Vi organiserar den här fiestan som vi kallar 'Silverkilometern' tillsammans med frivilliga socialarbetare, utan stöd från de korrumperade statstjänstemännen", sa Fader Clemente med låg röst. "'Silverkilometern' är en folkets fiesta, vi formar en linje med mynt, när vi har täckt en kilometer har vi samlat in 35 000 pesos! Det är en fiesta med musik, dans, teater, clowner, ungdomskörer. Jag känner deras törst efter sanning, känner den i deras sånger, i deras ögon, men jag känner också deras rädsla för att än en gång bli svikna och besvikna, och att ännu en protest ska misslyckas med att ge några positiva resultat. Vi samlar in pengar för att betala advokaten som ska representera invånarna i venzindaden inför rätten, som ska slåss för deras rättigheter."

Med Fader Clementes ord i våra sinnen gick vi runt med vår kamera, vi intervjuade folk i vecindadorna, på gatorna, i kyrkorna, vi filmade dem när de sjöng sina revolutionära sånger. Detta fattiga folk tog emot oss med artighet och värdighet. Överallt mötte vi värme, solidaritet och kärlek. Utanför kyrkan stod en gammal kvinna med grått hår och ett kraftfullt utseende. Fader Clemente frågade henne:

"Har ni fått den frihet som vi slogs för i vår revolution?"

"Nej, vi förlorade den innan vi hann njuta av den."

"Tycker du att vi ska starta en ny revolution?"
"Ja, men nu är vi gamla, det får bli våra barn som börjar på nytt, för våra livsförhållanden är outhärdliga…"

Vi avslutade vårt filmande. Fader Clementes ord och handlingar visade klart och tydligt att han predikade med kärlek - verklig, kreativ kärlek, och inte bara stora tomma ord. "Det finns 10 000 präster i Mexiko, och 750 av dem är marxister", sa Fader Clemente.

Mexiko 1975. Ett land fullt av legender och urusla sociala förhållanden… och alltför nära USA. Landet är djupt infiltrerat av den nordamerikanska imperialismen; USA kontrollerar över 80% av den mexikanska ekonomin, och Mexikos president kontrolleras av de korrumperade myndigheterna... och så rullar det på...

Chiapas

Je ne regrette rien... nej, jag ångrar ingenting... Édith Piafs röst... je ne regrette rien... musiken kom från det lilla huset.

"Vi är framme, här måste det vara", sa Agneta, "Fader Xavier sa ju att han gillar Piaf."

Bara för en kort stund sedan hade vi kommit in i byn Chenalho i Chiapas. Vi hade frågat folk efter vägen till Fader Michel, och de pekade mot kyrkan. Nu hade vi stannat framför den på en liten gårdsplan, och vi lyssnade på Édith Piaf. Från andra sidan det stängsel som omgärdade byggnaden stirrade en hund nyfiket på oss.

Utanför kyrkan köade en grupp bönder framför en liten dörr. Då och då kom en glasögonprydd man i vit skjorta ut genom dörren och vinkade in den som stod först i kön. Bönderna tittade med stort intresse på vår Volvo, på blonda Agneta och på mig, mannen som bar en kamera.

Efter en liten stund öppnade mannen i den vita skjortan grinden i stängslet, och skyndade emot oss, följd av sin hund. Glatt ropade han "Bonjour, bienvenus... Jag har just pratat med Fader Clemente. Vänta bara tills jag blir färdig här", han pekade mot kön av bönder, "je suis à votre disposition...", och så skyndade han tillbaka in i huset.

Chenalho ligger ungefär 30 km från San Christobal de las Casas. I Chiapas bor 750 000 ättlingar till mayaindianerna, och även mestiser och ladinos, ättlingar till spanjorerna - det är de som har den ekonomiska makten, och som kontrollerar banksystemet. Här finns överallt reklamskyltar för Coca-Cola, och vägar har byggts så att de långtradare som transporterar Coca-Cola ska kunna nå fram till området.

Vi inledde vår bekantskap med en apéritif, och Fader Michel står nu framför kameran med en flaska Pernod. Han har bott, och arbetat med en radiostation, i Chiapas i elva år. Édith Piaf-kassetter och hunden Tsoulo är hans sällskap. Han talar en av de tjugo lokala dialekterna, Tzotzils språk. I åratal har Fader Michel, liksom Fader Xavier och Fader Clement i Mexico City, förenat sin tro med marxistisk filosofi, och deltar helhjärtat i en kamp mot statens sociala och ekonomiska fåmannavälde. Byxorna och hatten som han bär är presenter från hans bror som är officer i den franska armén. Hans mission är att hjälpa sjuka att få sina mediciner.

Lördagar och söndagar är marknadsdagar, och på dessa dagar delas mediciner ut, om de finns tillgängliga. De fattiga betalar bara en minimal, symbolisk summa. Medicinerna skickas från huvudstaden av läkare som Fader Michel är bekant med, och ibland besöker han även läkare i San Christobal som ger honom gratisprover. Om det någon gång finns behov av en särskild medicin hjälper en kamrat från La Renza eller från Tzotzil-missionen ibland till. Ibland skickar en judisk vän som arbetar i Paris-förorten Neuilly pengar till mediciner.

Nyligen fick Fader Michel en gammal Land Rover som present, och den hade nu ersatt den häst som han tidigare brukade använda för att besöka sjuka i omtilliggande byar.

Vi började filma i en varm och välvillig atmosfär. Vår vänskap med Fader Michel hade ett positivt inflytande på indianerna; vi var vänner, inte amerikanska eller europeiska turister. På natten sov vi i bilen som vi hade parkerat utanför kyrkan i den lilla staden. Under vårt filmande kom vi många gånger i nära kontakt med människornas misär. Tiderna var bittra och svåra.

En dag satt vi tre, Agneta, Fader Michel och jag, på ett ställe under ett tygtak som bars upp av tre trästolpar. Två bord, några stolar.

"Stället tillhör en mestis, en avkomling av en indian och en vit person", sa Fader Michel. "Ser du den där indiankvinnan som arbetar i köket, med sitt barn på ryggen? Hon har fyra barn, två med epilepsi, och de bor alla tillsammans i en provisorisk hydda byggd av trä och lera. Hon arbetar här från sex på morgonen till nio på kvällen. Hennes lön skulle vara 17 pesos, men hon får bara en peso, plus mat. Om du såg vad hon åt skulle du inte tro dina ögon, hon slickar av och suger på ben, äter rester från matgästers tallrikar… plus 2-3 tortillas som hon tar hem till sina barn, och en kopp kaffe… och det är allt hon får för en dags arbete. Utnyttjandet av indianerna i Chiapas är fruktansvärt. Många kvinnor arbetar för mestiser och ladinos under hemska förhållanden, de städar hus utan lön, de tar hand om barn utan att få en enda peso i betalning."

Det är svårt att beskriva något som man upplevt på nära håll med ord. Vi tillbringade mycket tid med kamrat Michel, och upplevde många extraordinära saker. Och vår resa slutade på det sätt som visas i filmen. I byn Mittontik bevistade vi en långfredagsmässa med flöjtmusik och trummor, utan någon präst. Varm mänsklig samvaro, tårfyllda ögon. Kristi kropp var målad på en kartongbit, bönderna tog ned honom från korset med respekt och vördnad, och samma händer som tagit ned honom tvättade honom. Vi tog en panoramabild av kyrkan, där fanns inga ikoner, inga helgon, inga ljusstakar. Gräs växte på grusgolvet, stenläggning saknades. Ett dryckeskärl skickades från hand till hand. Och, slutligen, fokuserar kameran på en kvinnas tårfyllda ögon... det är trevligt att vara priviligierad!

Nu, 39 år senare, undrar jag om allt detta som jag har berättat, och som även visas i min film, fortfarande gäller. Jag minns de regler som Fader Michel måste foga sig efter; som utlänning hade han ingen rätt till prästlön, han kunde inte ansöka om lån, och var sjätte månad var han tvungen att förnya sitt uppehållstillstånd.

Filmen "Det är trevligt med privilegier" fick pris av Svenska Filminstitutet, visades på TV och på bio, och fick fina recensioner. 2006 hade jag en utställning med mina målningar I Tyskland. Medan jag väntade på att få checka in den kväll jag skulle resa hem stötte en ung flicka till mig av misstag när hon skyndade förbi. Hon bad automatiskt om ursäkt, på spanska. Vi började prata, ett ord ledde till ett annat - det visade sig att hon hade italienskt ursprung, och att hon arbetade på den italienska ambassaden i Mexiko. Naturligtvis hade hon besökt Chiapas, och hon kände Fader Michel mycket väl.

Je ne regrette rien... så liten världen är!

Idag, i februari 2015, skriver jag om några texter som jag hittade i mina samlingar. De skrevs ursprungligen på en blandning av spanska och grekiska i ett slitet gammalt plan på väg mot Kuba. Jag översätter texterna, och försöker skapa ett sammanhängande manuskript av dem. De skrevs fyra år efter det att jag och några vänner satte upp en unik föreställning om Kuba på Vällingby torg 1971.

VI FLYGER TILL KUBA

Planet hade just lämnat flygplatsen i Mexico City. Ombord fanns japanska affärsmän, européer, latinamerikaner, och hela Kubas fäktningslandslag. Unga män och kvinnor, smala, långa, med karibiska ansiktsdrag.

Jag ville med egna ögon se verkligheten på Kuba, se det som jag dittills bara hade läst om, och sett på film. Inom mig kunde jag ännu höra mina svenska vänners ord; "De kommer nog inte att låta dig se verkligheten, och du kommer nog inte att få resa omkring som du vill…" Nåväl, för stunden bestod min verklighet av den leende flygvärdinnan som passade upp oss, och tilltalade oss med "kamrat".

Vi planerade att tillbringa två månader på Kuba, för att spela in en film, och uppleva, analysera och omvärdera tillvaron där. Under flygturen fick jag min första smak av det socialistiska samhället. Planet var gammalt, bullrigt, och fullt av mänskliga odörer. Passagerarna drack, pratade, skämtade, och där satt jag mitt ibland dem – jag, en ättling av en kultur präglad av pompösa ord om demokrati – Grekland, "civilisationens vagga".

Efter landningen hämtades vi upp av en gammal amerikansk bil som tillhörde Utrikesministeriet, "Minirex" ("Ministerio de Relaciones Exteriores"). Vi kördes mot Havanna, och Hotel Deauville. Chauffören hette Kamrat Barbaro, och vår guide och kontaktperson Ismael.

Buskarna vi körde förbi doftade starkt, kvällen var lugn, himlen beströdd med stjärnor. Jag kände mig plötsligt uppfylld av lycka och entusiasm. Så snabbt tiden går ibland, vilka drömmar och planer för framtiden vi hade! Det vi egentligen ville åstadkomma var inte en dokumentärfilm baserad på våra egna politiska ståndpunkter, utan något annat, något som var sprunget direkt ur verkligheten. Vi ville komma nära de människor som arbetade, studerade, brukade jorden, skapade konstverk och gjorde vetenskapliga framsteg.

Måndag 1 april 1975

Vår första dag på gatorna med kameran och bandspelaren. På ett torg mötte vi filmregissören Enrique Pineda, som höll på att spela in sin film "Mella". Den utspelar sig på 1920-talet. Julio Antonio Mella, son till förmögna föräldrar, organiserade då studenterna, och var med om att skapa Kubas internationellt erkända kommunistiska parti. Han mördades 1929.

Samma dag stötte vi även ihop med byggnadsarbetaren Jesus Mejras, som spelade rollen av en polisman vid de av Mella organiserade studentdemonstrationerna. Enrique Pineda och Jesus Mejras gav oss öppningsscenenen till vår film "Den socialistiska människan på Kuba". Vi intervjuade dem om hur deras liv hade sett ut före och efter revolutionen.

Sedan besökte vi arbetsplatser, pratade om socialism och levnadsvillkor, om arbete, studier, biografer, och allt möjligt annat. Vårt mål var att träffa så många människor som möjligt, för att kunna ge en sann helhetsbild av landet.

Den 4 april, tio dagar efter vår ankomst, och när vi hade filmat filmregissören och byggnadsarbetaren under sju dagar, så pratade vi med vår guide Ismael, och bestämde att vårt nästa mål skulle bli den omtalade Escambray-teatern. Vi ville resa dit för att bo tillsammans med teatersällskapet, och lära känna skådespelerskan Norma Martinez, om vars personlighet och talang vi hade hört många entusiastiska lovord. En filmisk presentation av Martinez var viktig för vårt projekt, eftersom vårt främsta mål var att beskriva några kamrater och medborgare som byggde upp ett socialistiskt samhälle. Vi ville komma dem nära med vår kamera för att beskriva deras verklighet, deras arbete på fabriker, på åkrar, i skolor, i det kreativa skapandet. Vi ville ge en bild av ett produktivt och socialt jämställt samhälle – därför ville vi besöka Escambray-teatern.

Nästa dag kom chauffören Barbaro och Ismael till vårt hotell, lika tystlåtna som alltid. De åt frukost och drack varsin öl. Utan att växla så många ord med dem gick vi till bilen. Vi hade med oss en resväska fylld med alla de saker vi behövde under de fem eller sex dagar som vi planerade att tillbringa vid Escambray.

Efter en timmes bilkörning frågade vi Ismael när han trodde att vi skulle vara framme. Då svarade han att vi idag var på väg för att besöka en grupp unga kvinnliga lantarbetare som skulle berätta för oss om Julio Antonio Mella's studenttid. När vi protesterade sa han att det berodde på att Julio, representanten från Minirex, ännu inte hade kontaktat Escambray. Därför hade man ändrat planerna så att vi inte skulle slösa bort en hel dag. Detta utan att underrätta oss om vart vi skulle åka, och utan att fråga om vi var intresserade av det nya resmålet.

Vi bad Ismael att vi skulle få prata direkt med hans överordnade för att bestämma ett datum för vårt besök på Escambray, men förgäves. Sedan väntade vi i flera dagar på besked, och en besviken tystnad spred sig i vår grupp. Varje morgon kom vår chaufför och vår guide till vårt hotell, där de åt frukost. Flera gånger lämnade de oss därefter utan att yttra ett ord. Deras fega agerande tog kål på vår entusiasm över filmprojektet, och byråkratins käkar malde sönder våra drömmar och vårt tålamod. Efter några dagars fruktlöst väntande skrev vi ett brev till Kamrat Julio, där vi försökte klargöra syftet med vårt arbete.

"Kamrat Julio

Vi vill tacka dig för den information du givit oss, men eftersom våra försök att ordna ett möte med dig har misslyckats känner vi att du undviker oss. Du verkar betrakta oss som ett par kameraförsedda turister som vill spela in en turistfilm om detta land. Vi kom hit väl förberedda, med god kännedom om det politiska läget, och inställda på att göra vårt arbete på rätt sätt. Därför har vi försökt ta kontakt med människor som vi tror har gedigen kunskap om dagsläget, och även en revolutionär attityd. Vi försöker verkligen, vi ligger sömnlösa på nätterna och tänker på hur viktigt detta projekt är för oss. Detta är orsaken till att vi är så tacksamma för din vänskap. Men om du har en annan uppfattning skulle vi föredra att i fortsättningen arbeta på vårt eget sätt, och göra en bra filminspelning.

Kamraterna Agneta och Matheo"

Vi försökte undvika den taktik som media i västvärlden använt mot Kuba, vi försökte inte leta upp de misstag och de problem som revolutionen ännu inte hade lyckats rätta till. Men nu insåg vi att felet inte låg i den revolution som befolkningen ännu trodde på och stöttade, utan i den byråkrati och i den inskränkthet som vissa tjänstemän uppvisade. När Barbaro och Ismael sa åt mig att jag skulle bära kavaj och slips vid mötet med deras överordnade, byråkraten från Minirex, gjorde det inte saken bättre.

Sedan flera dagar var vi liksom isolerade i en tyst och osynlig cirkel, och väntade på svaret från Minirex. Varje morgon kom Barbaro och Ismael och hämtade oss, för att sedan köra oss till havet, eller till skogen, eller till den lilla hamnen där Hemingway skrev "Den gamle och havet". Men inte ett ord om Escambray.

En morgon klockan åtta satt vi i Hotel Deauville's lounge och väntade på ett Ja eller Nej om vi skulle kunna resa dit dagen därpå. Två och en halv timmar senare kom de två männen, de sa inte ett ord om något möte, eller om vår resa, utan gav oss bara en inbjudan till det stundande Första maj-firandet. Vi blev väldigt besvikna, och kände att Revolutionen måste göra sig fri från denna mörka byråkrati om den en dag ska kunna förverkliga sina höga mål och vackra ord.

Vårt sista brev till Minirex

"Efter flera dagars förhandlingar och samtal om vår önskan att besöka Escambray för att filma där blev vi skjutsade en lång sträcka av Barbaro och Ismael till ett annat ställe. En totalt meningslös resa! Vi trodde att Minirex skulle vara intresserade av en meningsfull film. Med sådana här meningslösa utflykter fråntar ni oss möjligheten att avsluta filmen på det sätt vi vill. Om inte Minirex ger oss en bra förklaring kommer vi därför att avsluta vår filminspelning. I vårt förra brev förklarade vi att vi inte kom hit som turister, utan för att vi ville arbeta med våra kamrater skådespelarna. Vi vill vara på Escambray den 20 - 29 april, och sedan i Havanna i tre dygn från den 30 april, för att där prata med Kamrat Fidel före Första maj-firandet och paraden. Om vi inte kan utföra vårt arbete på det sätt vi vill, naturligtvis i samarbete med Er, så kommer vi snart att börja förbereda oss för att resa härifrån."

Eftersom vi inte fick något svar på vårt brev lämnade vi Kuba några dagar senare, och flög till Mexiko.

Knappt två dagar efter att vi återvänt till Stockholm fick jag ett telefonsamtal från Nelson, pressattachén på den kubanska ambassaden.
"Vad hände, Matheo?"
Ja, vad hände? Innan vi lämnade Kuba hade vi kontaktat ambassaden, och Nelson. I och med att vi besökte Mexiko efter Kuba öppnade sig vissa möjligheter. Vi beslutade att vi skulle filma i Mexiko, och när dessa inspelningar var färdiga skulle vi återvända till Kuba för att jobba vidare där, om vi hade tid och pengar.
Vi pratade även med den kubanske ambassadören om våra negativa erfarenheter av Minirex, men han insisterade, liksom Nelson, på att vi skulle åka tillbaka och avsluta filmen. Jag sa ja, med vissa reservationer. Den här gången skulle jag resa ensam, eftersom min kompanjon Agneta måste stanna hemma i Sverige och avsluta sina universitetsstudier.
I början av hösten återvände jag till Kuba för två veckor. Jag hade med mig en student från filmhögskolan som skulle hjälpa mig med ljudinspelningarna. Den här gången hade vi inga problem med Minirex, men min entusiasm var borta. De sa att jag skulle få träffa Raoul, Fidels bror, som långt senare skulle bli ledare på Kuba. Deras far hade ägt vidsträcka åkermarker, som hade nationaliserats efter revolutionen, eller "socialiserats", som han uttryckte det. Idag bor han i en husvagn. Han hade drömt om socialismens triumf. De ville förändra hela Valle de Picadura från ett kargt stenlandskap till ett grönt och bördigt område, som en symbol för socialismens strävan.
Vi pratade om Marx, socialism och kommunism. Jag mötte grupper med unga människor som med macheter röjde stora områden från torrt gräs, för att där kunna plantera träd och buskar. Jag fick några korta intervjuer med dem. Det var en söndag, alla hade andra jobb, eller studerade, men här var de nu i Valle de Picadura, och utförde volontärarbete från halv sju på morgonen till sent på kvällen. En trebarnsmor från Havanna hade två av sina barn med sig, de jobbade också på

fältet. Vi talade om de mörka Batista-åren på Kuba, innan revolutionen. Nu, med de socialistiska systemet, skulle hon kunna ge sina barn ett bättre liv, en utbildning, en framtid.

Tillbaka i Sverige redigerade jag filmen, trots att jag var lite tveksam om slutresultatet. Filmen innehöll tre porträtt; regissören, arbetaren och den fd markägaren som nu blivit volontärarbetare, och som hade gedigna kunskaper om både politik och mjölkproduktion.

Jag visade filmen för Nelson och för ambassadören, och de var mycket positiva till den. Detta uppvägde till viss del de svåra upplevelser jag och Agneta gått igenom, och de besvikelser vi känt.

Kuba fortsatte att sträva efter socialism, att samarbeta med andra latinamerikanska länder, att skicka läkare och medicinsk hjälp till flera väldigt fattiga områden, att erbjuda bra utbildning, gratis sjukvård och socialhjälp, och även stödja konst och vetenskap. Och allt detta trots den imperialistiska politik som USA har bedrivit mot landet i ett halvt sekel nu, och som man först för bara ett litet tag sedan har beslutat sig för att ändra. Det ska bli mycket intressant att se vad som nu kommer att hända.

Filmen "Den socialistiska människan på Kuba" visades på svensk television samma år, och även på en biograf i Aten. Särskilt i Aten fick den väldigt positiva recensioner.

Och Che?

För mig kommer Che Guevara alltid att vara och förbli symbolen för den evige rebellen, en spirituell och arlig man som kämpade för en global, rättvis, antikapitalistisk och socialistisk värld, långt från fanatism, religioner och nationalism. Hasta la vittoria siempre!

VÄGEN TILL VENEDIG

För två dagar sedan hade han startat från Stockholm, i sin Volvo 245. Resan hade gått bra, och han kände sig bara en aning trött när han med ett leende på läpparna lyssnade på "Volare, cantare" på radion… Äntligen i Italien! Framåt kvällen skulle han komma fram till Bologna, och dagen därpå till Brindisi, där han skulle gå ombord på färjan till Grekland. I Grekland väntade hans segelbåt "Amanda Jane" på honom. Han hade hamnat bakom en lång rad med långtradare. Nu skulle han kunna visa sin körskicklighet! Han vred ratten och tryckte ned gaspedalen med ett karakteristiskt grekiskt självbelåtet och överlägset leende, som dock snart ändrades till en bekymrad grimas. Bakom honom tutade en Ferrari för att få honom att köra åt sidan, och framför honom kunde han se en bil närma sig… "Sväng höger, sväng höger… kom igen nu…", uppmanade hans sidospegel, "det här är långtradare, inte folkvagnar, sväng höger!". I sista sekunden hittade han ett utrymme mellan två av långtradarna, och svängde in där.

"Förstår du inte att du måste titta i mig, spegeln, innan du börjar med dina galna, grekiska omkörningar!?" När det handlade om bilar hade spegeln rätt, men när det kom till mänskliga relationer föredrog han att inte "köra om", han ville vara sig själv, och han ville inte "svänga" eller, någonsin, "hålla till höger".

Trött och lite omskakad efter incidenten parkerade han utanför en bensinmack. En bit längre bort delade sig vägen, till vänster gick vägen mot "drömmarnas stad" Venedig, och till höger vägen mot Florens och Bologna, där han skulle tillbringa natten. Men nu var han hungrig, och hans destination för tillfället var restaurangen bakom bensinmacken, där han tänkte intaga en riklig måltid.

Han såg dem genast när han kom in på restaurangen. Hon var blond, hade lockigt hår, blå ögon, smal näsa och smala läppar. Han hade ett kort svart skägg, långt hår, regelbundna ansiktsdrag. De påminde honom om målningar av Titian, Boticelli, Veronese. Och allting, absolut allting, började om i det ögonblicket, han glömde sin hunger, sin utmattning, den resa som han snart måste fortsätta, han bara log sitt vackraste leende, gick fram till dem, presenterade sig själv, och innan de hann återgälda artigheten frågade han dem om de ville skänka honom nöjet att acceptera hans inbjudan till att dela en middag med typisk italiensk spaghetti.

Det finns ögonblick som är svåra att beskriva, ögonblick som går stick i stäv mot kallt resonerande, och den avståndstagande hållning mot främlingar som vi har inbyggd i vårt sociala system. Hur många människor skulle egentligen acceptera en förbipasserande resenärs inbjudan till att dela en middag, och sedan skiljas med ett "Adjö"?

Den här gången visade sig "Adjö" dock inte vara slutgiltigt...

Renato kom från Venedig, han var arkitekt, Elena var tyska, och arbetade som lärarinna i Västtyskland. Samtalet flöt på, främlingens oväntade framstöt hade höjt allas nyfikenhet, adrenalinet flödade, och när han berättade om sin mors italienska rötter kom inbjudan.

"Har du någonsin varit i Venedig?" frågade Renato.

"Nej, aldrig, men en dag ska jag resa dit", sa han, "nu är jag på väg mot..."

"Kom med oss!" sa Elena då. "Du kan sova hemma hos oss."

Snart satt han vid Volvons ratt och följde efter deras Citroën. De var på väg mot Venedig, och han förundrade sig över vart hans impulsiva handling hade lett honom – denna hans smågalna strävan efter att hela tiden lära sig nya saker och försätta sig i oväntade situationer hade många gånger fått oönskade följder, men den här gången hade impulsiviteten definitivt lett till något bra som skulle uppfylla några av hans drömmar, och kanske även hjäpa honom att komma vidare i livet.

Denna juninatt 1979 parkerade de på Piazza di Roma, enda stället för bilar i denna stad. Klockan var säkert tre på natten. Folk sov, kanalerna låg stilla och tysta. Ljuset från broarna speglades i vattnet och i de sovande gondolerna.

Det luktade fuktigt, han kunde inte se ens en katt stryka omkring, det var bara de tre, och deras tunga bagage. De hade lång väg att gå över broarna och genom gränderna, ibland satte de sig ned för att hämta andan. Eftersom Renato var arkitekt kände han till stadens problem, och han pratade om vardagslivet där, om arkitekturen, om kulturen, och om att de återkommande översvämningarna hotade att förstöra staden.

Han sov hemma hos sin nya vänner. Under de dagar han tillbringade med dem mötte han konstnärer, gondoljärer, fiskare, arbetare, och även aristokrater, och fick därigenom en inblick i aristokratins priviligierade värld. Han observerade, och tänkte på hur betydelsefullt det skulle vara att göra en film om detta Venedig, den stad som han upplevde dessa dagar, att berätta den historiska bakgrunden, men även skildra nutidsmänniskornas liv.

Sista kvällen i Venedig. Ett mjukt regn föll utanför fönstren, från stereoanläggningen hördes Vivaldi's "Konsert för två mandoliner". De var i en konstnärsateljé som tillhörde en av Renatos vänner. De såg på när denne konstnär placerade färgade stenar i en mosaik föreställande en av Venedigs erkända skådespelerskor. Sten för sten blev konstverket alltmer levande. En svart katt klättrade upp på en takbjälke och iakttog den lilla folksamlingen under sig. Bilder och tankar flöt igenom huvudet. Kanske berodde det på musiken, den kreativa atmosfären eller på något ljud från utsidan. Han gick fram till fönstret och tittade ut på torget. Där såg han silhuetter av maskerade människor som dansade till en säkerligen gammal melodi som han inte kände igen, och han undrade om det var vinet som fick dem att dansa, eller nostalgiska känslor. Eller kanske firade man bara att det var söndag? Nej, men så såg han - det var ju ett bröllop!

Detta var vad han kände och såg en junivecka i Venedig. Några dagar senare beskrev han sina intryck i ett brev från Aten till TV2 i Stockholm, och ett år senare spelade han in filmen "Venedig på glid".

Ett helt annat Venedig

Matheo Yamalakis skildrar i sin film **Venedig på glid,** venetianarnas Venedig, och det är förstås något helt annat. Den handlar om stadens invånare, som man så lätt urskiljer från turisterna – det är de som läser morgontidningen *Il Gazzettino* eller sitter och virkar ombord på vaporettan på Canal Grande, det är de som inte har kamera.

Dessa människors syn på Venedig är inte romantisk, de ser med oro och otålighet på att ingenting görs för att rädda staden från högvattnets och bostadsspekulanternas förödande inverkan.

I filmen möter vi bl a Marisa som spelar orgel i S:t Georgios kyrka. "Som allting som är gjort med kärlek har den en underbar klang", säger hon om orgeln.

Detta kan man också säga om Matheo Yamalak:s ömsinta och avslöjande film.

Venedig på glid visas söndag 2 januari 21.55. *KAISA HARYSSON*

183

VENEDIG – PALAZZO BALBI

Hon såg på honom. "Du ser trött ut, var var du inatt?"
"Inatt? I Venedig!"
"När åkte du dit?"
"Ett år efter den där kvällen när jag mötte Renato och Elena på vägen mot Bologna, då de tog mig med till Venedig…"
"Dina italienska rötter… du hittade dit ännu en gång…"

Drömmen blev verklighet, och jag vaknade upp i Venedig. Många år har gått sedan dess, men den där resan fick mig att inse många sanningar, och det är något man inte glömmer i första taget.

Våren 2013. Solskenet strilade in genom mitt fönster i Stockholm, men själv kämpade jag med vinden högt uppe i Kampanilen vid Markuskyrkan i Venedig…

Våren 1980. Stark vind, fuktigt väder, ett mjukt regn. I min högra hand höll jag min 16mm Éclair-kamera, och jag lutade mig med hela min kroppstyngd ut över Kampanilens metallstängsel. Jag spelade in de sista scenerna av min film "Venedig på glid", och klättrade omkring 99 meter över marken. Karin, som vid den här tiden var min res- och livspartner, spelade in vindens vinande, och ljuden från tre jättelika kyrkklockor som svängde i vinden. Om några dagar skulle jag vara tillbaka i Sverige, men nu koncentrerade jag mig på nuet, och ville uppleva det fullt och intensivt.

Här, uppifrån Kampanilen, verkade min kamera skrämd av kaoset långt därnere, men som alltid valde den det svåra alternativet, och liksom sa åt mig "Nu kör vi! Tänk dig att du kunde ha levt här när detta klocktorn byggdes, ursprungligen som en fyr för att hjälpa seglare att navigera genom lagunen. Eller kanske senare, när det blev ett fängelse, ett skräckens näste, en tortyrkammare där dömda hängdes, eller där man lät dem ruttna av hunger och sjukdomar…"

184

"Minns nu, tänk på Henne!".

Mina tankar lämnade Kampanilen och flög till Henne, hon som jag alltid skulle komma att minnas, men som jag inte sett sedan dess...

"Minns nu!"

Jag kunde höra vinden vina runt mig... och så vaknade jag upp i Stockholm. Då gick mina tankar till Palazzo Balbi... och Maria-Gabriella... Jag vände mig på andra sidan, och försökte återuppta min resa tillbaka till den tiden... för många år sedan.

Vaporetton passerade... hennes ögon såg rakt in i mina, och hennes röst fick mitt inre att vibrera.

"Förstår du inte att vi lever i en värld som ständigt förändras", sa hon, "en värld utan kärlek, medkänsla eller solidaritet. Vi bygger inte hus för att bo i dem, utan som en investering. Förstår du inte, de har reducerat oss till djur, vi duger bara som konsumenter, utan ideal, utan drömmar om något annat. Vilken roll spelar de så kallade intellektuella nu? Vem bland oss känner längre till sina rättigheter?"

Jag hörde henne ställa dessa frågor, och vaknade igen. Varför minns jag allt detta nu?

"Maria... Maria-Gabriella", viskade jag, och gick upp för att leta efter mina anteckningar från den här resan, från det här mötet.

Venedig 1980 – ett möte

Vi hade just avslutat inspelningen av min film om Venedig. Karin hade åkt tillbaka till Sverige. Gianni och Renata, våra värdar i det ockuperade huset vid Piazza Manin där vi hade bott, var tvungna att resa till Mestre, eller ockupera ett annat hus, och jag måste resa till Rom om två dagar för att hämta upp de 50 rullarna med framkallad film – att framkalla film var mycket billigare i Rom än i Sverige.

Under inspelningen av filmen hade jag arbetat tillsammans med målaren Roberto Ferucci, och detta samarbete var orsaken till att hans bror nu erbjöd mig att bo hemma hos honom de följande två nätterna, så att jag slapp ta in på något dyrt hotell.

Nyfiken på hur detta arrangemang skulle fungera promenerade jag över de broar och genom de gränder som ledde till Palazzo Balbi. Jag ringde på dörrklockan och väntade. En ung kvinna, som jag trodde möjligen kunde vara hembiträdet, öppnade dörren och visade mig vägen in till ett mottagningsrum fyllt med konstverk och med en enorm förgylld staty som nådde ända upp till taket - en kopia av en egyptisk sfinx. En kvinna vacker som en Madonna av Tiziano lutade sig mot dess sida, och frammanade bilder från antiken för min inre syn…

Från rumnet intill kom Robertos bror Luigi, en lång, ljushårig man i mogen ålder, med en tankfull min i ansiktet. Vi pratade om filmen och om mina två resterande dagar i staden. Hans yrke var samtidigt hans hobby; han samlade antikviteter och sålde dem. Nästa dag måste han vara i Paris för en auktions skull, så efter några artiga välkomstfraser lämnade han mig med den vackra kvinnan. Hennes namn var Maria-Gabriella.

Redan från början märkte jag att den unga kvinnan var intresserad av min konst. Hon frågade om min film, och jag svarade att filmen inte skulle handla om turisternas Venedig, utan om dem som bodde här, om deras livsvillkor i en stad som säljer sina palats till amerikanska och tyska miljonärer som bara använder dem några veckor om året, medan stadens fattiga saknar bostäder och inte har några andra val än att olagligt ockupera tomma hus, eller flytta till hastigt uppförda hyreshus i Mestre eller Margera, där luften är förorenad av de närbelägna raffinaderiernas utsläpp. Filmen skulle också handla om regionens stora ekologiska problem, och vilken innebörd dessa problem hade för Venedigs framtid.

Tyst vände sig den vackra kvinnan mot det stora fönstret med vy över Canale Grande, och för ett ögonblick stod tiden stilla. Ljuden från en vaporetto med museibesökare trängde sig in… Jag studerade några antikviteter…

Då frågade hon plötsligt "Är du socialist?"

Så var det då dags igen. Det var inte första gången som jag var gäst i ett av den venetianska aristokratins palats, och fick den frågan.

"Det här är allvarliga frågor för mig", sa jag lite skämtsamt. "Jag är marxist…", och så tänkte jag att jag nu hade chansen att tala öppet med denna aristokratiska docka, på blandad engelska-franska-italienska, tala om en annan värld utan kapitalister och blåblodiga aristokrater.

Tystnaden föll, jag väntade på hennes reaktion. Jag hade förväntat mig att hon skulle vända mig ryggen, men istället frågade hon om vi kunde ta en promenad.

Konstigt nog blev stämningen mellan oss nu mer avslappnad. Det var fortfarande tidig eftermiddag. Palatset låg i samma område som Santa Maria della Salute. Vi promenerade över några torg och broar. Så stannade vi vid slutet av en liten bro, och hon bad att jag skulle sätta mig bredvid henne på några trappsteg. Jag kände hur hon lutade sig mot min skuldra, som för att visa att hon litade på mig. Vi satte oss bekvämt tillrätta.

"Vad ska din nästa film handla om?"

En stor båt lastad med röda plastbackar fyllda med Coca-Cola passerade under bron... hon väntade inte på mitt svar, utan sa med bortvänd blick: "Jag ska berätta en intressant historia för dig som du kan använda i din nästa film, det handlar om en god vän till mig..." en kort paus... och så fortsatte hon... "Hon har inte sett sin far sedan hon var femton. Han var en man med många problem, kände aldrig sina föräldrar, och växte upp på ett barnhem. Han kom och gick som han ville hemma hos sig, blev sedermera riksåklagare, och var en väldigt sträng man. Att straffa någon var en njutning för honom, och han straffade henne genom att inte tillåta henne att träffa honom. Han var en tyrann på jobbet, och hans kollegor kallade honom, bakom hans rygg, 'Det Onda Ögat'. En gång försökte faktiskt någon mörda honom... synd att han inte lyckades! Trots allt detta saknade min väninna honom, fast jag egentligen tror att hon skulle få ro i själen först om hon fick höra att han var död."

Hon tystnade. Jag försökte ta in alla intryck... vågorna, måsarna, hennes frånvarande blick, som nu var fixerad på väninnans historia.

"Hände detta här i Venedig?", frågade jag.

"Nej...", svarade hon med låg röst, "Nicoletta kom från Neapel."

Hon tittade rakt fram, som om hon kunde se berättelsens fortsättning på andra sidan kanalen... Jag tittade konfunderat på henne. "Hur kan det komma sig", tänkte jag, "Venedig och Neapel?"

"Och hon var alltså en vän till dig?"

"Ja."

Uppenbarligen gissade hon vad jag tänkte och, innan jag hann fråga igen, fortsatte hon, medan hon gav mig en lugn och lite ironisk blick:

"Vill du veta vad som hände sedan? Hon drev från den ena gruppen till den andra, letade efter sin egen identitet, lärde sig en massa saker, och till slut mötte hon en man som liknade hennes far lite. Han var gift, kom från överklassen, en aristokrat. Hos honom kände hon sig lugn och trygg, men hon insåg att framtiden skulle kantas av svårigheter. Hans vänner var inte hennes vänner, för dem var hon bara hans älskarinna. Hon kom på sig själv med att hela tiden ljuga och göra sig till för att bli omtyckt. Till och med inför hennes älskares fru, som bodde på våningen ovanför dem."

Hon slutade prata, tittade på mig, och väntade på min reaktion, men jag sa inte ett ord. Då log hon, och fortsatte sin historia.

"Hennes älskare träffade sin fru ovanför hennes huvud, och hon älskade med honom under hans frus fötter, och varje kväll åt de middag tillsammans alla tre. En gång sa hustrun till Nicoletta: 'Vissa kvinnor är födda till att vara älskarinnor och andra till att vara fruar, jag tillhör den andra gruppen.' Med andra ord menade hon att det är förutbestämt att en kvinna ska bli en fru, det är som om hon fötts med ett märke i pannan som hon bär med sig hela livet. Intressant historia, eller hur?" Maria-Gabriella pratade på. "… men om man tänker på det så bär vi alla en stämpel i pannan. Enligt fatalisterna är alla underkastade sitt öde, det är bara det att några av oss försöker förändra detta öde, försöker finna en annan mening med vår existens än den som stakats ut åt oss. Väldigt få av oss lyckas…"

Förvånad över den oväntade vändning som vårt samtal tagit sa jag försiktigt:

"Det skulle kunna bli en intressant film, ett sånt förhållande mellan far och dotter är inte ovanligt… har du fortfarande kontakt med åklagarens dotter?"

Min fråga eggade henne att fortsätta sin monolog:

"Personligen tror jag inte på kärnfamiljen, den har länge varit ett sätt att undertrycka barnets naturliga förmåga till fritt tänkande. Det sociala förtrycket börjar inom familjen, där konfronteras det hjälplösa barnet med ett enormt maskineri som hänsynslöst utplånar varje form av självständigt tänkande. Ett maskineri som drivs av föräldrarna, skolan, media och hela den förbannade släkten. Väldigt få försöker bryta sig loss ur detta järngrepp, och de som lyckas slås omedelbart ut."

Hon hade nu rest sig upp, och lutade sig mot den lilla brons räcke, med ryggen mot mig. Stämningen mellan oss hade förändrats. Hennes tankegångar var inte nya för mig, men ändå överraskade hon mig, och jag kände mig tvungen att, utan några som helst baktankar, fråga varför hon brydde sig så mycket om vanliga människors öden, när hon bodde i ett palats och umgicks med aristokrater.

Då vände hon sig mot mig, och fortsatte prata med lugn, nästan undervisande, röst.

"Förstår du inte att vi lever i en värld som ständigt förändras, en värld utan kärlek, medkänsla eller solidaritet. Vi bygger inte hus för att bo i dem, utan som en investering. Förstår du inte, de har reducerat oss till djur, vi duger bara som konsumenter, utan ideal, utan drömmar om något annat. Vilken roll spelar de så kallade intellektuella nu? Ska de bara acceptera Västerlandets taktik mot Sovjetunionen, och den idioternas teater som vi kallar 'ett folkvalt parlament'? Även krig bestäms nu av supermakterna... Folk protesterar, men vem bryr sig om dem? Det jag säger kanske bara verkar vara stora tomma ord, men jag agerar utifrån min övertygelse, i motsats till dig. Jag slaktar den falska trygghetskänsla som samhället försöker inge oss."

Nu kan ingen stoppa henne, tänkte jag. Denna monolog var det sista jag hade förväntat mig av detta möte. Jag studerade noggrant hennes vackra ansikte, och försökte lägga henne argument på minnet. Jag ville inte förlora ett enda ord. Senare på kvällen skulle jag försöka skriva ned allt hon sagt i min kombinerade antecknings- och dagbok, den bok som jag öppnade igen 1997. Oväntade känslor från en ung kvinna, i en stad fylld med minnen, en kvinna som talade med en agitators passion, och tacklade universella problem.

"... nej, i det här samhället är allt möjligt, och alla, även du, är skyldiga. Du med din revolution, den eviga falska drömmen. Om du och dina kamrater vågar höja era röster över en visknings nivå kommer era socialdemokrater att krossa er. Vem skapar lagarna, och vem drar nytta av dem? Hur många av oss vet vilka rättigheter vi har? Vi får bara höra om våra skyldigheter mot Staten. Hälften av Roms ungdomar är förslavade under droger, den andra hälften följer lydigt spelets regler, och har sina föräldrar som förebilder. Detta gör mig galen, jag är djupt och fruktansvärt besviken. Vem bär ansvaret för detta förfall: partiet, kyrkan, samhället?... men inte jag, inte längre. Nej... mina handlingar är inte en följd av personliga sentimentala skäl. Du sa att du befann dig på vänsterkanten, att du var kommunist. Vilket mål har du då idag? Att lyda partiets instruktioner, ett parti som försöker förändra de sociala förhållandena genom parlamentet, vilket naturligtvis aldrig kommer att lyckas. De vet mycket väl att USA, Västtyskland och alla andra kapitaliststater aldrig kommer att tillåta något som går emot deras intressen. Och du, vad är du för en person? Bortsett från demonstrationerna, det tomma pratet och fackföreningarna, vad mer har du gjort för att förbättra dina medmänniskors öden? Du är besviken över vänsterrörelsen, men vad väntar du egentligen på, att dina kamrater ska lyfta den röda fanan och ge dig ett vapen så att du kan ansluta dig till kampen? Har du då inte förstått att det är slut och förbi?! Ditt parti existerar bara för att det inte längre utgör någon fara för systemet. Du äter från samma tallrik som etablissemanget och du försöker fånga in dem som fortfarande brinner för saken, dem som fanatiskt bevakar sina ideal, dem som du kan tolerera bara så länge de inte rubbar din bekväma jämvikt… men nu vet vi att under dessa omständigheter kommer vi att tvingas åldras med dig och dina gelikar, ni vänsterromantiker som väntar på Den Stora Dagen. Vi vet nu att vi står inför ett val; antingen döda dem som under århundraden hållit oss i mörker och okunnighet, eller begå självmord."

Det var första gången som jag hade hört en kvinna så passionerat analysera ett politiskt ställningstagande som riktade sig mot hennes egen klass. Hon verkade kunna gissa mina tankar.

"Jag förstår att du är överraskad", sa hon. "Du tar en promenad med en överklasskvinna i denna vackra stad, och i stället för att visa dig sevärdheterna får du höra en berättelse utan början eller slut – jag har ingen aning om hur du ska kunna göra en film av allt detta. Berättelsen är sann och som alla sanna berättelser har den inget slut, inte ens jag själv vet hur det kommer att sluta. Men livet har ju, som du vet, sina egna spelregler… Du vill beskriva samtiden i dina filmer… nu har du ditt tillfälle, jag är säker på att du kan slutföra berättelsen på egen hand. För människors berättelser är ju, trots allt, väldigt lika varann…"

Alla mina känslor av överlägsenhet gentemot henne var nu försvunna, hennes politiska hållning var även min, men vi drog olika slutsatser från denna hållning. Jag fattade hennes hand, hon kramade min hårt. När solen gick ned gick vi tillbaka. Ett mjukt regn hade börjat falla. När vi kom fram till vårt mål togs vi emot av en vacker blond kvinna i 45-årsåldern.

"Så, det är du som är vår gäst… välkommen", sa hon. Hennes röst var varm, lite osäker, färgad av den tvekan som medlemmar av överklassen ofta visar när de möter någon de inte genast kan placera in på den sociala skalan. Hon berättade hastigt för oss att middagen redan hade serverats. Jag fångade Maria-Gabriellas blick när hon kysste sin älskares hustru på kinden.

Bor hon fortfarande i Venedig, undrar jag, eller försöker hon ännu hitta sig själv genom att ansluta sig till olika sociala grupperingar? Är hon kanske nu gift med en man som bor med sin älskarinna på bottenvåningen? Varför valde hon att bo i en omgivning som gick stick i stäv mot hennes politiska övertygelse? Varför valde hon att berätta sin historia för mig, en främling?

Europa har förändrats sedan dess. Om jag nu försöker förstå hennes politiska analys, med det perspektiv som avstånd och efterklokhet har skänkt mig, så har denna analys stora likheter med de tankar som framfördes av Röda Brigaderna och anarkisterna vid den här tiden, inte bara i Italien men även på andra håll i Europa.

Jag levde ett intensivt liv på 1960-, 1970- och 1980-talen, och engagerade mig i många frågor; fascismens återkomst, kampen i Latinamerika, Vietnamkriget, alla diktaturer - bland dem den grekiska, de gamla nazisterna som ännu undervisade vid västtyska universitet, kringsindustrin, den borgerliga pressens monopol-liknande ställning, avsaknaden av allt ifrågasättande i vårt undervisningssystem, och det totala accepterandet av ett konsumtionssamhälle som exploaterade den tredje världen... Alla dessa företeelser var måltavlor för den studentrevolt som då skakade Europa.

Jag gjorde flera filmer, jag pratade med studenter och lärare och försökte förstå vilka planer denna efterkrigsgeneration hade när den nu för första gången med kraft visade sina tvivel på den väg som Det Nya Europa hade slagit in på.

Nu vet vi hur det gick, och också vad som följde på studentrevoltens misslyckande. Ett aggressivt ställningskrig, desperata lösningar med förutsägbara slut, som Baader-Meinhof-ligan i Västtyskland och de Röda Brigaderna i Italien. Dessa grupper var på sätt och viss den logiska fortsättningen på studentrevolten, och för många ungdomar blev de det enda sättet att försöka bekämpa statens allt större kontroll över deras liv – men att ansluta sig till någon av grupperna var också ett slags självmord.

"Vi vet nu att vi står inför ett val; antingen döda dem som under århundraden hållit oss i mörker och okunnighet, eller begå självmord."

PS 1980. Några dagar före det där mötet intervjuade jag Contessa Foscari, ättling till Doge Foscari. Under den intervjun uttryckte hon öppet sina pro-fascistiska åsikter och sin beundran för Mussolini. Men hon sa också att om min film någonsin skulle

191

visas i Italien så fruktade hon att hon skulle få problem med de Röda Brigaderna, som vid den tidpunkten var aktiva i landet. Filmen visades aldrig i Italien.

"Venedig på glid" från 1981 gick upp på biografer i Stockholm, fick pris av Svenska Filminstitutet, sändes på svensk, tysk och grekisk TV, och visades även på flera filmfestivaler.

Jag blev besviken på min egen stad.

Egentligen hade han tänkt sig en ambitiös start med vackra ruiner och tempel och "redan de gamla grekerna" men dagens Aten är med sina 400.000 bilar och fyra miljoner människor en för många sinnen bedövande upplevelse och Yamalakis valde att stanna vid nutiden. Han målar ett porträtt som är långt från turisternas vykort. Avgasser, buller, luftföroreningar, industriutsläpp, hänsynslös exploatering, förtryck, fördomar och kaos.

Jag har försökt att se Aten med öppna ögon, försökt genomskåda min stad. Mina tjugo år i Sverige har gett mig perspektiv. Det jag har sett har gjort mig besviken. Varför har det blivit så här? Anledningen är, menar jag, en ohejdad kapitalism som har fått frodas under de många år av högerstyre. Grekisk TV har tackat nej till filmen. Man fann den alltför kritisk.

Ändå är det inte någon nidbild som Ymalakis framställer. Hans film är genomsyrad av en våldsam kärlek till sitt ämne - därav kanske den lika våldsamma upprördheten över det elände han ser.

INGEMAR MYHRBERG

193

I ATEN

Kanske är du en luffare som strövar runt i tid och rum,
men du kommer alltid att vara knuten till din egen historia

Nej, försök inte fly från den
Du kan aldrig fly från dig själv
Din historia började innan du föddes
Och den kommer att finnas kvar när du är borta

Tankar och minnen från karnevalen i Aten...
Med en pappershjälm på huvudet, en bröstplåt smyckad med förgyllda lejon och en liten rock ovanpå detta för att skydda mig mot kölden gick jag med min far George längs karnevalsgatorna i Aten-stadsdelen Plaka. I min högra hand bar jag ett träsvärd, i min vänstra en sköld. Jag hade confetti både i mun och öron, och pappersband runt halsen. Jag såg nog ut som en riktig gammal grekisk dolma med tillbehör, som en historisk relik i karnevalsyran och musiken.

Mitt eget Aten. Jag växte upp hos dig. Jag lekte, grät, blev förälskad hos dig, och en dag när jag tröttnat på att vandra arbetslös på dina gator lämnade jag dig för främmande länder.
Din civilisations ljus släcktes när först det romerska imperiet och sedan kristendomen förändrade ditt utseende. Därefter intogs du av katalanerna, florentinarna, venetianerna, frankerna och slutligen turkarna. Din tystnad varade i 1500 år, och när du blev fri igen var du en dammig by med 4000 invånare och ovärderliga arkeologiska skatter.
Nu fick du för första gången en riktig stadsplan. Stadsplanerarna ville ge dig breda avenyer och vackra allmänna byggnader. Ditt nya utseende skulle göra dig värdig ditt förflutna. Men politikerna och markägarna hade andra planer. De glömde lätt bort att Filosofin, Konsten, Teatern och Demokratin hade utvecklats innanför dina

gränser, och frodades där innan de utplånades av det bysantinska rikets religiösa fanatism. De skodde sig på din återuppbyggnad. De var orsaken till att du fick växa utan infrastruktur och utan ekologiska hänsynstaganden, med bara vinstintresset som drivkraft.

På 1950-talet hade du 1,5 miljoner invånare och då fanns det ännu hopp om att du skulle kunna räddas ur klorna på dem som sålde ut din mark. Men tyvärr segrade än en gång de snabba klippens politik; dina vackra nyklassicistiska byggnader förstördes för att ersättas med dagens monstruösa betongblock till bostadshus, och runt dina stadsgränser uppfördes mer än 50 procent av Greklands fabriker. Militärdiktaturen gav dig sedan nådastöten när den lät multinationella företag fritt invadera, infektera och smutsa ned det som fanns kvar efter de lokala barbarernas framfart.

Den 25 september 1981, tre veckor och två dagar före de allmänna valen, sökte 834 av dina invånare hjälp mot andnings- och hjärtbesvär vid dina sjukhus. Den främsta orsaken till detta var den grå, ogenomträngliga smogen som sveper in dig under vindstilla dagar. Fler än 400 000 bilar och 200 små och stora fabriker förgiftar din luft.

Thanassis

Filmen "I Aten" kom till tack vare kärlek, minnen, vänner, några tillfälligheter och en hel del tur. Jag, filmskaparen, brukar alltid ha turen på min sida när det gäller sådana här projekt. För det måste ju ha varit tur när jag, som alltid undviker turistens sätt att närma mig mitt ämne, en kväll när jag vandrade omkring i Plaka som en nyfiken dokumentalist råkade titta in genom ett turistställes upplysta fönster och där fick se taxichauffören Thanassis dansa en zeibekiko-dans medan han samtidigt lyfte fem bord med en stol överst bara med sina tänder! Imponerad av dansarens bedrift och styrkan i hans käkar gick jag in och beställde en öl. Ställets kunder var mestadels kvinnliga turister av alla åldrar.

Kvällen därpå återvände jag med filmkameran och spelade in Thanassis' nummer, dansen och hela proceduren med staplandet av de fem borden och hur han slutligen placerade stolen överst på stapeln.

Nästa dag intervjuade jag Thanassis i hans taxi. Han berättade då att han arbetade som chaufför vid ett departement till klockan tre på eftermiddagen, och körde taxi från klockan fem. På kvällarna lyfte han bord med sina tänder, och lärde turister grekiska danser.

"Vet du vad", sa jag, "det jag filmade igår såg ut som en gymnastik-uppvisning till rebetika-musik."

Han skrattade.

"Får du förfrågningar om några… extranummer?" frågade jag.

"Ibland, som sexpartner till någon turist", svarade han lite ironiskt.

"Skulle du tolerera om din fru gjorde samma sak?"

"Naturligtvis inte! Men när jag gifte mig med henne frågade jag inte om hon var oskuld. Man hör ju ibland hur grekiska män misshandlar sina fruar, slår sönder deras ansikten, dödar dem… Jag skulle aldrig kunna göra något sådant. Om min fru inte vill fortsätta leva med mig så skiljer vi oss helt enkelt."

Så fick jag då svar på min fråga om det som jag tyckte borde kunna framkalla problem i Thanassis' familj. Tre jobb, två barn, en fru… På kvällarna fem bord, en stol, och så ibland sex med en turist.

Litsa

Artikel i dagstidningen Ta Nea: "Ung ensamstående mamma kunde inte försörja sina barn: Den unga mamman som övergav sina barn arresterades igår kväll i Drapetsona. Den småväxta men söta Triantafyllia 'Litsa' Kokali, bara 17 år gammal, fördes igår till åklagarmyndigheten i Pireus, och ska där idag svara på anklagelserna som riktas mot henne. Hennes fall", skriver journalisten George Komis, "kan inte inordnas i kategorin 'hjärtlös mor', utan hon är en flicka som inte kan bära familjens bördor, och som egentligen fortfarande skulle leka med sina dockor."

De arresterade Litsa strax efter hennes desperata handling. Nu satt hon på de åtalades bänk bredvid sin ex-make, och hennes föräldrar satt på åhörarbänkarna. Åklagaren yrkade på att hon skulle dömas som skyldig, eftersom samhället behövde skyddas från föräldrar som Litsa. Men domaren insåg att den "skyldiga" i sammanhanget inte var Litsa, utan den manliga struktur enligt vilken hennes värld var uppbyggd, den struktur som skapats av hennes far och hennes ex-make, och han förklarade henne oskyldig till anklagelserna.

Denna dom var intressant. Ett sällsynt fall som behöver undersökas mer, tänkte jag. Jag ringde till Ta Nea och pratade med George Komis, och träffade därefter Litsa på ett litet café i Pireus. Vi pratade om den film jag höll på att spela in, orsakerna till att hon hade blivit åtalad, och vad jag hade läst i tidningarna om domen.

Litsa: "Jag avskedades från mitt första och andra jobb, utan att få någon ersättning. Varthelst jag går ser man mig som ett sexualobjekt, inte som en arbetssökande. Jag gifte mig för att undkomma min far, som har ett fruktansvärt humör. Han brukade förolämpa min mor och mig på de värsta tänkbara sätt. Nu kan man ju fråga sig hur min mor stod ut med att leva i detta helvete under så många år. Redan när jag var en liten flicka ville han att jag skulle följa med honom till kyrkan och be, och han ville själv välja ut en make åt mig.

Jag träffade en man, och vi gick ut två eller tre gånger. När jag berättade detta för min far hotade han med att han skulle kontakta polisen, skicka mig till ett ungdomsfängelse, och Gud vet vad. Då flyttade jag hemifrån, och gifte mig med mannen jag hade träffat. Jag tänkte att jag på detta sätt skulle bli fri från min far. Jag blev gravid, och fick barn, men insåg snart att det inte fanns några känslor kvar mellan mig och min man. När vi nådde brytpunkten då det inte var möjligt att fortsätta var jag gravid på nytt. Vi tog ut skilsmässa, och skulle ha gemensam vårdnad om barnen. Men en dag när de var hos honom kom han hem till mig och lämnade dem utanför min dörr. Vad skulle jag göra? Jag hade inga pengar, och kunde inte flytta hem till mina föräldrar, där mina sju syskon bodde. Efter en dags vånda tog jag med mig de utmattade och hungriga barnen och lämnade dem utanför hälsovårdsmyndigheternas lokaler i Drapetsona. Min son skrek, och jag ställde mig i ett gathörn i närheten för att se vad som skulle hända. En tjänsteman dök upp, och hämtade in barnen. Jag grät när de hämtades, men hade inte kunnat göra på något annat sätt. Den natten sov jag på takterassen till mina föräldrars hus.

Litsas far

Litsas föräldrar bodde i ett hus med två rum och kök. De hade en TV, och överallt fanns ikoner och kors upplysta av elektriska lampor. Fyra av Litsas syskon lekte på balkongen, de andra satt på sina sängar och tittade och lyssnade nyfiket på när deras far förklarade sin livsåskådning för mig, dokumentalisten. Denna livsåskådning var den främsta orsaken till att Litsa hade flyttat hemifrån vid fjorton års ålder.

"Din dotter drog skam över dig och din familj? Varför?"

"Därför att hon redan från tidig ålder ville ha en man hon kunde gifta sig med. Hon lät mig inte välja en make åt henne och ordna hennes bröllop. Detta skadade mitt rykte, och en man är beroende av sitt goda rykte."

Han lyfter sitt finger och pekar mot Litsa.

"Jag skulle ha försörjt dig tills du fyllde tjugo, men du tänkte bara på bröllop..."

"Hur gammal var du själv när du gifte dig?" frågade jag.

"Tjugofem, och inte förde det giftermålet mycket gott med sig... Jag behövde en rik brud, men den jag fick var inte alls vad jag hade önskat mig... en blomma... Jag ville ha en ung, lydig flicka...", han slog näven mot väggen, "och så fick jag den här lilla tjejen som aldrig hade varit med någon annan man...", han pekade mot sin fru. "Hon var tretton år gammal. Visst ville jag ha en oskuld, men det hade varit bra om hon även hade haft pengar. Men jag gifte mig med den här... dockan. Att min dotter själv valde sin make drog vanära över mig, jag fick inte ordna hennes bröllop, jag kan aldrig visa mitt ansikte i Drapetsona igen..!"

"Var det därför du lämnade ditt hem?"

"Jag hade tänkt ta livet av mig, men så reste jag iväg för att bo i ett munkkloster."

"Vilket då?"

Han tvekade lite. "Jag bodde i flera."

"Du hade verkligen bestämt dig för att ta begå självmord?"

"När en man är förtvivlad och har förlorat allt finns det ingen annan utväg."

"Men hur ska det då gå för dina barn?"

"Hur det ska gå..? Gud kommer att ta hand om dem, som han tar hand om alla föräldralösa barn i världen."

Här avslutade jag intervjun med fadern. Det är svårt att glömma barnens prat och skratt, orden, ansiktena, gesterna, samt Litsas och hennes mors sorgsna ögon…

Elefsina 1981

Här i Elefsina växte en gång blommor. Här firade atenarna vårens ankomst, här drack de sig berusade, här satte de upp teaterföreställningar, spelade musik, älskade; denna mark var helig för dem. Nu dör marken mer och mer för varje dag som går, luften är förgiftad, tjugo av de fabriker som förorenar miljön mest förstör atmosfären och vattnet, och dödar allt liv i havet. I hamnen rostar de grekiska båtägarnas stolta flotta sönder. Här äger industrierna sju gånger mer mark än vad de 40 000 arbetare som är anställda vid fabrikerna gör.

I min film "I Aten" kritiserar jag dessa förhållanden genom att visa upp stränder fulla av skräp och sönderrostade metallföremål där människor badar trots att det är förbjudet. Genom att bada där accepterar människorna på sätt och vis det ekologiska kaoset och den förorenade miljön. Samma förhållanden råder på deras arbetsplatser.

"Inget av varven eller fabrikerna håller sina löften, de behandlar oss som slavar. De säger att vi ska få pension vid 65 års ålder, men vem kommer att bli så gammal i den här miljön? Vi samlades tjugo personer utanför Kouramani-fabriken för att protestera mot att fabriken fortsatte sin verksamhet trots att den två gånger blivit fälld i domstol för att ha förorenat omgivningen. Vi tillkallade polisen, de kom och tittade, och åkte sedan därifrån…", sa en arbetare.

1981, när filmen "I Aten" gjordes, var det valår i Grekland, och en hård kamp utkämpades mellan högerpartiet "Ny demokrati", lett av Konstantinos Karamanlis, och det s k socialdemokratiska partiet PASOK, lett av Andreas Papandreo. Rent politiskt var det ingen större skillnad mellan dessa partier. Folket hade dock stora förväntningar på PASOK, och en majoritet röstade på dem. Efter valet utlovade partiet stora reformer och sociala förändringar i Grekland, men dessa löften infriades inte.

Intervjun med Fyssas

I Ny demokratis valcenter vid Syntagma-torget sätter sig politikern Fyssas framför kameran. I rummet intill tar en ung kvinna, troligen hans sekreterare, emot de presumtiva anhängare som partiet lockat till sig med sitt speciella "röster för förmåner"-system. Hon antecknar deras namn, och vilka förmåner de vill ha om de röstar på Fyssas. Besökarna verkar glada och positiva, de visar sin lojalitet mot Fyssas genom att vidröra sina hjärtan eller skrivbordet i rummet med empatiska gester. I centralhallen håller Evert, partiledaren, ett tal som tas emot med applåder, handskakningar, omfamningar och gratulationer.

Fyssas bär vit kostym, en grårandig skjorta med vit krage, och en silvergrå slips.

"Jag valdes första gången 1977", säger han glatt (det verkar som om han uppskattar vår pratstund).

"Hur gör man för att bli en bra politiker i Grekland?" frågar jag. Egentligen vet jag ju svaret, men jag låtsas vara en naiv filmmakare.

"Hur man gör? För det första måste man göra sig känd bland folket, resa runt i landet, skapa en bra bild av sig själv, säga åt folk att man står på deras sida, och att man är en av dem, så att de börjar berätta om sina problem. Det här är enda sättet att bli en bra politiker."

"Vad är dina åsikter om systemet med 'röster för förmåner'?" frågar jag artigt.

"Det är en tradition i vår del av världen. Varför det är så är en lång historia. Jag kan inte säga att jag avfärdar det, jag lika lite som någon annan politiker."

"Varför inte?"

"Därför att om man inte är uppmärksam på människors förväntningar" säger han med ett lite mästrande tonfall "så kan man få svårt att bli omvald. Så fungerar det i alla fall i ett parti i regeringsställning."

"Hur mycket kostar din återvals-kampanj?"

Han skakar på huvudet. "Den kommer att kosta 2 500 000 drachmer. En vän har erbjudit mig att använda hans kontor, en annan vän har erbjudit sig att hjälpa till med att trycka upp mina broschyrer, så det är väl inte så konstigt att till och med en ärlig politiker accepterar 'röster för förmåner'-systemet."

"Stödjer du aktivt detta system, som ju gör att problem förblir olösta, och som gör folk beroende av dig för alltid..?"

"Kanske finns det parlamentsledamöter som inte bryr sig om något annat än sina 'röstkunder', som man ju skulle kunna kalla dem, för de kan inte göra annat, förstår du. Folk röstar vanligtvis på den kandidat som kan uppfylla deras krav, och det är en utmaning för politikerna att tillfredsställa sina anhängares önskningar..."

Från korridoren utanför rummet hördes applåder.

Maria

På en teaterscen nära Kipseli-torget står två figurer, Maria och en annan skådespelerska. Salongen är nästan tom. Maria håller en mikrofon, hennes röst har en ironisk ton, hon talar högt, och förstärker orden i monologen med olika ansiktsuttryck.

"Hon var vacker, klok, och välinformerad om samhällsfrågor. Barnet somnade... mannen smekte henne, hon skrattade på det sätt som hon sett att man brukade göra i reklamfilmer på TV, och viskade 'Kom..! Kom..!'. Han tog henne bakifrån, och när det gått för honom drog han sig genast ur, och somnade. Kvinnan reste sig tyst och försiktigt så att hon inte skulle väcka honom, började diska lika försiktigt, och pratade hela tiden lågt för sig själv. Sedan öppnade hon en bok och läste högt med betoning på varje ord: 'Bara när kvinnorna gör uppror och med kraft kräver sina rättigheter finns det en chans till politisk och social förändring...'"

Bakom scenen förbereder sig Maria och Katerina, den andra skådespelerskan, för nästa akt. Katerina pratar om kvinnors fortfarande låga sociala ställning, om korrumperade politiker, och om de nyrikas konsumtionssamhälle, som enligt dem är orsaken till korruptionen och fattigdomen.

Maria säger: "Jag identifierar mig med hjältinnor för jag har samma drivkrafter som dem inom mig. Jag antar att jag också är något av en hjältinna, för jag har gått igenom mycket. Man har trakasserat mig för att jag är anarkist, men det spelar ingen roll, de kan dra åt helvete! Jag gillar det jag gör, och vill vara i verkliga livet som jag är på teatern. Jag tror att vi har en medfödd kosmisk sanning inom oss, och jag vill nå fram till den. Vi har inget annat hopp, och någon revolution som den där i Ryssland kommer aldrig att organiseras här. Vi måste som individer själva försöka hitta ut ur denna återvändsgränd. I fjol var teatern full med folk. Kanske berodde det på vår föreställning om Ulrike Meinhof…"

"Varför satte ni upp en föreställning om henne?"

Maria skrattar. "Det är inte så lätt att förklara. Jag känner stor släktskap med den kvinnan. Jag identifierar mig inte med henne som person, men känner det som om vi utkämpar samma strid. Jag är inte rädd, och hoppas gå samma öde till mötes som hon."

Fru Poppy, Kostas' och Andreas' mor

En öde gata i utkanten av Pireus. En tysk radioutsändning om tyska soldater som besöker Akropolis under ockupationen hörs. Kameran rör sig fram mot dörren till fru Poppy's hus, den åker in i huset. Fru Poppy står i sitt kök och kokar kaffe, och så börjar hon berätta…

"En dag när min man skulle arbeta morgonskiftet gick jag nerför trappan med honom. Från dörren såg jag på andra sidan gatan två tyskar och två greker, en av dem var Bouyiouris, en välkänd kollaboratör. Jag ropade på min Kostas…"

Så inleddes berättelsen om den outhärdliga stund när Gestapo, med hjälp av två kollaboratörer i grannskapet, arresterade Kostas, den av hennes två söner som var hemma den dagen. Sonen torterades av kollaboratörerna och de tyska soldaterna, och fängslades sedan för misstänkt samröre med motståndsrörelsen. Poppy tog med sig kläder, mediciner och andra saker till honom i fängelset, och väntade otåligt på att han skulle släppas.

"En dag när jag och min man var på väg för att besöka Kostas i fängelset mötte vi fadern till en av vår sons vänner, som också satt i fängelse. Han var väldigt upprörd, och frågade oss: 'Vart är ni på väg?'

'Vi ska besöka pojkarna', sa jag.

'Det är försent', sa han. 'De har dödat våra pojkar… de lever inte längre… nazisterna hängde dem…'.

'Hur vet du det?' frågade min man.

'Det står i tidningen'.

Vi köpte en tidning, och läste: 'På den och den platsen hängdes femtio fångar, som hämnd för att en tysk soldat dödats'."

202

Fru Poppy's röst darrar, minnena fyller hennes ögon med tårar.

"En tid efter krigsslutet grävdes kropparna upp. Man hade begravt dem i en massgrav, liken låg i två rader med fötterna mot varandra. Vi stod och såg på när man grävde, och efter ett tag kände jag igen min Kostas' på kläderna och på ett kors som han bar. Jag sa: 'Där ligger vår Kostas.' Dödgrävaren lyfte upp honom, och jag såg att skelettets händer ännu var knutna..."

Den sista sekvensen i filmen om Aten är tagen genom vår bils bakruta när vi kör iväg från den lilla gatan i utkanten av Pireus.

Aten, jag lämnar dig...

Slutord

Fru Poppy kommer aldrig att få veta varför hennes son knöt sina nävar när nazisterna hängde honom. Var det av vrede över de missdåd som begicks mot ditt folk, Aten? Vrede över att se kollaboratörerna tjäna sina nya herrar, med kungen återinsatt på tronen som regent över stadens lokala reaktionärer?

Inbördeskriget hade redan brutit ut när Poppy's äldre son, Andreas, dömdes till döden tre gånger om för sin kamp mot ockupationsarmén, och för en socialistisk efterkrigsstat. Han räddades några minuter före sin avrättning.

Aten, du har skådat dagar både av ära och förödmjukelse! Du har sett diktaturer och förrädare, upplevt ockupationer och hungersnöd. Otaliga gånger drog man dina barn framför exekutionspatruller i gryningen, och ditt folk befann sig alltid i första ledet när det gällde kampen för social rättvisa. Om det är något jag fortfarande älskar hos dig, Aten, är det minnet av dessa kampens dagar, då jag bodde hos dig!

1986

Fem år efter det att min film "I Aten" visades första gången trodde jag att bråket som den orsakat bland exilgrekerna i Stockholm hade avtagit. Men då mötte jag en företagare i turistbranschen som gav mig en rejäl utskällning.

"Du borde verkligen skämmas för att du är så anti-grekisk, och spelar in sådana där filmer!" skrek han. "Jag som står här framför dig", fortsatte han, och slog nävarna mot sitt bröst, "jag räddar Grekland, jag ser till att ny valuta strömmar in i landet. Och du", han formade sin hand till en pistol och siktade mot mig, "du berövar mig mitt levebröd! Om du visar din film i Grekland kommer de att slå ihjäl dig!"

Först försökte jag argumentera. Eftersom han hade sagt att han trodde på demokrati tänkte jag att han skulle låta mig förklara min ståndpunkt. Men så fort jag öppnade munnen avbröt han mig.

"Nej, jag tänker inte låta dig prata, för det är jag som har rätt!"

Då insåg jag det lönlösa i att försöka diskutera med honom. Han hade, liksom så många andra av hans sort, förknippat lojaliteten mot sitt fosterland med egenintresse och profitbegär, och lojaliteten väcktes till liv bara när hans egna komfortabla levnadsstandard hotades.

Men det som verkligen fick mig på dåligt humör var uttrycket "anti-grekisk". Om filmen var anti-grekisk så var alla de som applåderade när den visades första gången på filmfestivalen vid Heraklion i Grekland 1983 anti-grekiska, och även de som uppskattade filmen vid visningarna på Samos och Zakynthos.

Och på Kreta blev det verkligen anti-grekiskt när vi efter filmvisningen diskuterade i timtal hur vi skulle kunna åstadkomma åtminstone några små förändringar i vårt land. Där sa folk: "I filmen såg vi i alla fall något gott, även om det var anti-grekiskt."

Hur många gånger har jag inte hört detta uttryck beskriva någon som talar öppet om de historiska sanningar som döljs bakom grå draperier av historiker som tjänar etablissemanget eller kyrkan?

Filmen "I Aten" gjordes 1981-82.

Det var en tid då det fanns drömmar om progressiva sociala förändringar i Grekland, förändringar som dock aldrig förverkligades. De flesta som medverkar i filmen är vanliga människor som jag hade mötte under mitt research-arbete. Det var författaren Lily Zographou som hjälpte mig att komma i kontakt med Christina och Voula, dessa kvinnor som, trots de sociala, religiösa och patriarkala attityder som ännu råder i landet, lyckades bygga upp sina liv, uppfostra sina barn, ha kvar framtidsdrömmarna... då, för trettiotvå år sedan.

Filmen visades på svensk television i december 1982, kl 19.30 på kvällen, trots att grekiska ämbetsmän och den grekiska föreningen försökte hindra visningen genom brev och telefonsamtal.

Att döma av de positiva recensionerna i svenska tidningar, och även kommentarer från några greker, gjorde den ett starkt intryck. Det dröjde tjugo år innan filmen visades i Grekland, vid en liten festival på Samos. Ytterligare fem år senare visades filmen av den grekiska televisionen, på Parliament-kanalen, som har en begränsad räckvidd – och då visades den halv ett på natten.

TVÅ INTERVJUER

1981: Två intervjuer från filmen "I Aten" med sexarbetarna Christina och Voula, gjord i deras "hus" på Ippokratous-gatan.

Vad betyder kärlek för Chistina?

Christina: "Kärlek är något overkligt som vi sällan får uppleva, eftersom de flesta män ser oss som objekt, på grund av det arbete vi har. Naturligtvis blir vi förälskade precis som alla andra kvinnor som inte är prostituerade, kärleken bryr sig inte om vilket arbete du har, ditt hjärta syns inte på utsidan, du bär det inom dig."

"Ibland frågar en man: 'Vad kan du erbjuda mig?' Då säger jag åt honom att allt mitt är mitt, men det skulle även kunna bli ditt. Då säger ofta mannen: 'Jag vill ha allt innan vi gifter oss.' Då har vi alltså olika åsikter, och går således skilda vägar. Jag hade en stor kärlek i mitt liv, vi skilde oss, men jag har inte slutat älska honom, jag kommer aldrig att älska en annan man."

"Vissa kvinnor säljer sig för att få mat för dagen, för att de är fattiga, eller för att de blir tvingade till att göra det. Så var det inte för mig, det var inte tvång eller hunger. Mitt äktenskap sprack, jag kunde inte återvända hem till mina föräldrar eftersom min mor hade gift om sig, och min nye styvfar tålde inte att se mig. Så jag fick själv ta tag i mitt liv. Och jag har klarat mig ganska bra, jag ångrar inte mitt beslut. Över hälften av kvinnorna här har förts hit från sina hembyar av män som nu utnyttjar dem. Storstadslivet skrämmer dem, och de kallar männen som utnyttjar dem för sina 'skyddsvakter'. När de vaknar upp efter fyra-fem år, och säger att 'det är dags att slå sig till ro nu, var är pengarna, nu måste vi gifta oss... bankkontot?' då säger han att det inte finns några pengar kvar, han har spelat bort allt... hon går till polisen, och lär sig därefter hur män fungerar, eller så blir hon utnyttjad igen."

Voula: "Jag har sex barn och nio barnbarn. Jag var väldigt ung när min man dog. Jag lyckades skaffa mig ett jobb, men det var dåligt betalt, och arbetsmiljön var sämre än den vi har nu – för mig är det den bästa hittills. Jag började gå på gatan när jag var trettio. På den tiden var det mycket värre, snuten hängde efter oss, de arresterade oss och kastade in oss i cellerna vid Boumbowlinas polisstation. Vi blev sjuka där, om man hade pengar att betala böterna med släpptes man fri, om inte så blev man satt i fängelse. Jag hade en manlig vän som visade sig vara en hallick. När jag förstod vad han var försökte jag bryta med honom. Han hade tagit alla mina pengar. Jag sa åt honom att vi borde skiljas åt på samma enkla sätt som vi hade träffats, och om vi någonsin möttes igen så kunde vi ta en kopp kaffe tillsammans i all vänskaplighet. Men han ville inte höra på det örat, han släpade mig hela vägen från Victoria-torget till Thisio, och slog mig hela tiden. Jag ville inte att polisen skulle blanda sig i, så jag gjorde inget motstånd."

"Jag var dödstrött på att gå på gatan, på poliscellerna, arresteringarna, fängelset. Jag mötte en man. När vi träffades hade jag börjat jobba i ett "hus". Där omgavs jag av värme, av andra kvinnor, och vi hade en madam som tog hand om oss. Jag fick min lön, och varje fredag genomgick jag en hälsotest."

"Hur reagerade dina barn på ditt liv?"

"Mina barn, alla sex, hatade mig."

"Hatar de dig fortfarande?"

"Ja, det gör de, men det jag gjorde gjorde jag för deras skull. När min man dog hade vi inget att leva på. Min mor såg efter barnen, och hon fick dem att hata mig. De vill fortfarande inte förstå. Men nu bryr jag mig inte längre om det. Den här mannen som jag har träffat hjälpte mig att lämna det här livet. Jag träffade honom på en lördag, på söndagen arbetade jag, och på måndagen gick jag sedan till polisen för att se till att bli struken ur deras register."

Christina: "Jag lider inte av det rent psykiskt. Jag har i genomsnitt trettio kunder per dag. Problemet är att det bland dessa kunder finns män som inte vet hur man gör, och när jag säger åt dem 'försiktigt, du gör mig illa', svarar de ibland 'lägg av, du är en hora! vad bryr du dig om det..?' Då blir man upprörd, och slår till honom över munnen... Ibland brukar jag göra en slags opinionsundersökning. Jag frågar då de gifta männen, eller de som planerar att gifta sig, vad de söker, vad de vill ha från en fru. Då svarar de att de vill ha en fru som arbetar, har en hemgift, ett hus, och som är plikttrogen, de vill med andra ord ha en slav."

Voula: "Nu arbetar jag med Christina, hon hjälpte mig. Hon lät bygga ett litet hus åt mig. Nej, jag tycker inte att vi gör något fel. Vi är ärligare än de kvinnor som kallar sin man 'min älskade', 'ljuset i mitt liv', och sedan bedrar honom bakom hans rygg. Så skulle vi aldrig uppföra oss om vi hittade någon att älska. Det är något som jag alltid önskat mig. Så när jag träffade den här mannen som hjälpte mig att ändra mitt liv var jag den perfekta hemmafrun. Jag älskade honom, och han älskade mig. Men tyvärr hände någonting som förstörde allt."

Christina: "Jag har kommit till en punkt i mitt liv då jag känner att jag uppfyllt mina förpliktelser. Jag är mor, jag har uppfostrat barn, jag har låtit bygga ett hus, och även skaffat mig en viss förmögenhet. Jag har en bil, en båt, och väntar kanske nu på att sagoprinsen ska komma och ta mig bort från detta liv... om han kommer... bara han kommer!"

BREV FRÅN AMANDA JANE, OKTOBER 1987

Förtöjd med två ankare vilar sig Amanda Jane vid Griko's Beach på Patmos, mitt emot Sotiris' taverna, medan hennes kapten skriver brev till sin älskade kvinna. Amanda Jane är den lilla segelbåt jag köpte för de prispengar jag 1975 fick från Svenska Filminstitutet för min film "It is nice to be privileged" – det var då jag bestämde mig för att förbli en "simmare" i livet, och simma från ö till ö, i stället för att köpa det där huset jag kanske alltid drömt om, men som jag innerst inne nog alltid vetat att jag aldrig skulle få.

"Inne i Amanda's varma kajuta vill jag skriva några rader till dig för att markera att hösten anlänt. Jag mår bra. Det har blåst förskräckligt på sista tiden, och regn och fuktig luft är på väg, men den här sortens väder blir aldrig långvarigt här. Imorgon ska jag segla till en annan ö, men åt vilket håll det blir beror på vindarna, mitt humör och havet. Jag känner mig stressad och kluven, jag söker inom mig själv för att hitta det som verkligen berör mig, hitta det jag verkligen vill göra, den film jag vill skapa, de idéer jag vill framföra, de ögon jag vill möta. Tänk så många människor jag mött, så många tavlor jag målat, så många dokumentärfillmer jag spelat in! Men ändå kommer jag alltid att sträva efter mer, och passion och kärlek kommer alltid att vara en grundläggande del av mitt jag.

Nu har havet lugnat sig. Det blåser fortfarande en svag vind från syd, ett lätt regn har kommit och gått, molnen försvinner alltmer. Barometern har fallit, regnet måste ha begivit sig någon annanstans. Mozarts pianokonsert i A dur på kassettbandspelaren öppnar upp mina drommar. Det är fantastiskt all jag ännu kan drömma och bli förälskad i en värld så fylld av blodiga krig, katastrofer, miljöförstöring och mänskligt slaveri!

Jag har aldrig reducerat passion till billigt sexuellt umgänge, inte ens i min ungdom, när jag började frekventera grannkvarterens bordeller – även dessa kvinnor närmade jag mig med respekt. Jag visste att samma dag hade andra män omfamnat kvinnan som då stod framför mig, men för mig är en kvinna alltid unik och fri. Jag vill prata med henne, dela mina tankar med henne, leva genom henne. Kärlek kan aldrig uppstå utan ett möte mellan själar, utan förståelse och förlåtelse.

Överallt i min omgivning, och inne i mig själv, kommer jag att fortsätta möta dig, i mina målningar, i mina filmer och i mina skriverier. Svävande högt däruppe som en förtrollerska, en ängel, lyfter du upp mig mot solen, mot legendernas rika värld, så att jag kan skriva, filma och måla våra tankar, dina ögon, din skönhet, min kvinna...

Det har börjat regna igen, jag hör smattret mot fartygsdäcket. Det har blåst upp över havet, luften luktar fuktig jord.

Jag tänder ett stearinljus, och Mozart fortsätter förtrolla kajutan. Än en gång läser jag ditt brev, känner din närvaro, din väldoftande andedräkt. Hur många gånger i mitt liv har jag inte längtat efter denna stund! Att ensam i båten se djupt in i dina ögon, trots att du är långt härifrån.

Månen tittar fram bland de lätta molnen. Vackra kvinna, jag älskar dig!"

Sidorna från s/y Amanda Jane dagbok.
1987/10/03

THEMELINA

Patmos, 18.30, en lördag med nordlig vind.

Amanda Jane låg uppe på land. Vi hade slitit som slavar hela dagen. Edy, min tyske vän, hade koncentrerat sig på att göra rent de mekaniska delarna, och jag hade skrubbat skrovet på min tvåmastade käresta, som skänkt mig så mycket lycka. Nu när vi hade avslutat dagens arbete tog Edy en dusch, och jag gav mig iväg för att lämna tillbaka den hink jag hade lånat av kapten Lefteris, en av öborna. Just när jag svängde in på den smala gångvägen som ledde till hans hus mötte jag en annan öbo, kvinnan Stavroulas syster, som sa med ett sorgset leende:

"Nu har hon fått frid, nu är alla hennes bekymmer över…"

Mitt hjärta hoppade över ett slag, för jag förstod att hon menade sin granne Themelina. Varmhjärtade Themelina med sin livslust, och sina underbara ögon… inom mig tyckte jag mig höra hennes rop: "Kapten, sluta nu, nu räcker det! Du måste vara trött, kom och ta en kopp kaffe!"

Hon brukade komma över två eller tre gånger om dagen, klappa Amanda Jane's köl, och ropa så högt hon kunde för att vi som jobbade inne i båten skulle höra henne. Hon hade med sig kaffe, fikon eller vindruvor, och kallt vatten. Jag tackade min höga lycka för att ha träffat någon som henne, en 92-årig kvinna som sålde cigarretter för att förtjäna sitt levebröd, som inte hörde när telefonen ringde, och som pratade oavbrutet. Ofta frågade hon mig hur det var med Eva, min kvinna vid den här tiden, trots att hon visste att Eva och jag inte hade setts på flera månader. Det var nästan som om hon gjorde det på pin kiv, för att reta mig. Då bytte jag snabbt ämne, men kände mig ändå, trots hennes retfulla sida, glad över att ha lärt känna Themelina.

Det är så sorgligt att du, Themelina, nu lämnat oss, och inte kommer att få träffa Eva igen!

Som ett sista kärleksbevis till dig bar Edy, jag och en av dina grannar din kista från Sankt Fanourios kapell till den plats där du ska sova för evigt. Jag kände mig hedrad över att få göra dig denna lilla sista tjänst, du som en gång var din makes, skeppsbyggarens, stora kärlek. Hur många gånger berättade du inte hur mycket du saknade honom, att du fortfarande älskade honom?!

"Kapten, sluta nu, nu räcker de!"

Och nu har du själv slutat, kära Themelina. Nu skriver jag, din beundrare, dessa rader som en sista hyllning till din vackra själ.

Samma kväll var jag och alla dina grannar på din likvaka. Tillsammans höll vi dig sällskap medan vinden ven.

I din vita skrud sover du, Themelina för evigt, med ett ljus vid din sida. På den breda divanen i ditt hus vilar sig Stavroula, även hon en storsint och kärleksfull människa. Hennes make Fat-Antoni rör sig oroligt vid sin hustrus sida, han oroar sig för hennes hälsa. Hans farhågor blir så verkliga nu med den döda en meter bort. En annan kvinna försöker lätta upp stämningen genom småprat. Och jag, en turist från en annan värld, försöker ta till mig den djupare meningen med denna sammankomst som jag så plötsligt kastades in i när sommaren närmade sig sitt slut. Trots min mångåriga frånvaro från Grekland binder mig osynliga, uråldriga kulturella band fast vid detta land. I takt med att den långa natten går infinner sig ett lugn i min kropp, och jag känner att jag alltmer accepterar livets villkor.

Kära Themelina, jag försöker pränta in i mitt sinne denna stund och dessa människor som älskar dig och som alltid kommer att minnas dig. Under nattens lopp öppnade jag mitt hjärta för dig, och berättade allt du ville veta. Jag berättade om det mörker jag burit inom mig de senaste månaderna, om min väntan på ett speciellt ögonblick, på att inspirationen ska fylla mitt sinne med bilder som solen fyller ett tomt fönster med ljus, som två älskade ögon fyller hela min varelse med inre harmoni, som tanken på en fredlig, kärleksfull värld fyller mig med energi att kämpa vidare…

Jag berättade ännu mer för dig, och jag vet att du förstod. När dagen grydde lämnade jag dig och gick tillbaka till båten för att sova. Horisonten färgades röd. Från Amanda Jane's för kunde jag se ditt fönster, konturerna av alla människor, och det flackande skenet från stearinljuset. Jag la mig i min koj i kabinen, Meltemin – den nordliga vinden – ruskade Amanda Jane's träskrov, och för min inre syn tyckte jag mig se din själ snärjas i seglen, och klamra sig fast vid dem.

"Farväl, tills vi möts igen..!" hörde jag dig ropa när du så slutligen gav dig iväg för att återförenas med din älskade man.

Denna sommar upplevde jag många känslor; kärlekskval, förtvivlan, galenskap, glädje över att se drömmar födas på nytt, död... Imorgon reser jag härifrån, och jag gör det som en känslomässigt rikare man... Farväl, Patmos, vi ses snart, förhoppningsvis mycket snart, igen!

Jag skrev detta dagen efter likvakan hos Themelina, medan jag lyssnade på rebetiko-musik och väntade på båten som skulle ta mig till Pireus – denna båt som säkert skulle vara försenad, eftersom vinden fortfarande var väldigt stark...

Liv, jag älskar dig!

MATHEO YAMALAKIS - MÅLARE, FILMARE, PILOT OCH POET
*Alla piloter är inte poeter. Men många. Den som flugit mot soluppgången,
centrerat i termiken eller fått uppleva den perfekta tunnelrollen vet varför.*
(Tidskriften "Flygrevyn" 1991)

VOLARE

*Att ge äventyret tillträde till sitt liv, att skänka resan mening… att långsamt,
tålmodigt påbörja sin egen odyssé… att bygga Ithaka inom sig själv!*

September 1995

Den här dagen skulle jag påbörja den avancerade delen av min flygutbildning, dvs
börja lära mig konstflygning. Min flyglärare var nöjd med mig, men jag kallsvettades
ända in i kalsongerna!

Efter tre loopar och tre svängar runt egen axel kände jag mig som ett snurrande
hjul, men enligt min lärare, som var tjugofem år yngre än jag, så klarade jag mig fint
även den här gången. Vi landade efter en halvtimme, men jag var genast redo att
veckla ut mina vingar i den oändliga rymden igen. Den här gången skulle jag flyga
en Motorfalke, ett segelflygplan med motor. Jag hade tagit med mig en vän, och
tillsammans ämnade vi flyga till den närbelägna orten Köping för att dricka varsin
cappuccino. Vi var helt galna!

Glyfada, nyårsdagen

Det hela började nyårsdagen hemma hos min vän Vassilis. Vi firade hans namnsdag med musik, skratt, sallader, vin, meze och allt annat som hör ett riktigt grekiskt firande till. Jag satt lite för mig själv och bläddrade i en bok om modellflygplan som jag hade skänkt till min vän, eftersom han sedan en månad tillbaka gick och tog flyglektioner. I tankarna flyttades jag trettio år bakåt i tiden till den tid då mina drömmar var att bli pilot. Vinet jag druckit förstärkte min nostalgi, och plötsligt hörde jag mig själv ropa:

"Jag vill flyga!"

Applåder och ironiska bravo-rop för "ynglingen" som hade glömt att åren gått hördes. Vid den här tiden var jag femtiosju år gammal. Det var nog barnsligt av mig att plötsligt bestämma mig för att bli segelflygspilot, men det är så jag reagerar i denna ologiska värld; jag är som ett barn som fortfarande drömmer, leker och gör loopar med mina leksaksflygplan. Och nu hade denne medelålders grabb tagit ännu ett förnuftsvidrigt beslut.

Denna min "barnslighet" är det enda sätt på vilket jag kan förklara varför jag varje helg sedan färdades ca 120 km till Eskilstuna, där tvättade rent övnings-segelflygplanet och därefter ägnade sju till åtta timmar till att forsla det till flygplatsen för att flyga med min instruktör i 10–15 minuter – och detta två eller kanske t o m tre gånger under samma helg, om vädret och instruktörens sinnesstämning tillät det.

Det var behovet av att lära mig kontrollera både ett segelflygplan och mig själv som drev mig till att fullfölja den ovanliga och svåra uppgift som jag hade åtagit mig. Flygandet fick mig dessutom att vilja skriva poesi, det fick mig att känna som om jag talade med molnen!

Vad är det som gör mig att hela tiden vänder ryggen åt allt som går på rutin, åt alla upprepningar, åt ett ordnat liv? Varför bestämde sig Matheo för att flyga? När ska han växa upp, skaffa hustru och barn? Men jag gillar ju mitt sätt att leva, och det har jag gjort så länge jag kan minnas!

Det var så det kom sig att jag började utsätta mig för nya äventyr varje helg -

äventyr som krävde mer ansträngningar än jag hade trott att de skulle göra, men som efter två somrar gav mig mitt segelflygs-certifikat.

Volare
Att flyga är att Leva.

Om du är envis och lite galen, och älskar friheten uppe i luften, så är starten enkel. Men när förnuftet kommer ifatt dig krävs det stora ansträngningar för att du ska orka landa.

Du förbereder dig i lugn och ro för starten. Utrustad med den nödvändiga fallskärmen sätter du dig i ditt segelflygplan av märket Astir, fäster säkerhetsbältet, testar rodren, och ler ett förtroendeingivande leende. En krok fäster ditt plan fast vid det plan som ska dra dig upp i luften, du signalerar att allt är okej, och så bär det iväg. Långsamt långsamt höjer du segelflygplanets nos en meter över motorflygplanet. Du njuter av utsikten, når en höjd av 400 meter, sedan 500, känner den starka, varma vinden, och så lossar du kroken, svänger genast åt vänster medan motorflygplanet girar åt höger.

Fri och alldeles ensam upplever du sedan intensiva ögonblick av total närvaro, när du flyger mellan moln och solstrålar. Efter ett tag känner du sedan den varma vinden försvagas, och du dras sakta ned mot jorden. Du befinner dig nu under 300-metersstrecket, och det börjar bli dags att landa. I total tystnad styr du mot den förutbestämda landningsbanan. Du känner dig lugn och på gott humör – hur skulle du kunna må på något annat sätt när du flyger bland fiskmåsar, solstrålar, örnar och dina egna drömmar, när du efter ditt strövtåg bland skyarna nu återvänder till den jord som väntar på dig?!

Du fixerar med blicken slutet på landningsbanan, för försiktigt spaken framåt, och sänker segelflygplanets nos. Men högerhanden på spak/höjdroder ser du till att planet håller rätt och jämn hastighet, 90 km/h. Du ser marken närma sig, hör vinden vina, och håller ögonen på kontrollpanelen. Höjden minskar, dina vingar sänker sig, den tomma landningsbanan väntar... och... så... känner du hennes smekning, hennes kyss, du vilar åter i hennes armar, din erotiska omfamning med jorden fullbordas. Lycklig öppnar du huven och tar ett djupt andetag av hennes doft...

Att ge äventyret tillträde till sitt liv, att skänka resan mening... att långsamt, tålmodigt påbörja sin egen odyssé... att bygga Ithaka inom sig själv!

2015 - Jag kommer alltid att drömma om att få breda ut mina vingar igen..!

Jag kom till Sverige på 1960-talet. Landet både skrämde och attraherade mig. För mig var detta en tid av själslig isolering och djup ensamhet. En tid som inte hade någon anknytning till mina tidigare upplevelser i livet, till platser jag bott på, eller människor jag känt. En utforskandets tid, en tid som gradvis drev mig in i mig själv, där jag upptäckte mitt alter ego Minotaurus – djuret vi alla bär inombords. Denna tragiska figur hittar man i ett stort antal av mina målningar.

Sedan dess har det gått många år.

ANARKISTEN

"...eftersom... du är... en anarkist! Ja, precis så, en anarkist! ... Anarkist!"

Rrring... rrring... telefonen ringde... jag satte mig skräckslagen upp... det var väl en dröm, visst måste det väl ha varit en dröm..? Jag letade efter telefonen, fylld av oro... vem kunde det vara?

En lugn, välbekant röst hördes i luren:

"Han kommer idag klockan två... du vet, han som inte dök upp vid vernissagen..." (skratt)

Jag avslutade samtalet, fortfarande orolig efter drömmen vars ord ännu dånade i mina öron, jag skakade på huvudet med ett vagt leende... så, han kommer alltså till slut...

Jag mindes vernissagen, när jag och Dimitris hade öppnat vår gemensamma utställning på Medelhavsmuséet, en utställning som vi hade arbetat med i flera dagar. Mycket folk hade kommit dit, vänner och de sedvanliga utställningsbesökarna, samt politiker och journalister. Atmosfären var gemytlig, vi fick höra många trevliga kommentarer, och gästboken fylldes med intressanta åsikter, tankar och välgångsönskningar. Bara en av de inbjudna gästerna saknades; han som nu skulle komma idag.

Och han kom verkligen, på något sätt lika anarkistiskt oförutsägbar som nattens dröm.

Mercedesen med den grekiska flaggan parkerade utanför Utrikesdepartementet, som låg mitt emot Medelhavsmuséet. Två livvakter kom ut först, sedan chauffören som öppnade bildörren för ambassadören själv. Denne var kortvuxen, artig, leende, och han började med att ta sig en titt på omgivningarna - Slottet, Operan, Riksdagshuset. Så lät han blicken stanna på entrén till muséet, där museichefen och vi konstnärer väntade på honom i den skarpa vintersolens sken. Vi skakade hand och utbytte de sedvanliga hövlighetsfraserna. Sedan gick vi alla tillsammans in genom entréhallen till den etruskiska avdelningen, där vår utställning skulle husera under de närmaste två och en halv månaderna.

Minotaurus väntar på oss, tänkte jag.

Så snart som han kom in salen och såg sig omkring sa vår besökare:

"Så vackert det är här!"

Sedan gick vi förbi målning efter målning i de två salarna. Hans kommentarer var hela tiden uppskattande, något som museichefen förstås gillade. Efter ett tag avvek denne chef, med kommentaren:

"Tack för att ni gör oss den stora äran att besöka oss, Ers Excellens!", och så lämnade han besökaren tillsammans med konstnärerna, hans landsmän.

Då fick jag äntligen ett tillfälle att föra en meningsfull dialog med mitt hemlands ambassadör, jag drog ett djupt andetag och inledde med att säga:

"Sir, idag är det den 20 oktober 1990. Sedan fyra dagar nu är Dimitris Korvellas' och mina egna konstverk utställda på detta museum. Utställningen kommer att pågå i två och halv månad. Varje helg visas även en av mina filmer. Utställningen öppnade den 17, vi har fått väldigt fina recensioner i tidningar, TV och radio. Och vi har också haft många besökare, vilket är mycket viktigt. Men ni, den grekiske ambassadören, missade allt detta. Ni kunde väl åtminstone ha skickat några blommor för att visa Er uppskattning? Hur kan det vara möjligt för ambassaden att ignorera den ära och uppskattning som den svenska staten visar två grekiska konstnärer? När något sådant sker undrar jag vem som är den verklige ambassadören för vårt land, Ni eller jag och Dimitris?

Han tittade på mig. "Nu kommer han att explodera", tänkte jag. Men han sänkte bara blicken, och sa tyst:

"Min käre Yamalakis, jag ber om ursäkt… Jag kom till ambassaden här för bara några veckor sedan. Visst fick jag inbjudan, men kulturattachén sa att jag skulle vara försiktig, eftersom du har… eftersom…" (en kort paus) "eftersom du är en jävla anarkist! Ursäkta… men det var så han uttryckte det… en jävla anarkist."

Han såg i mitt ansikte hur ledsen och arg jag blev, och fortsatte med att säga att han själv förstod vilket misstag han gjort när han genom sin sekreterare fick höra talas om de uttalanden jag gjort i de grekiska program som sändes av Sveriges Radio vid denna tid – där hade jag kallat den grekiska ambassadens underlåtenhet att uppmärksamma detta evenemang på ett så viktigt museum för oförlåtligt. Detta var anledningen till hans plötsliga besök.

Vårt fortsatta samtal blev intressant. Han kunde inte förstå det smutsiga spel som vissa byråkrater bedrev mot mig, och mot våra försök att sprida vårt hemlands kultur. Efter den dagen blev vi vänner, och jag bjöds in till alla officiella sammankomster och kulturella evenemang på ambassaden. I alla fall så länge som denne man innehade posten som ambassadör.

Redan många år tidigare hade jag känt denna tunga, kristna, nationalistiska och patriotiska andedräkt flåsa i min nacke. Under den grekiska diktaturens tid ringde vissa greker till Sveriges Television för att be dem att inte visa mina filmer eftersom dessa var kritiska mot militärjuntan, och eftersom jag själv var kommunist. Allt detta, och även värre saker, läste jag i min fil hos Säpo 2003.

Samma sak hände även åtta år tidigare, 1982, när min film "I Aten" visades i Sverige, och på några festivaler i Grekland. Filmen fick goda recensioner, men en del grupper i Sverige reagerade på åsikter som framfördes av Atenbor i filmen.

Grekisk TV har aldrig visat några av mina filmer, utom "På en liten grekisk ö", som handlar om Ios, i början av 1981. Tidningen "Ta Nea" ägnade då två sidor åt denna film, och två journalister sändes ut till ön för att ta reda på om de kritiska uppfattningar som invånarna på ön uttryckte om de sociala förhållandena och turismens förnedrande sidor stämde överens med verkligheten. Och, förmodligen eftersom invånarnas uppfattningar visade sig vara korrekt skildrade har ingen av mina filmer sedan dess gått på grekisk TV.

1996 visades min film "Ön och den nakne simmaren", om Patmos - en film gjord med kärlek men även med ett kritiskt öga - offentligt på denna ö. Filmen nominerades sedan till den internationella filmfestivalen i Thessaloniki, men tyvärr "glömde" man att dubba den till engelska. Jag visade den vid andra festivaler senare, och den fick ett pris i ett annat land, men den visades aldrig på någon grekisk TV-kanal.

Samma sak hände med filmen "Agapi – Kreta. Kärlek i augusti". Jag väntade i tre år innan jag slutligen fick besked om att den inte skulle visas. 2004 drog staden Chania tillbaka sin inbjudan till en utställning med mina målningar eftersom jag ville visa denna film vid samma tillfälle.

I början av 2007 träffade jag min gamle vän Aris Fatouros. Han arbetade för grekiska Parlaments-TV-kanalen, som hade en begränsad räckvidd. På denna kanal visades sedan sex av mina filmer, om än dock sent på kvällarna.

Denna text som, för att fånga läsarens uppmärksamhet, inleddes med "den jävla anarkistens" dröm, övergick sedan i, och slutade med, berättelser om bittra upplevelser, om vad jag har upplevt under många år, och om vad jag fortfarande upplever idag i en värld där ytlighet och historieförfalskning är accepterade sätt att tackla livet.

Anarki grundar sig på tvivel, på att ifrågasätta den vedertagna historieskrivningen innan vår förmåga till fritt tänkande har reglerats och beskurits totalt av kapitalismens, religionens och fascismens lagar.

OLYMPIADA

7 september 2014. Morgon i Stockholm.

"Hej där, gubben!" ropade den solbränne mannen med de leende ögonen. Jag vinkade åt honom, och han vinkade tillbaka.

Jag hade just återvänt hem efter en resa till Zakynthos. Jag hade rakat mig, och tvättade nu mina händer, redo för en ny andlig resa, redo för att anta livets nya utmaningar. Jag har alltid tacklat livet på detta sätt, och mitt ansikte har alltid varit detsamma, även om det förstås har fått fler rynkor med åren. Kanske måste jag idag också anstränga mig mer för att behålla leendet i mina ögon.

Jag mindes vad min 40-årige vän Dionysos hade sagt på Zantes flygplats:

"När jag pratar med dig känns det som om vi var lika gamla..."

"Men jag känner mig nog faktiskt lite yngre...", sa jag nu åt min solbränna spegelbild.

"Och vart tänker du bege dig idag då?", frågade spegeln.

"Idag? Till Patmos, där jag hade en diskussion om livet och konsten med nunnan Olympiada, en väldigt duktig målare."

"Lever hon än?"

"Inte nu längre."

Jag vill samla kunskap, men om kunskap inte kan delas medför den ensamhet. I en värld utan inspiration kan kreativitetens blommor inte gro.

Första mötet med Olympiada

Jag mötte Olympiada första gången i Patmos' enda bokhandel. Det var vår, tunga regnmoln täckte himlen, och nuddade nästan vid havet. Tusentals färggranna vallmoblommor och tusenskönor bröt dock dagens gråskala.

Att det finns nunnor och munkar på Patmos är inte så konstigt, eftersom ett över niohundra år gammalt kloster tronar högt uppe på ett berg. Enligt öborna är Patmos en helig ö, men på många sätt är den som så många andra grekiska öar; den fylls av turister under sommarmånaderna, och faller i vinterdvala när den sista soltörstande turisten rest därifrån.

På den här ön, som skänktes till klostret av den turkiske sultanen under det ottomanska imperiets tid, skrev en senare helgonförklarad man vid namn Johannes runt år 90 – 95 e kr texten Apokalypsen, som utgör Uppenbarelseboken i Bibelns Nya Testamente. Textens äkthet har ifrågasatts under årens lopp.

På bokhandelns väggar hängde affischer med bysantinska ikoner. Ägaren, George, berättade att ikonerna hade skapats av Olympiada. Jag har alltid intresserat mig för hur Gud framställs i konsten. Bysantinska ikoner har en asketisk framtoning som manar till lydnad och ånger. Jag var fullkomligt absorberad av mina försök att upptäcka spår av den kvinnliga skaparens sensibilitet i den allsmäktige Kristus' bistra uppsyn när himlen plötsligt skakade till, och en blixt skar igenom de grå skyarna. Den slog ned alldeles i närheten, och luften fylldes av elektricitet. Jagad av stora regndroppar rusade en svartklädd gestalt in i bokhandeln.

"När man talar om trollen...", sa George.

Det var så jag första gången mötte Olympiada. Hennes världsliga namn var Thomais Vasilaki, hon var född på Kreta, och växte upp i samma kvarter i Chania där jag tillbringade somrarna som barn. Samma dag bjöd hon in mig till nunnornas Bebådelse-kloster, där hon bodde. En hög mur med tinnar och torn omgav klostret, och bar vittnesmål om strider som utkämpats i en annan tid. Marken var fuktig av regn, trädgården full av blommor.

Inne på klostret råder ett lugn som manar till komtemplation. Nunnornas mörkklädda gestalter rör sig ljudlöst omkring mig. Det är svårt att fånga deras blickar, och ännu svårare att uppskatta deras ålder. De bjuder mig på kaffe, kallt vatten och pomeransfrukter. Jag kom att tänka på poeten Nikos Kazantzakis, som hade en tvetydig inställning till klostervärldens självvalda isolering och flykt från världsliga frågor. Vad var det egentligen som kunde få en ung kvinna att överge samhället och gå i kloster? Vilka mänskliga öden doldes under dessa svarta kappor och hårt knutna huvuddukar som bara lät ögon och okyssta munnar skymta fram?

Innan jag besökte klostret hade jag läst på lite om Thomais / Olympiada. Hon hade varit elev hos den store ikonmålaren Fotis Kontoglou. Eftersom Kreta är känt för sina ikonmålare var det inte underligt att hon kom att ägna sitt liv åt ikonmåleri, och i klostret fann hon en själslig hemvist för sin konst. I boken om henne stod det ingenting om hennes liv och drömmar som ung flicka. Jag hade många frågor jag ville ställa till henne, men beslöt att avvakta lite med dessa.

Olympiada

Hon ledde mig genom labyrintiska gångar, öppnade tunga dörrar med stora järnnycklar, och så nådde vi till slut fram till klosterkyrkan, vars väggar hade målats av Olympiada. Och hennes konst finns inte bara här, utan i flera kyrkor på de Dodekanesiska öarna.

"Hur lång tid tog det för dig att måla de här väggarna?" frågade jag, trots att jag ju egentligen visste att tiden är ganska oviktig i den kreativa skapelseprocessen.

"Flera månader", svarade hon, och pekade mot ett vitt ställe på väggen. "Här ska jag måla själva Bebådelsen."

Hennes ögon lyste medan hon pratade. Jag försökte fånga även hennes blick, men hon undvek min. Trots det fick jag en känsla av att hon iakttog mig i smyg, och att hon ville se hur jag reagerade på hennes konst. Vi gick till hennes rum, som var litet och ljust. Ett litet staffli, penslar, färger, en telefon, blomkrukor med vackra växter, tre svartvita fotografier. Väldigt få saker, tänkte jag, och inget som skulle kunna kittla fantasin.

"Gud är kärlek, och kärlek inspiration", hörde jag då plötsligt Olympiada säga, som om hon hade läst mina tankar.

Hon öppnade ett stort skåp och plockade fram några ikoner. Från nära håll syntes tydligt de delikata färgnyanser, eleganta anatomiskt riktiga linjer, och varma kretensiska färger som karakteriserade hennes målningar. Detta fick mig att verkligen se Olympiadas talang, se den försynta, men för den observante iakttagaren tydliga, personliga prägel som hon satte på sina verk.

Ögonen! – där ligger hennes konsts särpräglade kraft, hennes speciella kännemärke. I några av hennes ikoner har den traditionella glorian ersatts av ögonens sken. Vad är väl en målad gloria mot en ljus blick fylld av liv – av kärlek, kyla, hat, värme? I många av Olympiadas ikoner tittar helgonen mot åskådaren med nästan lekfulla blickar, och ger därmed en fingervisning om att konstnären själv inte känner sig riktigt hemma i ikonernas konventionellt karga omgivningar. Det råder ingen tvekan om att Olympiada har gått sin egen väg, och lämnat avtryck på det bysantiska ikonmåleriet. Hon är nu en del av ön Patmos, och av vår tid, trots att en förfluten tids värderingar och händelser styrt hennes liv och hennes konst. Många av konstverkens historiska referenser har gått förlorade, för vilka av dagens konstkritiker kan i ikoner föreställande till exempel Martyren Sofia läsa in historiens triumfer, nederlag och folkmord? För att förstå sådana referenser krävs gedigen kunskap, och detta gäller inte bara inom konsten.

Vilken betydelse har bysantinsk konst för en stressad nutidsmänniska? På en strand några hundra meter från klostret solar sig människor som flytt från stressen. Varje dag anländer nya båtlaster med turister. De klättrar snabbt ombord på sightseeingbussar som ska ta dem till öns heliga platser för korta besök. Först skjutsas de till den grotta där Johannes skrev ned sin text, och sedan gör de en kort pilgrimsvandring upp till klostret. Därefter får de shoppa lite eller ta en simtur, om det hinns med. Guiderna ropar ut instruktioner genom högtalare, båtarna kommer och går. Programmet är välorganiserat, och betalt med dyra pengar i förväg. Vid entréerna till de heliga platserna bjuder souvenirförsäljarna ut all tänkbar kitsch. Detta är den andra sidan av Olympiadas ö; kommersen med solen, havet och de heliga traditionerna.

Den turkiske sultanen skänkte ju ön som en gåva till klostret, men kan man kalla det en gåva att ge tillbaka ockuperat land till de rättmätiga ägarna? Sultanens förordningar gäller fortfarande på ön, trots att de förlorat sin legitimitet i Turkiet.

Att få samlevnaden mellan öns invånare och Guds tjänare att fungera är en nödvändig balansgång, och dubbel bokföring verkar vara den bästa vägen till Paradiset, både för skattmasen och för kyrkans tjänare. Många människor har ju lyckats omvandla religionen till en inkomstbringande verksamhet. Vid infarten till hamnen lyser ett stort blått neon-kors för att påminna alla om att ön är helig.

Solens sista strålar faller in genom fönstren till Olympiadas rum. Kyrkklockorna ringer till kvällsandakt, ljudet blandas med fågelkvitter. Olympiada förbereder sig för andakten, och jag förbereder mig för ge mig ned mot hamnen, återvända till det stressiga och ytliga liv som väntar på mig, och som verkar så avlägset denna kväll på denna plats. I övermorgon ska jag bege mig till mitt andra, högteknologiska hemland, men jag kommer att göra det med en känsla av att jag på den här ön skulle ha kunnat få svar på alla frågor, även på dem jag inte ställde.

1996. Början på filmen "All the afternoons"

Jag återvände till Patmos, och träffade Olympiada i Bebådelse-klostret igen. Tre år hade gått sedan jag mötte henne i George's bokhandel, och den här gången ville jag göra en intervju med henne för min film "All the afternoons", den andra filmen i min svit "Ön och den nakne simmaren". Jag hade med mig en 16 mm kamera och min Nagra-bandspelare, och oroade mig lite för att jag skulle stöta på svårigheter med intervjun. För när allt kom omkring så skulle jag ju försöka intervjua en person som frivilligt hängivit sig åt ensamheten, som för religionens skull hade offrat sin karriär, sin konstnärliga bana och sin intellektuella frihet, som hade avstått från kärlek och familjeliv.

I mottagningsrummet för klostrets besökare satte jag mig nära syster Olympiada, med mikrofonen väl dold. Jag funderade just som bäst på hur jag skulle inleda intervjun när hon förekom mig; Hon såg sig med ett frånvarande ansiktsuttryck omkring bland de svartklädda figurerna i rummet, och viskade:

"Du vet väl vad man säger, att den konstnär som inte kan fånga ögons uttryck inte är någon riktig konstnär... När jag slutade högskolan hade jag inget att göra, så jag började ta lektioner i akvarellmålning i Chania på Kreta. På den tiden hade jag andra drömmar, och en annan attityd mot livet. Jag tänkte resa utomlands, om det var möjligt, bli designer, arbeta i modebranschen..."

Hon stirrade i fjärran med halvslutna ögonlock, som om hon med blicken genomsökte sina minnen. Och då kände jag att Olympiada nog hade väntat på ett sådant här ögonblick, på ett tillfälle att öppna sitt hjärta.

"På den tiden hade jag ingen som helst kontakt med kloster, och jag levde ett helt vanligt liv. Jag hade inga planer på att bli nunna, men så plötsligt en kväll hände något inom mig... och efter den händelsen tog jag lektioner för Kontoglou under ett år. Mina föräldrar reagerade negativt, och jag bråkade med dem under hela detta år. Då var jag ju fortfarande bara en väldigt ung, och söt, flicka, och de undrade vad jag höll på med. Men jag visste ju inte själv vart jag var på väg, så jag kunde inte förklara för dem."

Jag lät henne fortsätta berätta, för det var ju det hon ville göra, prata om det hon hållit gömt inom sig under så många år.

"Man förändras inte helt på en kväll, och blir inte en lycklig människa över en natt. När jag först kom hit var livet på klostret inte som det är nu. Då delade jag cell med tre andra flickor, och vi hade inte tillräckligt med utrymme för att kunna sova bekvämt, men jag trivdes ändå i stearinljusens sken. Det är ju framförallt Gud som skänker styrka, Han gör så att du aldrig känner dig ensam. Men först måste du själv

228

finna Honom, och det är inte helt enkelt. Livet är svårt ibland."

Hon tystnade, och såg på mig.

"Det är lätt att leva under lyckliga tider… men det är svårt att lyda, och frågan är… hur vill du ha Gud? Idag vill du kanske ta del av samhället, tjäna pengar, leva… men samtidigt vill du ha kontakt med Gud, känna något som den som inte upplevt det inte kan förstå, men det är svårt… att aldrig tänka något ont om en annan människa… för att lyckas vara ärlig och själsligt ren måste du vara ödmjuk… allt hänger på ödmjukheten… du kan inte finna Gud om du inte är ödmjuk…"

Jag såg mig försiktigt omkring, nu var vi ensamma i rummet, nunnorna hade nog gått för att be sina aftonböner.

"Men vårt ego lämnar oss aldrig", viskade Olympiada. "Det är därför vi som valt klosterlivet våndas… och vi kämpar… man måste kämpa för att nå fram till Gud…"

"Kan vi gå till ditt rum och titta på det du arbetar med idag?" sa jag. "Jag skulle vilja spela in några scener där."

I rummet satte sig Olympiada framför en ikon som ännu inte var färdig. Hon iakttog sitt konstverk, och fortsatte prata utan att vänta på någon fråga:

"Min konst och min kreativitet har gett mig mycket…Gud gav mig en fulländad talang… men jag har andra brister…"

"Vilka då?" frågade jag.

"Ingen är felfri", viskade Olympiada. "Jag lider också av egoism. Och jag tror att många därute i samhället är mycket bättre än vad vi här i klostret är… de lever vanliga liv, nära andra människor."

Hon tog en pensel och drog med stadig hand en linje på den ofärdiga ikonen.

"Vi bär nunnekläder, men vi är också människor… vi vill vara bättre, finare, men om vi inte passar oss blir vi sämre än dem som lever i den sekulära världen… och därmed dubbelt fördömda. Om du förlorar det ena livet förlorar du även det andra, och då är du en dubbel förlorare; du förlorar det liv du valt, och också det liv där du kunde ha skapat något eget. Mycket svårt."

Förvånad över dessa tankegångar frågade jag:

"Känner du dig själv nu?"

Med ett litet skratt svarade hon:

"Ja, det gör jag… i alla fall lite… men jag har ofta fel…"

Många år har gått sedan denna intervju. Jag har visat filmen "All the afternoons" vid olika festivaler, och diskuterat den med åskådare. Jag kommer alltid att minnas Olympiada och hennes uttryck: "Hur vill du ha Gud?" Jag har aldrig hört någon annan uttrycka det på det sättet. I alla religioner definierar skribenter, "vise män" och helgon bilden av den allsmäktige, och även bilden av hur en sann och rättrådig anhängare till just den religionen ska leva, med utgångspunkt från etablissemangets behov. De konstruerar den Gud de behöver, och låter präster sälja syndernas förlåtelse!

En dokumentärfilms tillblivelse är en resa mot ökad kunskap, beledsagad av ett fritt, oberoende tänkande. Men många gånger tillåts ändå i slutändan samhällets sociala och politiska system fjättra filmens fria tankar med olika krav som leder till självcensur – detta trots att vi alla, åtminstone teoretiskt, föddes som fria individer.

DAGEN JAG MISSADE MITT BAD

"Vart tycker du vi ska åka?"

Det var tidigt på eftermiddagen. Jag och Nikolakis satt i en uppblåsbar plastbåt vid min segelbåt Amanda Jane, och hade bestämt oss för att ta ett bad. När jag såg på Amanda Jane fylldes min själ av både glädje och nostalgi. Hon var tio meter lång, hade två master, och hon hade skänkt mig oförglömliga dagar fyllda med hav, sol och kärlek.

"Jag startar motorn, och när jag säger till så lossar du kedjan", sa jag till Nikolakis. Jag vred om strömbrytaren, och motorn startade på en gång. Men jag fick inte så mycket tid till att njuta av dess rytmiska sång, för plötsligt ringde mobilen.

"Vem..?"

"Borgmästaren…"

"Jag hör inte riktigt… vad vill han?"

"Att du ska komma i eftermiddag…"

"Komma vart då?"

"Till rådhuset."

"Varför då?"

"Ett ögonblick, han vill prata med dig."

"Ska jag lossa på kedjan?" ropade Nikolakis.

"Nej, vänta… Ja hallå, herr borgmästare."

"Hallå där, Matheo."

Ja, mitt namn är Matheo, och av en ren slump råkade detta även vara borgmästarens namn. Hans samtal fick mig att minnas att vi hade planerat att ordna föreläsningar om dokumentärfilmande, och jag antog att han nu hade goda nyheter om dessa planer…

"Jag vill att du kommer till mitt kontor… och att du tar kassetten med dig…"

"Vilken kassett då?"

"Den med din film 'All the afternoons', som du visade oss igår."

Det var sant att jag hade lovat honom en kassett med filmen… men varför denna plötsliga brådska?

"Okej, jag tar med mig den."

"Jag vill att du visar den för hela kommunfullmäktige."

"Varför då?"

"Kom hit klockan sex."

"Men vad är det som pågår?"

"Vi fick in några klagomål, förstår du... Kom hit så pratar vi om det."

Han la på, och jag stängde av motorn. Han hade frågat om jag förstod, och det gjorde jag, bara alltför väl. Det var inte första gången detta hände, och säkert inte heller den sista.

"Men hallå, vad är det som händer?", ropade Nikolakis.

"Vi får skjuta upp vårt bad, Nikolakis."

Med den värdefulla kassetten i ryggsäcken körde jag min Suzuki 384GT hela vägen upp till rådhuset, som låg nära klostret på kullens krön. Varje kurva erbjöd underbara utsikter över ön, och jag njöt till fullo av den grekiska landsbygdens väldoftande buskar.

Denna motorcykel hade hjälpt mig att skapa många målningar. Varje kväll runt sex eller sju brukade jag parkera den vid vägkanten, plocka fram mina färger, och fästa målarduken på en masonitskiva. Sedan lät jag mina ögon, mitt sinne och mitt hjärta vandra omkring i det vackra landskapet.

Och nu hade jag alltså kommit till rådhuset, denna sekelgamla byggnad. Vid entrén väntade Manolis. Han var ledamot i kulturutskottet, och även en poet och en vän. Han släckte sin cigarrett och skakade min hand.

"De väntar på dig däruppe", sa han och skakade på huvudet med ett litet ironiskt leende på läpparna.

Runt ett långt bord med en TV vid ena änden satt omkring femton gravallvarliga ledamöter från kommunfullmäktige och från kulturutskottet. Alla utom två var män, och de två kvinnorna var uppenbarligen sekreterare. Jag ställde mig bredvid borgmästaren framför en TV-apparat. För ett tag sedan hade jag ansökt om att få träffa honom, inte för att försöka skaffa mig några särskilda förmåner, utan bara för att få skaka hand med honom och uttrycka min uppskattning för vad jag hade hört om hans konstruktiva och filosofiska sätt att tackla det dagliga arbetet. Och även kanske fråga honom varför han riskerade både sin sinnesro och sin livsstil genom att bli borgmästare på en ö med sådana speciella problem som Patmos. Igår kväll, efter filmvisningen, hade han sagt "Bravo, Matheo!" med varm röst. Men hur skulle det låta idag? Nu såg han bara på mig med ett litet småleende. Jag förstod inte riktigt varför han hade släpat mig inför denna inkvisitionsdomstol.

"Det gläder mig att se er igen", hörde jag mig själv säga. Nyfikna ansikten med aningen avståndstagande miner vändes mot mig. "Många av er såg min film igår, ni applåderade och lyckönskade mig. Visst kan vi se på filmen igen, men inte här. Låt oss se på den nere vid stranden, så att även förbipasserande kan säga vad de tycker. Det var väl tjugofem år sedan diktaturen här i landet föll, eller hur? Jag vägrar att visa filmen på order."

När jag nu idag ser tillbaka på denna scen med den distans som tiden har skänkt mig kan jag skymta en viss oro i borgmästarens ögon, han gör ett tecken som om han vill säga "...visa bara filmen, så kommer allt att bli bra."

Men jag fortsatte: "Okej, eftersom jag respekterar borgmästaren och de demokratiska institutioner han företräder så kommer jag att tillåta att filmen visas här. Jag väntar i rummet intill. Efter visningen vill jag att ni talar om för mig vilka scener ni har invändningar emot."

Jag la filmkassetten på bordet och gick in i nästa rum. Detta råkade av en ren tillfällighet vara borgmästarens kontor. En tjänsteman som jag hade träffat någon gång tidigare satt och skrev vid ett bord.

"Jag såg filmen igår", sa han.

"Och vad tyckte du?"

"Den var bra... men det var någonting i den som störde mig..."

"Vad då?"

"...en viss sekvens. Du visar ett fönster med blommor och sen låter du kameran sjunka mot en överfull soptunna..."

"Och det störde dig?"

Tystnad.

Jag visste att han var medlem i det socialdemokratiska partiet PASOK, och att han ägde en butik nere vid hamnen, där turisterna kom och gick...

Detta kommer att bli tufft, tänkte jag. Sopor och skräp verkar inte vara något problem, men de måste tydligen döljas väl...

Jag satte mig ner och inväntade en befarad storm av protester och invändningar från rummet intill. Så kom jag ihåg ett kuvert som Manolis hade gett mig innan jag gick in i mötesrummet. Jag öppnade det, och genast blev jag på bättre humör. Inuti kuvertet låg ett brev till kommunfullmäktiges ordförande:

"Herr ordförande.

Med åberopande av mitt uttalande vid kommunfullmäktiges sammanträde den 31 augusti 1999 tillkännager jag härmed mitt utträde ur kulturkommittén. Orsaken är att jag, både som ledamot och som fri medborgare, tar totalt avstånd från det sätt ni skötte visningen av Matheo Yamalakis' två filmer. Filmen om Patmos visades på ett av kommunfullmäktiges sammanträden bara för att denna mäktiga institution skulle få möjlighet att framföra kritik mot det budskap som framfördes av filmskaparen och de människor som deltog i filmen. Enligt min personliga åsikt – och troligen inte bara min – kan detta nästan likställas med censur. Jag är verkligen ledsen att jag känner mig tvingad att avsäga mig mitt uppdrag på grund av orsaker som har med yttrandefrihet och respekten för en annan individs synpunkter att göra, för ett samhälle borde visa tolerans även för en åsikt som framförs av en minoritet – allt detta utgör ju själva grunderna i en fungerande demokrati.

Manolis T"

Manolis, Manolis, jag beundrar ditt sätt att tänka och jag älskar dig! Som tur var var det inte bara du som tackade nej till censur. Filmvisningen följdes av applåder och hurrarop. Jag kastade en väldigt ironisk blick mot PASOK-mannen, och drog en lättnadens suck.

På kvällen satt jag på en taverna vid sidan av vägen som ledde ned mot stranden, jag drack Retsina och tänkte på vad som skulle hända härnäst. Det hade framkommit två klagomål efter filmvisningen, båda från PASOK-medlemmar som ägde turistställen. På min axel kände jag plötsligt herr Sotiris' tunga och varma hand – han var en av de ledamöter som både tillhörde PASOK och som var butiksägare.

"Mer klagomål", tänkte jag, men spärrade sedan upp ögonen när jag hörde Sotiris säga med stadiga röst:

"Om vi hade tio fler personer av din kaliber, Matheo, så skulle vår ö vara ett mycket bättre ställe!"

Sedan drack vi vin och pratade, både om filmen och om andra saker. Så slutade den dag då jag missade mitt bad.

EN VÅRMORGON HOS SÄPO

Stockholm 2003-05-06

Herr Justitieminister,

Jag skriver till Er med anledning av att jag nyligen fått bekräftat av SÄPO att jag under stora delar av 1960-talet och 1970-talet varit åsiktsregistrerad av dem. Detta har åsamkat mig ett stort psykiskt lidande men även påverkat mig yrkesmässigt och inte minst ekonomiskt om man idag ser på min pension.

Den dåvarande socialdemokratiska regeringen låg bakom detta uppdrag och jag anser därför att det ligger ett ansvar hos dagens regering att ge mig och alla åsiktsregistrerade en offentlig ursäkt. Då vi dessutom fått betala ett högt ekonomiskt pris för denna särbehandling borde vi även få en ekonomisk ersättning i efterhand.

2003-03-12 beviljade Säkerhetspolisen min ansökan att få läsa 15 sidor av de anteckningar som finns i Säkerhetspolisens arkiv om mig. Av de 15 sidorna framgår det att jag under stora delar av 1960-talet varit åsiktsregistrerad av Säpo.

Matheo Yamalakis

En dag hos Säpo, April 2003!

I Tidskriften "Journalisten" 21 - 27 Januari 2003 skriver Ewonne Winblad:

Ewonne Winblad

FOTO BENKT EURENIUS/PRESSENS BILD

Minst fyra Säpo agenter på SR

Minst fyra chefer och medarbetare inom Sveriges Radio och Sveriges Television var agenter åt Säpo och rapporterade regelbundet om sina kollegor till säkerhetspolisen. Verksamheten pågick ända till slutet av 70-talet.

En av Sveriges Televisions högsta chefer var på väg att efterträda Birger Elmér som spionchef.

– Men så kom IB-affären och då sprack allt, säger Ewonne Winblad.

En av Sveriges Televisions högsta chefer var på väg att efterträda Birger Elmér som spionchef.

– Men så kom IB-affären och då sprack allt, säger Ewonne Winblad.

I slutet av 1999 sände SVT ett program om misstänkt omfattande åsiktsregistrering inom Sveriges Radio och Sveriges Television. I programmet pekades Olof Wahlund, säkerhetsansvarig vid Sveriges Radio under 50- och 60-talen, ut som ansvarig för registreringen.

Innan Olof Wahlund kom till SR arbetade han bland annat på försvarsstaben och hade Birger Elmér

Olof Wahlund

FOTO PRESSENS BILD

som arbetskamrat.

Inom SR-koncernen steg Wahlund i graderna och blev så småningom biträdande TV-chef och Nils-Erik Bæhrendtz närmaste man. Som sådan ingick han i programkollegiet som bedömde politisk känsliga program. Han ingick även i den rekryteringskommitté som anställde nya producenter inför starten av TV2 1968.

Enligt programmet ställde Wahlund politiska frågor vid anställningsintervjuerna och rapporterade uppgifter om de sökande till IB.

Hos Säpo

Han lämnar mobiltelefonen och kameran hos vakten. Inne i fickan har han gömt sin Minidisk och sin "myggan"-mikrofon. Han hade tänkt stanna några år i det nya landet, men tiden hade gått fort. I hans eget land slog en militärjunta till. Sedan kom kärleken, sedan ensamheten, sedan viljan att gå vidare. Och efter 40 år är han fortfarande här. Som ung konststudent i Tyskland hade han upplevt en del av Europas kalla krigstid och han var tillräckligt medveten för att vara med och delta i denna viktiga historiska process.

Det var en spännande tid då Europas och USA:s studenter och medvetna människorna började protestera mot imperialistiska krig, sociala orättvisor, mot utsugningen av tredje världen, rasismen, och olika diktaturer. Allt ifrågasattes av dåtidens politiska rörelse. Små glimtar av hopp för ett rättvisare samhälle gav sig till känna. Innan han åkte till Sverige läste han om det nya landet, som beskrevs som storsint liberalt, och socialdemokratiskt.

Nu sitter han i det lilla rummet i polishuset hos Säpo och väntar. (Det är inte första gången han sitter hos Säpo, men till skillnad mot det förra besöket var det denna gång han som tog initiativet till besöket).

Vaktens steg närmar sig det lilla rummet, hans hjärta slår fortare. Vakten hälsar artigt och lägger en mapp på bordet, sedan tänder han en läslampa och lämnar honom ensam.

Mappen verkar tunn i motsats till de våndor som han har gått igenom. Han minns att det i brevet från polisen stod att han skulle få läsa bara 15 sidor av Säpos registrerade anteckningar. Innan han börjar läsa ser han sig om för att försöka upptäcka om någon dold kamera är installerad i rummet. Sedan sätter han igång minidisken. Han börjar läsa den första sidan sakta, försiktigt och respektfullt. Han viskar de skrivan orden till "myggan". Ord som berättar om en tid då det fanns drömmar och visioner.

Orden förvandlas till bilder. Sidorna friskar upp hans minne. Han påminns om möten med vänner och fiender, om studentdemonstrationer och resor, om ångest och hopp, om de filmer han gjort, och om den ensamhet han känt mitt ibland människor.

En gång skrev han i sin dagbok: "I säkerhetspolisens arkiv hittade Ewonnes Winblad rapporter skrivna av medarbetare inom Sveriges Radio…" Han har läst hennes artikel, som aldrig dementerades av Säpo eller SR, om att minst fyra chefer inom Sveriges Television var agenter åt Säpo.

Nu är han framme vid den sista sidan bland dem som han skulle få läsa, och trots att han viskat sig igenom alla sidor har han inte hittat varken ett namn på någon person, eller på företaget där han var anställd. Ingenting om dem som orsakade hans lidande.

Besviken läser han om alla sidor en gång till, och letar efter angivarens namn, efter en antydan om företagets inblandning. Då hittar han en sida till! Femton slarvigt skrivna rader, inga namn, men här finns någonting!

Han läser:

"Angående Grek. Medb. Vilka bo i Sverige och som den 9 februari 70 hotat Greklands Chargée d'Affaires.

Yamalakis Mathieu född 1931 ogift Granitvägen 28A Tyresö. Samma källa har uat. till 20/8/70. enligt SUK som textare och tecknare. Samma källa har som arbetsgivare noteringen Sveriges Radio, vår kontaktman vid SR har uppgivit att Yamalakis inte är anställd men att han som freelance huvudsakligen gör reportage om motståndsrörelsen mot militärjuntan i Grekland och arbetar mest i Paris och Berlin. Han är hängiven Papandreou-anhängare och expert på grekiska frågor. Kontaktmannen har själv inte kunnat bilda sig någon uppfattning om Yamalakis men han har hört glunkas att denne inte skall vara någon att hålla i handen, ett uttryck som han inte vet i vilket sammanhang det skall sättas.

Vid förfrågan den 25/4/68 uppgav kontaktmannen att Yamalakis är duktig och att han har gjort många fina arbeten men att man inom TV-ledningen har blivit varnad för honom av andra greker, att han är en kommunist. Freelance som fotograf och klippare."

Han viskar klart den femtonde raden till minidisken och sen lutar sig tillbaka i stolen. Han förstår att "de" har spionerat på honom och avlyssnat honom i flera år. Följer man åren bakåt hamnar man på nyårsafton 1963. Just denna dag kom han från Västtyskland till Stockholm för att jobba några år på SR, och sedan blev han

239

kvar...

Hos vakten får han tillbaka mobilen och kameran. Samma vakt följer honom till dörren. Innan han går ut vänder han sig leende mot vakten och viskar: "Jag är fortfarande kommunist!" Vakten ler vänligt tillbaka. Han lämnar Säpo. Det är vår i luften, Han vill andas frisk luft. Alla dessa minnen, han var bara där i två timmar, men det kändes som om hela livet passerade revy.

Till Carl Anton Spak, Registernämnden

Min bäste Carl Anton Spak!

Tack för våra samtal och för brevet från 2004-12-03 som innehåller resultatet av Registernämndens utredning under min anställnings- och frilanstid som producent vid SR och Säpos registrering av min person under denna tid.

I brevet finns en hel del nyttig information och ett besked att jag som fd anställd vid SR har möjlighet att ta del av innehållet i min personalakt. Du skriver bland annat att: Registernämnden har inte hittat några uppgifter som tyder på att det har utlämnats uppgifter om mig vid personalkontroll till Sveriges Radio under åren 1945-1969. Du nämner Ewonne Winblad och hennes uppmaning att leta i mina handlingar i Sveriges Radios arkiv. Så idag bestämde jag mig för att följa ditt råd och försöka komma över några uppgifter om Säpo, om mig och SR, under denna mörka period i Sverige. Jag ringde och bestämde tid hos Sveriges Radios arkiv för att stämma möte med "mitt förflutna". Chefen heter Carina Sjögren och var mycket hjälpsam. Jag fick sitta ostörd och ensam, och i motsats till Säpo, behövde jag aldrig "viska" till minidisken. Några spännande rader ur min personalakt fanns inte om min person. Allt är "bortrensat", precis som Ewonne skriver. Jag läste om min anställning och min uppsägning, och andra små detaljer. Det som överraskade mig var min dåvarande högsta chef Tore Ljungbergs mycket positiva rapport om min person. I sin rapport beskriver han mig som en välutbildad individ, en kunnig konstnär och den rätta för Textilateljén, en rapport som resulterade i min anställning, Samma man försökte ett och halvt år senare på ett fult sätt sparka mig från företaget... eller var det inte bara han, utan hela det hemliga maskineriet av angivare och mörka figurer som beskrivs tydligt i Ewonnes artikel?

Matheo Yamalakis

Matheo Yamalakis har i en skrivelse begärt ersättning för, som Justitiekanslern har uppfattat det, kränkning med ett skäligt belopp, dock inte understigande 100 000 kr. Som grund för anspråket har han bl a anfört att han har varit, och kanske fortfarande är, registrerad hos Säkerhetspolisen. Han har anfört att detta har orsakat honom psykiskt lidande och också har inneburit ekonomiska svårigheter för honom eftersom han på grund av registreringen har gått miste om en anställning som han annars säkert skulle ha fått.

Matheo Yamalakis har fått ta del av vissa uppgifter som rör honom i en akt hos Säkerhetspolisen benämnd 156/68. Den akten har därefter överförts till Riksarkivet, där den har förkommit. Jag har därför inte kunnat ta del av den akten.

Justitiekanslerns bedömning

Som tidigare har nämnts fann Europadomstolen i en dom den 6 juni 2006 att Sverige hade gjort sig skyldig till vissa kränkningar av Europakonventionen och sökandena tillerkändes därför viss ersättning.

BESLUT
Datum 2009-11-13
Dnr 2868-08-47

ERSÄTTNINGSANSPRÅK MED HÄNVISNING TILL UPPGIFTER I
SÄKERHETSPOLISENS REGISTER

Justitiekanslerns beslut

Justitiekanslern tillerkänner Matheo Yamalakis ersättning med 15 000 kr.
Ersättningen ska betalas ut av Justitiekanslern. Justitiekanslern kritiserar
Riksarkivet för att Säkerhetspolisens akt benämnd HS 156/68 har förkommit.
Sekretess råder för uppgifter i Säkerhetspolisens register.

Samma skit - här som där / Stasi i Sverige december 24, 2009

Sveriges Radios Publicerat rapporterar att SVT-filmaren Matheo Yamalakis får
upprättelse av Justitiekansler Göran Lambertz. Säpos spioner på SVT betecknade
honom som "kommunist och inget att hålla i handen" - därav var hans framtid på det
statliga tevehuset körd.

Han är en av många som drabbats av åsiktsregistrering och utestängts från
arbete och karriär i Sverige. När vårt eget Stasi - IB fyllde arkiven med oönskade
element. Men av någon outgrundlig anledning är det alltid hemskt när det drabbar
någon därborta, men aldrig hemma i Sverige. Yamalakis gör själv jämförelsen med
filmen "De andras liv".

Jag har själv varit med om att inte få en anställning på grund min bakgrund - sådant förekommer hela tiden. Även om det inte är Säpo som hänger över en. Så är det med den yttrandefriheten: tyck gärna, men ta konsekvenserna.

https://messmedias.wordpress.com/tag/matheo-yamalakis/

2015-04-16: Efter en tid, när mina upprörda känslor hade lagt sig, fick jag besök av Logiken. Hon (allt som är logiskt är en Hon) klappade mig på hjässan och mumlade: "Se så där lille pojke, ta det lugnt! Rädsla håller alla sorters system och kungariken vid liv. Makten är rädd för fria tankar, rädd för de annorlunda, de upproriska, och då ordnar systemets bokhållare avlyssningar, registreringar och andra onda saker. Varför tror du att någonting skulle ha ändrats sedan 1960-talet? Sedan Stockholms blodbad? Sedan häxorna brändes på bål? Nej, makten är rädd för allt som kan hota balansen. De som angav dig var inte hemliga poliser, de var grannar och kollegor. Kanske var det din chef, kanske en av dina vänner. Du vet de små kuggarna i samhället som använts av alla politiska system, i alla tider och i alla länder mot sådana som du. Det är bara ännu värre idag, hela världen har blivit ett register, där alla är "inskrivna'. Tänk att du gick sida vid sida med landets statsminister och protesterade mot krig och diktaturer i andra länder och samtidigt blev du registrerad och avlyssnad av det egna landets Säpo! Ser du inte det komiska, det absurda och det tragiska i det hela?"

ÄR DU GALEN?!

I morse tittade han sig i spegeln. Han såg in i sina trötta ögon, och såg på varje hårstrå som lyckats undkomma rakapparatens promenad.

"Vad glor du på?" viskade spegelns röst. "Hela natten rullade du runt i vrede och ångest vid Lenas sida, och så vaknade du med ordet som du mumlat hela natten på läpparna. Ordet diskmin... nej, diskriminering. Det är det ordet du tänker på, va? Äntligen har du lärt dig ett av landets viktigaste ord! Hur många år är det nu du har levt här?"

"Du menar hur många år jag har överlevt här?"

"Ja, utan att lära dig språket..."

"Och utan att lära känna människorna...", viskade Lenas röst i hans öron.

"Jag både lever och överlever här, men jag har inte velat lära mig detta onda ord som styr samhället, på ett både osynligt och smärtsamt sätt..."

"En glasvägg skiljer systemets, kulturens och religionens makthavare från individen. Makthavarna försöker med privilegier och lagar övertyga denna individ om att han eller hon endast kan finna lyckan bakom glasväggen, och att fria blickar och tankar bara medför olycka och elände. Här i det socialt perfekta samhället är vi ju alla lika! Det var väl det du hade hört när du först kom till Sverige; att man här försökt skapa ett perfekt samhälle. Men om individen inte är perfekt leder ett perfekt samhälle till diskriminering..."

"Men nu är det dags för dig att borsta tänderna och börja skriva!" fortsatte spegeln.

"Ja, det är vi i alla fall överens om", svarade figuren.

I tio dagar har jag försökt börja skriva om mina erfarenheter av marginaliseringen i detta progressiva land, försökt berätta om den smärta som orättvisorna och diskrimineringen i rättsstaten har orsakat. Men när jag försöker skriva blir känslorna så intensiva att jag bara vill glömma allt...

I december 2002 hade Moderna Museets chef Lars Nittve en artikel med titeln

"Sverige marginaliserar äldre konstnärer" införd i Svenska Dagbladet. I den skriver han att det i Sverige finns en marginalisering av äldre konstnärer, de stängs ute trots att de kanske befinner sig mitt inne i en intensiv skaparperiod. Som skapande konstnär har man mycket svårare att nå ut med sin konst om man är över 60 år. I artikeln skriver Lars Nittve att detta gäller generellt i Sverige, och att kulturklimatet i Stockholm skiljer sig markant från alla andra västerländska storstäder. Enligt honom är det unikt att yngre konstnärer på detta sätt gynnas på de äldres bekostnad, både inom medie- och gallerivärlden.

Tänk bara om Moderna Museets chef hade dragit konsekvenserna av sitt resonemang inom det egna museets verksamhet!

På våren 2003 fick jag själv erfara den märkliga känslan av diskriminering. Jag hade kommit tillbaka till Stockholm från Aten, där jag hade haft en utställning med filmvisning på Konstcentret. Jag skrev en ansökan om ett litet ekonomiskt bidrag på 500 kronor till Kulturförvaltningen i Stockholm. Bidraget skulle betala halva hyran för den ateljé som jag hade inrett i källaren till huset där jag bodde. Tålmodigt väntade jag på ett svar. Det kom den 17 juni, ett avslag. Motiveringen löd: "Ateljéstöd är främsta avsett för konstnärer som ansöker om stöd i början av sin konstnärliga bana, därför måste denna grupp prioriteras inom ramen för de medel som finns tillgängliga."

Vem bestämmer över konstens utveckling? Avgörs dess värde av konstnärens ålder? Blir konsten mer värd om konstnären är i ropet, rör sig i innekretsarna, och får statliga uppdrag, än om han eller hon skapar av skaparglädje, och med sina utställningar för en ständig dialog med sina medmänniskor?

Året därpå, 2004, ansökte jag än en gång om ateljéstöd. Den 25 maj kom svaret. Denna gång framfördes nya riktlinjer för ateljéstödet: "Minimikravet för att få ateljéstöd är minst en separatutställning, ett större konstprojekt eller offentligt/privat uppdrag under de senaste fem åren. Om det finns fler sökanden som uppfyller detta villkor görs en selektiv bedömning av bidragsansökningarna. Dina meriter är tyvärr inte tillräckligt omfattande i konkurrens med övriga sökanden."

Mina meriter åren 1998 – 2003:

1998 Separat utställning. Grekiska arkivets rum, Stockholm
1998 Akvareller. Galleri Astron, Stockholm
1999 Affischutställning, filmvisning. Grekiska arkivets rum, Stockholm
2001 Separat utställning, filmvisning. Konstcenter, Aten
2002 Separat utställning. Grekiska arkivets rum, Stockholm
2003 Separat utställning. Konstcenter, Aten

Vad skiljer en gammal konstnär från en ung? Båda skapar, båda har samma mål; att föra vidare kulturen, båda behöver den andre, och ett ställe att arbeta på.

Den som värderar konstnärer efter deras ålder, inkomster av uppdrag och stora projekt har tappat förmågan att förstå konstens fina sensibla kärleksspråk. Dagens konst presenteras alltid som spektakulära händelser, utan djup och filosofi.

Det är dags för oss att bestämma oss för om vi vill ha en värld där ytorna döljer avgrunder av okunskap. Ett samhälle som bygger sin existens på de andliga behoven hos teknokrater, affärsmän och byråkrater är förr eller senare dömt att förlora sin själ och fastna i ett evigt konsumtionsmönster. Det är dags att ta ställning, försöka övervinna den mentala fattigdomen och börja drömma och skapa fritt igen!

"Du ser på oss. Vet du inte att det är farligt att verkligen se på en annan människa? Lär du dig aldrig att låta blicken glida, som utefter en blank yta? Se inte på oss, Matheo. Din öppna blick förvirrar oss." Så skrev ju journalisten Gittan Mannberg en gång om mig…

Lyckligtvis
finns det galenskap
som hindrar logiken från att ruttna

Nikos Kazantzakis

LYCKLIGTVIS FINNS DET GALENSKAP!

"Lyckligtvis finns det galenskap som hindrar logiken från att ruttna!" N Kazantzakis

Genast när jag vaknade började jag mumla...
"Du har alltid stöttat och inspirerat mig. Och Du kommer alltid att vara med mig, och hjälpa mig vidare."

Sedan stod jag snart än en gång framför spegeln och rakade mig.
"Försiktigt nu!" sa Logiken. "Se upp så du inte skär dig! Vad ska du skriva om idag?"
"Det som jag måste skriva om innan jag når slutet."
"Vilket slut? Det finns inget slut, det har du ju själv sagt, om och om igen."

Jag såg på min bild i spegeln. Mitt hår hade sagt farväl för flera år sedan, mina kinder hängde... mina ögon var tunga efter att jag hela natten hade läst gamla kärleksbrev och anteckningar om mina filmer, mina resor, min konst och de kvinnor jag älskat.
Ja, slutet var nära - slutet på boken, på vars sidor åren passerat; boken som blivit till ännu en spegel.
Ensam påbörjade jag min långa resa in i konstens och dokumentärfilmernas värld, men snart fick jag följe på färden av kvinnor jag älskade; partners som blev ljudtekniker för mina filmer, modeller för mitt måleri.
Ack, alla dessa bilder, tankar, saker jag upplevt, och som jag nu upplever på nytt när jag fäster dem på papper och försöker beskriva dem som jag minns dem...

Du har alltid stöttat mig. Du inspirerade mig att skriva och måla, och Du kommer alltid att finnas i mitt hjärta. Du hjälpte mig att finna vägen till Beirut, och tillsammans ska vi än en gång vandra på Paris' gator, återigen möta Berlins upproriska studenter, på nytt simma i det blå havet vid Patmos. Vi ska resa tillsammans till Tel

Aviv och till kibbutzen för att där prata om fred och vänskap. Vi ska gå över Venedigs broar och besöka grevinnan Foscari i hennes palats.

Jag är här nu, min älskade! Igår var vi i Mexiko, på väg till Chiapas. Jag vet inte var vi kommer att vara imorgon. Nu är jag ensam. Jag har ditt porträtt bredvid mig. Jag vill känna ditt varma bröst mot mina läppar när jag vaknar. Du existerade, och du kommer alltid att existera i mina tankar, i mitt arbete, mina filmer, mina målningar. Som en förtrollerska tar du mig med till solens och legendernas ofattbara värld. Vi ska resa till Aten, till Kuba där vi ska prata med kamrat Mejia om Che, vi ska flyga över Kretas berg.

"Vem skriver du allt detta till?"

"Avbryt mig inte med din gråhåriga logik! Det handlar om de dagar och år jag levt med Kvinnan."

"Kvinnan i vårt liv?" frågade Logiken. "Men vaknade inte både du själv och ditt samvete upp igår, när du läste den där lilla bekännelsen som du hade skrivit?"

"Vilken bekännelse?"

"…Jag känner ett stort behov av att träffa Karin igen, men ibland vill jag umgås med en kvinna bara som en vän och älskarinna, för att uppleva starka känslor tillsammans med henne, resa tillsammans, älska… utan planer på äktenskap och att bilda familj… och nu kommer du förstås att säga att det här bara är ännu ett sätt att försöka undvika ansvar och bekymmer…"

"Och du skrev ännu mer…", fortsatte Logiken.

"Är jag feg..? Eller är jag redan så nedtyngd av ansvarskänslor att jag behöver en partner, en fri kvinna som kan vara min inspiration och kärlek? Jag vill inte fjättras av ett äktenskaps bojor, det är därför jag söker något annat… Tror du att jag kommer att ändra mig? Jag tror inte det är möjligt…"

"Det var så du skrev, tokige Matheo! Fortsätt du bara att prata om Kvinnan i ditt liv, du din ärke-egoist!" sa min grånade spegelbild.

Jag slöt ögonen, och vände mig i min fantasi till Henne.

"I mina drömmar kommer Du att leva för evigt, Du är en del av min historia som är så fylld med smärta, men även med stunder av lycka… i havets gröna djup såg jag bredvid Dig ensamhetens blåa ros… jag blev en poet för Din skull, skapade min konst och mina filmer för Din skull… jag vill leva med Dig, drömma med Dig, söka tillsammans med Dig efter livets väsentligheter..."

"Det stämmer, du är inte bara en egoist, du är en fegis också", sa Logiken då. "Igår fann du Gabbi's brev i röran, du läste hastigt igenom det, och la det sedan åt sidan eftersom det innehåller smärtsamma sanningar."

"Du kom in i mitt liv, stor, varm, och glad med utsträckta armar. Du överöste mig med Din värme och generositet. Men Matheo, min kropp och själ är inte mogen att ta emot allt Du vill ge mig. Du säger att Du älskar mig, men du gör mig bara förvirrad. Kärleken mellan två människor behöver tid att växa fram. Tycker du om mig som jag är, eller tar du mig för någon annan?"

"Och vad svarade du Gabbi?"

"Det minns jag inte nu, men igår skrev jag några ord när du, Logiken, låg och sov: Kärlek medför ansvar och smärta. Kärlek är att förlåta, att både ge och ta..."

"Och sedan då? Vad hände efter att du spelat in din film om Kuba, med den blonda svenska kvinnan, minns du det?"

"När jag fick hennes brev förstod jag hur djupt jag hade sårat henne, men trots det fortsatte jag på samma sätt, det är därför jag har blivit så ensam. Igår kväll läste jag än en gång vad hon skrev till mig:

"Vi levde, älskade och arbetade. I våra resor stod vi med en fot i olika kulturer och länder, och vi tog, njöt och åt det bästa ur varje kultur. Men en dag fann vi att detta inte var nog. Vi hade smakat, luktat, ätit av allt och kanske var vi trötta på allt.

Vi ville ha ett. Ett arbete, ett liv, en servis och en omgång kläder. Men det visade sig svårt att välja den bästa kostymen och den bästa servisen.

Vi står inte vid någon korsning. För det finns inte någon korsning i livet, det finns tusentals förgreningar och kurvor och branta stup.

Vi söker ett arbete. Ett arbete med frihet, skapelseförmåga och förnyelse.

Att göra en film, det är som att föda ett barn. Även om det är tionde barnet i ordningen som kommer ur livmodern, så är det unikt och underbart

Vi har valt att leva tillsammans och utveckla våra liv tillsammans, men mitt liv är mitt och ditt liv är ditt. För de tre saker som vi bestämt oss - jag önskar att de fortfarande finns i oss och kommer att bli verklighet. För våra liv tillsammans sida vid sida. Låt oss hoppas att vi aldrig blir en gammal gubbe eller en gammal kärring.

För vår kärlek. Jag älskar dig."

"Den blonda kvinnan ville att vi skulle gifta oss och skaffa barn, och hon lämnade mig två månader efter att hon skrev det där brevet."

"Ångrar du dig nu?"

"Jag förlorade en vacker, kreativ kvinna, men jag visste redan då att det var oundvikligt. I ena vågskålen låg min natur, i den andra mina barndomsupplevelser, min nyfikenhet, min själviskhet, mitt behov av att vara huvudpersonen i en kvinnas liv, att leva som en evig älskare och kärlekspoet, att undvika äktenskap och barn som skulle sakna sin far när han reste jorden runt."

Jag lyssnar på Édith Piaf och känner fortfarande likadant; Nej, jag ångrar ingenting!

Det som en kvinna erbjöd mig gav jag henne tillbaka med hela mitt hjärta; kärlek, passion, konst - och jag såg henne alltid framför mig som en dikt, ett konstverk, en målning, en film. Aldrig som en ägodel, ett objekt jag förvärvat genom ett avtal, aldrig som en kudde eller en hemmafru. Mina filmer och min konst kommer alltid att domineras av Hennes närvaro.

Men nu får Logikens grånade ansikte mig att tänka på ålderdomens ensamhet... Fast visst är Logikens blick något mjukare nu, och jag ser att den ler när den tänker på att jag skrev allt detta medan den sov. På något sätt känner jag att den är på min sida.

Men nu är det dags att fortsätta med rakningen...

Och nej, monologen kommer aldrig att ta slut, inte så länge jag lever.

Kreta, Döden, Matheo, Minotaurus, George, Karl Marx, Maria

OM KÄRLEK OCH KONSTEN ATT SIMMA MOTSTRÖMS

Jag vill närma mig mina vänner med min konst. Att möta min publik är viktigt för mig. Jag vill fånga ögonblicken, höra kritiken, tillsammans med mina vänner ge mig ut i tankarnas universum. Men jag vägrar att sälja mina tavlor, dessa färgglada dörrar in i min själ, in i mina drömmar om kärlek, ömhet, kunskap och uppror.

Jag har vänt alla religioner ryggen, och kastat skrämmande sagor och existentiella förklaringar överbord. Jag vet nu att det enda jag äger är min själ, min konst och mitt filmskapande.

Om jag är den jag *är*, och inte det jag *har*, kan ingen beröva mig min trygghet och min identitet.

I vår industrialiserade värld, som huvudsakligen styrs av män, finns inte längre några rättvise-visioner kvar. Den ohämmade konsumtionen och människofientliga teknologiska utvecklingen alienerar människorna. Kapitalismen, globaliseringen och den massmediala amerikaniseringen återspeglar individens tristess och förtvivlan; här frodas girighet, okunskap och avundsjuka.

I vår värld lever fortfarande fascismen och olika fanatiska religiösa läror som motarbetar människans gudomliga förmåga att älska.

Jag vill med min konst berätta om kärlek, sagor och myter. Jag vill börja drömma igen, återskapa visioner som vi alla en gång har haft, men som vi förlorat under vardagens stress.

Att älska är en produktiv verksamhet. Det innebär att visa omsorg för någon eller något, att känna och bejaka en människa, ett träd, en målning eller en idé. Men kärlek som kräver äganderätt innebär motsatsen; att stänga in, fängsla och behärska.

Minotaurus, mitt andra jag, lever i samhällslabyrinten, och även på många av mina målningar. Han flyger av glädje och gråter av ensamhet, och han tar ställning mot allt som luktar globalisering, religion, konsumtion och snabba klipp.

Nu är det dags för alla fria individer att säga ifrån, tala fritt ur hjärtat, komponera, skriva, måla och låta tankarna flöda! Att upptäcka, se och protestera mot det absurda och omänskliga i Den Nya Världen!

Så kan vi återigen lära oss att älska...

Och det är kärleken som ger mig kraft att fortsätta simma motströms!

DEN GRÖNA HATTEN

Ta på dig din gröna hatt ikväll!

Låt den bli din ledstjärna, din pilot
Låt den drömma dig bort från samhällets virrvarr
från korrumperade politikers lögner
från byråkratins sadistiska paragrafer
och från det förorenade havets gråa vågor

Du andas inte längre in kapitalets förgiftade luft
Du flyger över gränser, moln, religioner och fanatism
Tänk, tänk på de människor du älskar
och ta dem med dig i dina drömmar, på din resa

En resa utan mål, bara för denna enda kväll

255

Matheo Yamalakis: Filmer

1966 Lunchen
1967 Fri
1967 Giorgios från Grekland
1967 Exilgreker i Paris
1968 Om det socialistiska tyska studentförbundet SDS
1968 Motståndet i Grekland
1968 Ormgard
1968 Östra Medelhavet – ett nytt konfliktområde
1968 Lever fascismen?
1969 De kom från Grekland
1969 NU – den grekiska hemliga polisens verksamhet i Sverige
1969 USA i maj 69
1969 Student 69 i USA
1969 401
1971 Förhöret i Havanna
1971 Immigration i Europa
1972 Brev från Grekland
1972 Kostas
1973 Resan
1973 Didje och Michel
1974 Gammal i Frankrike
1974 Alberto från Sicilien
1974 Gammal i Grekland
1974 Ali från Turkiet
1974 Abdalla från Algeriet
1974 Mina år i Sverige
1975 Det är skönt med privilegier!
1975 Morgonbrevet
1975 Den socialistiska människan på Kuba
1978 På en liten grekisk ö
1979 Sa du Paris? Du menar väl Paris!

1980 Venedig på glid
1982 I Aten
1985 Agapi – kärlek
1985 Dimitras ö – på våren
1985 Dimitras ö – på sommaren
1986 Jannis sophämtare i Chania, Kreta
1986 Vår mamma är tandläkare
1986 Min mamma är dagisfröken
1986 Min pappa är veterinär
1986 Medelhavets musik med Ross Daily
1989 Stockholmsmonolog
1989 Sommarspel
1990 Berättelser från Stockholm / Det var en gång en lycklig stad
1991 Sista natten med Elektra
1993 Ön och den nakne simmaren
1996 All the afternoons. The second film about the naked swimmer
2003 En februaridag i Aten
2003 Art.se. En eftermiddag mellan dröm och många kramar
2004 I am Stig from Sweden
2004 Man kan aldrig veta
2007 Lenushka och Johan – ett möte
2008 Sju dagar i Schwetzingen

Matheo Yamalakis: Utställningar

1965 Kungshusboden, Mariefred
1966 Kungshusboden, Mariefred
1968 Galleri Bengtson, Stockholm
1981 Akvareller. Aten
1985 Akvareller. Grekiska turistbyrån, Stockholm
1987 Utställning och filmvisning. Biograf Fågel blå, Stockholm
1988 Separat utställning, filmvisning. Galleri 3:e Våningen, Malmö
1990 Separat utställning, filmvisning. Medelhavsmuseet, Stockholm
1992 Grupputställning. Grekiska huset, Stockholm
1995 Separat utställning, filmvisning. Grekiska arkivets rum, Stockholm
1997 Separat utställning, filmvisning. Medborgarhuset, Köpenhamn
1998 Separat utställning, filmvisning. Medborgarhuset, Köpenhamn
1998 Grupputställning, "UNO 50 år". Rådhuset, Köpenhamn
1998 Separat utställning. Grekiska arkivets rum, Stockholm
1998 Akvareller. Galleri Astron, Stockholm
1999 Affischutställning, filmvisning. Grekiska arkivets rum, Stockholm
2001 Separat utställning, filmvisning. Konstcenter, Aten
2002 Separat utställning. Grekiska arkivets rum, Stockholm
2003 Separat utställning. Konstcenter, Aten
2006 Filmvisning. Palais Hirsch, Schwetzingen, Tyskland
2007 Galleri Lyktan, Skogås
2008 "Sju nätter med måne, film och konst". Thassos, Grekland
2009 Galleri Lyktan, Skogås
2012 Galleri Lyktan, Skogås
2013 "Dansa med Minotaurus". Galleri Irida, Zakynthos, Grekland
2014 "Flyga med Minotaurus". Galleri Irida, Zakynthos, Grekland